Exploring Influential Criminal Cases- Criminal Justice in Process

大案沉思：

前行的中国刑事法制

时延安　刘计划／主编

中国言实出版社

图书在版编目（CIP）数据

大案沉思：前行的中国刑事法制 / 时延安，刘计划主编 . -- 北京：中国言实出版社，2019.12
ISBN 978-7-5171-3312-4

Ⅰ . ①大… Ⅱ . ①时… ②刘… Ⅲ . ①刑法—研究—中国 Ⅳ . ① D924.04

中国版本图书馆 CIP 数据核字（2020）第 006149 号

出 版 人 王昕朋
总 监 制 朱艳华
责任编辑 宫媛媛
责任校对 代青霞
责任印制 佟贵兆
封面设计 马诗音

出版发行：中国言实出版社
地　址：北京市朝阳区北苑路 180 号加利大厦 5 号楼 105 室
邮　编：100101
编辑部：北京市海淀区北太平庄路甲 1 号
邮　编：100088
电　话：64924853（总编室）　64924716（发行部）
网　址：www.zgyscbs.cn
E-mail：zgyscbs@263.net

经　　销：新华书店
印　　刷：北京虎彩文化传播有限公司
版　　次：2020 年 3 月第 1 版　2020 年 3 月第 1 次印刷
规　　格：710 毫米 ×1000 毫米　1/16　14.5 印张
字　　数：215 千字
定　　价：48.00 元　ISBN 978-7-5171-3312-4

主　编

时延安　刘计划

撰稿人（以汉语拼音排序）

敖　博　陈振炜　郭丰璐
黄文轩　陈娇杨　李雪松
刘婉婷　孟　珊　智嘉译
朱晓艳

（本书出版获得中国人民大学科学研究基金的支持）

“跨越时代”的刑事法制

（代序）

一

2018年，是我国重建法制40周年。毫无疑问，过去四十年的发展是辉煌夺目的，可以说，我国法制建设成就并不逊色于经济建设成就。有些研究者会以欧美国家的理论来说明我国刑事司法实践存在的问题或者落差。然而，如果我们进行刑事法制“实效”的比较，我们的刑事法制并非如有些研究者所渲染的那样千疮百孔：首先，我国社会长期以来处于安全稳定状态，刑事法制对其中贡献良多。试想，如果刑事法制出现严重问题，公众对刑事法制、对秩序和公正的维护丧失信心，那么，社会必然会矛盾重重、冲突不断。其次，我国刑事法制总体上符合我国社会治理需要，为我国经济和社会发展提供了良好的外部环境，而且针对不断变化的犯罪态势，我国刑事法制能够提供及时有效的制度供给，尤其是这些年针对网络犯罪、金融犯罪、环境犯罪，都能够给予迅速关注，并有效遏制这类新型刑事案件的蔓延态势。再次，我国刑事法制始终处于不断自我调整和完善之中，能够及时发现刑事法制运行中存在的问题，并通过完善制度和机制予以解决，尤其是最近几年我国刑事法制对错误个案的纠正，凸显了刑事法制自我纠偏的功能日益完善。

从2018年最受关注的刑事案件中，同样能看到当前刑事法制所面临的挑战以及刑事法制面临新问题予以应对的策略和方式。毫无疑问，当前刑事法制面临的问题，与40年前所面临的问题全然不同，而应对犯罪的政策、路径和具体措施也发生巨大改变。例如，40年前刑事法制更多地强调打击犯罪，对犯罪嫌疑人、被告人和罪犯的权利保障关注不够，如今则更多强调惩治犯罪与人权保障之间的平衡；40年前刑事法制带有明显的专政色彩，如今刑事法制则更多地被看作是实现社会正义的必由之路。刑事法制经过40年的演进，不仅为我国长治久安提供了良好的制度保证，更已经在人们心目中确立了刑事领域法治和人权的观念，刑事法制已经被创建成为以人民为中心的制度和机制。

在建设社会主义法治国家的进程中，刑事法制仍需要不断自我完善和调整。从一定程度上说，公众对刑事法制"供给"的需要会不断提升，提出新的要求、新的期待。衡量刑事法制是否在进步，首先要看是否符合国家和社会的治理需要，如果符合这一需要并提供了较好的制度供给，那么刑事法制就是健康的，是在朝着好的方向发展。同时，更要看人民对刑事法制运行状况的满意程度：一方面是对社会治安的满意度，另一方面是对保障公民个人权利的满意度。毫无疑问，我国的社会治安状况是良好的，如果在全球有个"社会治安排行榜"的话，中国肯定会名列前茅。社会治安对整个社会而言是一个非常重要的公共产品，是社会发展的物质前提。当然，在建设良好的社会治安的同时，如何维护公民的个人权利也是十分重要的。而对公民个人权利的维护，就要从个案进行观察，并将其作为制度和机制完善的事实参考。

二

本书收录的九个刑事案件，就是我国刑事法制在2018年留下的印迹。这些案件之所以受到广泛关注，除了传媒尤其自媒体在传播信息中发挥重大影响外，更主要的是，这些案件及其处理反映了公众对刑事法制及其运作的关切。

"昆山反杀案"所涉及的法律问题就是防卫行为是否构成正当防卫。不过，这个案件之所以受到社会舆论广泛关注，实际上反映了社会由来已久的一个疑惑：要不要向社会欺凌行为低头？确实，有段时间里，司法机关对正当防卫的适用采取了过于谨慎的态度，进而导致将一些正当防卫行为作为防卫过当处理。"昆山反杀案"促使司法机关再次重新审视正当防卫的法律意义和社会意义，这促使司法工作人员思考：司法应当有助于大力弘扬社会正气。

“扫黑除恶”是近两年刑事司法活动中的“关键词”。黑恶势力是整个社会的“毒瘤”，因而相应的刑事政策就是除恶务尽。穆嘉组织、领导黑社会性质组织罪案就是一个典型事例。“扫黑除恶”工作既具有政治性，又具有法律性，两者不可偏废，而打击黑恶势力是一项长期工作，必须遵循法治原则处理这类刑事案件。

对“物美张文中案”的纠正，凸显了保护民营经济的刑事政策导向。我国经济体制在向市场经济转轨过程中确实出现各种各样的问题，由于缺少明确的法律规范，一些地方司法机关在处理涉及民营企业的案件中，在适用法律、把握政策方面出现一定的偏差。如果将民营企业的不规范行为认定为犯罪，就会对民营经济形成不当干涉，对民营企业造成难以估量的伤害。

长春长生疫苗事件，和此前的疫苗事件一样，都是人祸。疫苗关乎民生，因而生产企业应当严格按照法律法规和行业标准从事生产经营活动。这起事件的爆出再次提示监管部门，对涉及重大民生问题的企业要加强监管，而这类企业更要加强企业内部的合规建设，确保这类事件不再发生。

“深圳鹦鹉案”所反映出的问题主要是，公安司法机关如何应对法定犯的问题。随着社会发展越来越快，法定犯案件越来越成为刑事司法关注的重点。对于法定犯的处理要区别于传统的刑事犯，在定罪量刑方面要充分考虑法定犯的特点，在刑事处罚方面应有更多的创新，不宜一味地强调“从重处罚”。

判断刑事法制是否完善，看它是否有良好的纠错功能，这是一个重要的判断标准。具体而言，是否有发现错案的机制，是否有解决错案的程序，是否有妥当的善后机制，都是判断刑事法制是否完善的考量要素。2018年，一些错案得以纠正，可以看出我国刑事法制在纠偏机制方面已经日趋完善。刑事司法中出现错案的几率，虽然可以通过完善刑事程序和证据法律予以控制，但不可能完全解决错案的发生，关键是有错如何改正的问题。2018年，

“吉林刘忠林案”“安徽涡阳‘五周’案”“李锦莲案”“吉林金哲宏被控故意杀人重审无罪案”，都得到了纠正。

三

从一定意义上说，我们现在正经历一个“跨越的年代”，无论是从交往模式还是从社会治理方面，正在经历一个飞快的跨越过程。40年前，远距离的通信方式主要靠电报、长途电话和邮件，大多数人是通过写信给家人报平安、向情人表达爱慕、与合作伙伴洽谈业务，等等。20年前，一些人已经开始使用BP机、手机，通信速度提升很多。而今天，几乎没人再通过写信的方式来传递信息，邮件主要用来从事公务活动。人们正在迎接“5G”时代的到来，“6G”时代似乎也只是二三年的事。社会控制方式的改变也是如此。10年前，街头“戴红袖箍”的人对维护治安还发挥着很大的作用，如今他们虽未“退场”，但更多的是发挥现场监督作用。遍布街头巷尾的高清摄像头，基本上对公共场所的边边角角形成监控。对于街头刑事案件侦破工作来说，监控视频正在成为主要的证据类型。“人脸识别”“大数据分析”以及人工智能在社会控制当中的运用已经成为现实，而且正在深刻地影响着每个人的生活。

这种变化是巨大的。对中国而言，过去40年从工业基础薄弱的农业社会快速向工业化社会转变，流动人口、环境、食品药品安全等问题随之出现，相应的犯罪问题接踵而至；过去20年，中国社会又从工业化社会向信息化社会跨越，其中伴随着继续的工业化过程，信息安全、经济的虚拟化问题等快速占领人们的视域，计算机犯罪、网络犯罪、信息（数据）犯罪又快速成为刑事法制的焦点。这种快速的变化，用“转型”一词已经不太适宜，因为这已经不是从既有模式向已知模式转换，我们现在经历的变化完全是在向一个未知的社会状态跨越，前面究竟是一马平川，还是间有沟壑阻障，其实都是不清楚的。而在这个时代，很多人都在过着丰衣足食但却内心不安的生活，因为未知的因素太多了。

刑事法制的调整在这个“跨越时代”必然是剧烈的。制度的变迁绝不可能像科技变化那么快，但社会发展似乎已经等不及制度和机制的改革完善了。社会自组织力量在网络时代正在增强，“区块链”技术的发展为这种趋势提供可能。当刑事法制仍密切关注街头犯罪和摄像头所及的世界时，互联网“黑灰产业”正在大肆泛滥，一些科技“精英”正在做着警察、检察官和法官们所不了解的事情，甚至被害人都不知道他们的权益正在受到损害。刑事法制对科技发展潜在的风险缺乏了解，因而需要引起整个司法体系的关注。安全问题始终是我们刑事法制话语中的关键词，但如何理解、描述和维护“跨越时代”的安全，都成为新的问题。在这个时代，如何提出正确的问题已经变得十分复杂、十分困难。在研究者们还在讨论工业社会的刑法问题时，犯罪的组织形式、实施方式已经发生了根本性的转变。当我们无法正确或准确地提出问题时，我们也就无法有效地解决现实中存在的问题。

或许，我们首先应该克服这种对“跨越时代”的悲观态度，以更为积极乐观的态度拥抱未来。然而，刑事法制研究者们似乎天然地就具有这种情绪，因为只有将坏的情形想到了，才能确保好的情形出现。刑事法制永远都是社会前进的默默守护者，它会看到人心的险恶、疯狂、卑微、懦弱，也试图拯救那些沦落社会谷底的人们，它总是希望消灭社会上的脓疮，却也深知社会的癣疥是永远削割不完的。

四

这本书仍是在编辑的催促中完成的。如果说一本书是个孩子的话，出版社有如医院，编辑肯定就是助产的医生了。我想，无论是编写者，还是编辑，都有共同的想法，就是记录我们正在经历时代的一些事件。当我们回眸时，发现我们竟然既是历史的经历者，也是历史的记录者。或者再过40年，一些年轻的学子在图书馆的角落里发现这本书时，或者在电子图书馆里找到它时，会注意到有些人做了一些有趣的事情，可以填补他们的历史记忆。

历史总在翻开新的一页，没有旧的一页，就不会有新的一页。我们总在告别与憧憬中前行，但愿每次重温旧的一页时，我们的心灵会感到安慰，因为我们终究在前进。

一如既往地感谢中国言实出版社有限公司领导、编辑以及为此书的出版付出辛劳的朋友们，感谢所有肯放下手机、翻阅这本小书的人们。

这是年度中国广受关注刑事案件点评系列丛书的第九本书了。

时延安

2019年12月9日

目录

凡是过往，皆为序章

——昆山反杀案

遍览2018年中国刑事司法走过的印迹，昆山反杀案无疑“出尽了风头”。

舆论场，人民网舆情数据中心统计显示，自该案发生至8月31日短短几天时间，全网共发布相关新闻资讯3430篇，报刊新闻102篇，微信文章4177篇，APP文章5194篇[①]。或许是因为该案本身所体现的“正与不正”的较量，又或许多少受二人因其生活经历而背负的“善恶好坏”的标签的影响，舆论似乎一边倒地为于海明、为当地公安机关和人民检察院“摇旗呐喊”。难怪有人说，该案体现的是“民之所判，法之所向”[②]。

实务界，最高人民法院于2018年9月发布《关于在司法解释中全面贯彻社会主义核心价值观的工作规划（2018—2023）》，明确提出要适时出台防卫过当的认定标准和处罚原则[③]，弘扬社会正气。最高人民检察院于2018年12月将该案纳入“第十二批指导性案例”，并明确了“行凶”的认定标准[④]。最高人民检察院检察长、首席大检察官张军将该案专门写入最高人民检察院工

---

①人民网舆情数据中心：《人民网梳理昆山反杀案舆情：民意未必完全切合法律》，新浪网，2018年8月31日；http: //news.sina.com.cn/s/2018-08-31/doc-ihinpmnq6516352.shtml，2019年10月11日访问。

②参见评论员文章：《以理性责任彰显司法担当》，《检察日报》，2018年9月2日第1版。

③记者王梦遥：《最高法将出防卫过当认定标准》，新华网，2018年9月19日；http: //www.xinhuanet.com/legal/2018-09/19/c_1123450241.htm，2019年10月11日访问。

④徐日丹：《最高检发布第十二批指导性案例 明确正当防卫界限标准》，最高人民检察院官方网站，2018年12月19日；https: //www.spp.gov.cn/xwfbh/wsfbt/201812/t20181219_402919.shtml#1，2019年10月11日访问。

作报告，并掷地有声地表示“法不能向不法让步”。可以预见，该案或将在未来很长时间成为照亮前路的“灯塔”。

理论上，从该案发生到现在，许多专家学者从不同角度对此发表了意见。最高人民法院司法案例研究院专门组织进行“昆山案四人谈”；一些核心期刊先后多轮组稿，组织对正当防卫进行专题研究①；人民出版社围绕该案出版《“昆山砍人案”与正当防卫》一书……如此种种，体现了该案对正当防卫理论新一轮研究的“催化剂”作用。

“凡是过往，皆为序章”（莎士比亚语）。如果孤立地看待昆山反杀案，其如此巨大并蔓延至今的影响或多或少会让人感到有些“小题大做”。但如果将已成“过往”的昆山反杀案看作未来类似案件的“序章”，或许，我们再怎么对其展开讨论都不为过。这也正是我们想要将这个案件写进这本书，对其旧事重提的原因。

一、案情回顾

结合当地公安机关及人民检察院通报、案发现场视频监控、相关电视节目内容及主流媒体新闻稿，该案基本案情、处理及其理由具体如下。②

（一）案件事实

2018年8月27日晚9时30分许，刘海龙醉酒驾驶宝马轿车在江苏省昆山市震川路西行并强行拐入非机动车道，险些撞上非机动车道上的于海明。此时，搭载于宝马车上的刘某某下车并与于海明发生争执，后经宝马车同行人员劝解准备上车。此时，刘海龙突然从驾驶室出来，跑向于海明并对其拳打脚踢。起初，于海明并未还手，但之后有还手情况。

见于海明还手，刘海龙跑向宝马车并取下长刀（经鉴定，该刀为尖角双

---

①如《法学》于2019年第1期、第2期两轮组稿，先后刊载清华大学法学院张明楷教授、中国人民大学刑事法律科学研究中心冯军教授、北京大学法学院梁根林教授、清华大学法学院黎宏教授的分析文章；等等。

②参见：昆山市公安局于2018年9月1日关于该案的通报；昆山市人民检察院于2018年9月1日关于该案的通报；江苏省人民检察院于2018年9月1日关于该案的分析意见；最高人民检察院第十二批指导性案例；中央电视台《今日说法》栏目2018年9月6日“昆山砍人事件始末”；等等。

面开刃，全长 59 厘米，其中刀身长 43 厘米、宽 5 厘米，系管制刀具），并连续用刀击打于海明颈部、腰部、腿部。于海明事后表示，在被刘海龙用刀击打时，“就这一下把我砍得人都疯掉了，当时感觉要死了，就感觉头嗡了一下，什么都想不起来的那种感觉”。击打中，长刀脱手，于海明抢先一步从地上捡起长刀，并在 7 秒内向刘海龙挥出 5 刀，捅刺刘海龙腹部、臀部并砍击右胸、左肩、左肘。刘海龙受伤后跑向宝马轿车，于海明继续追砍 2 刀均未砍中，其中 1 刀砍中汽车（经勘查，汽车左后窗下沿有 7 厘米长刀痕）。在于海明反击间隙，其同行人员小柯将其拉住。于海明一手紧紧攥住长刀，跑到宝马车边，拉开车门，取出刘海龙手机，揣在自己兜里。他事后表示：“当时很害怕，就怕他叫人再过来。”当晚 9 点 40 多分，派出所民警赶到现场，于海明将手机和砍刀主动交给处警民警。

一个多小时后，刘海龙死亡。经法医鉴定并结合视频监控认定，在 7 秒时间内，刘海龙连续被刺砍 5 刀，其中，第一刀为左腹部刺戳伤，致腹部大静脉、肠管、肠系膜破裂；其余 4 刀依次造成左臀部、右胸部并右上臂、左肩部、左肘部共 5 处开放性创口及 3 处骨折，死因为失血性休克。

需要附带说明的是二人的身份背景。

案件发生后，有网民指出刘海龙涉黑，并曝出其文身图。经警方侦查确认，第一，刘海龙与“天安社”没有关系；未发现“天安社”在昆山市有过活动。第二，关于网传刘海龙可能涉黑的调查情况。刘海龙于 2006 年 8 月来昆山打工，案发前与女友租住在昆山市陆家镇某小区 49.1 平方米的公寓中。在昆山期间，因殴打他人、故意损毁财物、故意伤害等违法犯罪行为，被处 1 次行政拘留和 3 次九个月至三年不等的有期徒刑，公安机关未发现刘海龙有涉黑犯罪行为。第三，关于刘海龙所驾驶的宝马轿车情况。经调查确认，案发时刘海龙驾驶的宝马轿车登记车主为浙江某租赁公司合肥分公司，系刘海龙以其女友名义，于 2018 年 6 月从上海某二手车市场以贷款方式购得，首付 12.7 万元，贷款 32.7 万元。案发后，经现场勘查，车内未发现其他违禁品。

案件发生后，有网民传出刘海龙获见义勇为荣誉证书情况。经警方侦查确认，情况属实。2018 年 3 月，刘海龙因提供重要线索，协助抓获贩毒嫌疑人，昆山市见义勇为基金会依规为其颁发见义勇为荣誉证书并奖励500元。8月29日，昆山市见义勇为基金会已对此作出回应。

另外，案发时于海明的职业为昆山市某餐饮酒店工程部经理。

（二）案件处理及理由

1. 昆山市公安局对案件的处理及其理由

案件发生后，昆山市警方立即成立专案组对该案展开调查，并对于海明刑事拘留。2018年9月1日下午5时，昆山市公安局根据侦查查明的事实，并听取检察机关意见和建议，依据《刑法》第二十条第三款，宣告于海明的行为属于正当防卫，不负刑事责任，撤销该案。公安机关从以下三个方面说明了理由：

第一，刘海龙的行为属于刑法意义上的“行凶”。根据《刑法》第二十条第三款规定，判断“行凶”的核心在于是否严重危及人身安全。司法实践中，考量是否属于“行凶”，不能苛求防卫人在应急反应情况下作出理性判断，更不能以防卫人遭受实际伤害为前提，而要根据现场具体情景及社会一般人的认知水平进行判断。本案中，刘海龙先是徒手攻击，继而持刀连续击打，其行为已经严重危及于海明的人身安全，其不法侵害应认定为“行凶”。

第二，刘海龙的不法侵害是一个持续的过程。纵观本案，在同车人员与于海明争执基本平息的情况下，刘海龙醉酒滋事，先是下车对于海明拳打脚踢，后又返回车内取出砍刀，对于海明连续数次击打，不法侵害不断升级。刘海龙砍刀甩落在地后，又上前抢刀。刘海龙被致伤后，仍没有放弃侵害的迹象。于海明的人身安全一直处在刘海龙的暴力威胁之中。

第三，于海明的行为出于防卫目的。本案中，于海明夺刀后，7秒内捅刺、砍中刘海龙的5刀，与追赶时甩击、砍击的两刀（未击中），尽管时间上有间隔、空间上有距离，但这是一个连续行为。另外，于海明停止追击，返回宝马轿车搜寻刘海龙手机的目的是防止对方纠集人员报复、保护自己的人身安全，符合正当防卫的意图。

2. 昆山市人民检察院及江苏省人民检察院对该案的意见

在公安机关对案件进行调查过程中，检察机关派员提前介入侦查活动，查阅案件证据材料，对侦查取证和法律适用提出意见和建议，并依法履行法律监督职责。在昆山市公安机关通报当日，昆山市人民检察院也第一时间发出通报，表示公安机关对此案作撤案处理符合法律规定。昆山市人民检察院认为，根据《刑法》第二十条第三款的规定和查明的事实，在本案中，死者刘海龙持刀行凶，于海明为使本人人身权利免受正在进行的暴力侵害，对侵害人刘海龙采取制止暴力侵害的行为，属于正当防卫，其防卫行为造成刘海龙死亡，不负刑事责任。

同日，江苏省人民检察院"江苏检察在线"微信公众号发布《为什么认定于海明的行为属于正当防卫——关于昆山"8·27"案件的分析意见》，对昆山反杀案从以下四个方面给出了分析意见：

第一，刘海龙挑起事端，过错在先。从该案的起因看，刘海龙醉酒驾车，违规变道，主动滋事，挑起事端；从事态发展看，刘海龙先是推搡，继而拳打脚踢，最后持刀击打，不法侵害步步升级。

第二，于海明正面临严重危及人身安全的现实危险。本案系"正在进行的行凶"，刘海龙使用的双刃尖角刀系国家禁止的管制刀具，属于刑法规定中的凶器；其持凶器击打他人颈部等要害部位，严重危及于海明人身安全；砍刀甩落在地后，其立即上前争夺，没有放弃迹象。刘海龙受伤起身后，立即跑向原放置砍刀的汽车——于海明无法排除其从车内取出其他"凶器"的可能性。砍刀虽然易手，危险并未消除，于海明的人身安全始终面临着紧迫而现实的危险。

第三，于海明抢刀反击的行为属于情急下的正常反应，符合特殊防卫要求。于海明抢刀后，连续捅刺、砍击刘海龙5刀，所有伤情均在7秒内形成。面对不法侵害不断升级的紧急情况，一般人很难精准判断出自己可能受到多大伤害，然后冷静换算出等值的防卫强度。法律不会强人所难，所以刑法规定，面对行凶等严重暴力犯罪进行防卫时，没有防卫限度的限制。检察机关认为，于海明面对挥舞的长刀，所作出的抢刀反击行为，属于情急下的正常反应，不能苛求他精准控制捅刺的力量和部位。虽然造成不法侵害人的死亡，但符合特殊防卫要求，依法不需要承担刑事责任。

第四，从正当防卫的制度价值看，应当优先保护防卫者。“合法没有必要向不法让步”。正当防卫的实质在于“以正对不正”，是正义行为对不法侵害的反击，因此应明确防卫者在刑法中的优先保护地位。实践中，许多不法侵害是突然、急促的，防卫者在仓促、紧张状态下往往难以准确地判断侵害行为的性质和强度，难以周全、慎重地选择相应的防卫手段。在事实认定和法律适用上，司法机关应充分考虑防卫者面临的紧急情况，依法准确适用正当防卫规定，保护防卫者的合法权益，从而树立良好的社会价值导向。本案是刘海龙交通违章在先，寻衅滋事在先，持刀攻击在先。于海明面对这样的不法侵害，根据法律规定有实施正当防卫的权利。

江苏省人民检察院还特别提到：人身安全是每个公民最基本的要求，面对来自不法行为的严重紧急危害，法律应当引导鼓励公民勇于自我救济，坚持同不法侵害作斗争。司法应当负起倡导风尚、弘扬正气的责任，检察机关也将会依法保障人民群众的正当防卫权利，切实维护人民群众合法权益。

3. 最高人民检察院对该案的意见

2018 年 12 月 18 日，最高人民检察院发布第十二批指导性案例（检例第 45—48 号）。四个案例均涉及正当防卫认定，昆山反杀案便在此中。根据最高人民检察院发布的具体内容，该案关键词为“行凶、正当防卫、撤销案件”；该案要旨为“对于犯罪故意的具体内容虽不确定，但足以严重危及人身安全的暴力侵害行为，应当认定为《刑法》第二十条第三款规定的‘行凶’。行凶已经造成严重危及人身安全的紧迫危险，即使没有发生严重的实害后果，也不影响正当防卫的成立”。最高人民检察院具体认为：

刑法作出特殊防卫的规定，目的在于进一步体现“法不能向不法让步”的秩序理念，同时肯定防卫人以对等或超过的强度予以反击，即使造成不法侵害人伤亡，也不必顾虑可能成立防卫过当因而构成犯罪的问题。司法实践中，如果面对不法侵害人“行凶”性质的侵害行为，仍对防卫人限制过苛，不仅有违立法本意，也难以取得制止犯罪，保护公民人身权利不受侵害的效果。

适用本款规定，“行凶”是认定的难点，对此应当把握以下两点：一是必须是暴力犯罪，对于非暴力犯罪或一般暴力行为，不能认定为行凶；二是必须严重危及人身安全，即对人的生命、健康构成严重危险。在具体案件中，有些暴力行为的主观故意尚未通过客观行为明确表现出来，或者行为人本身就是持概括故意予以实施，这类行为的故意内容虽不确定，但已表现出多种故意的可能，其中只要有现实可能造成他人重伤或死亡的，均应当认定为“行凶”。

正当防卫以不法侵害正在进行为前提。所谓正在进行，是指不法侵害已经开始但尚未结束。不法侵害行为多种多样、性质各异，判断是否正在进行，应就具体行为和现场情境作具体分析。判断标准不能机械地对刑法上的着手与既遂作出理解、判断，因为着手与既遂侧重的是侵害人可罚性的行为阶段问题，而侵害行为正在进行，侧重的是防卫人的利益保护问题。所以，不能要求不法侵害行为已经加诸被害人身上，只要不法侵害的现实危险已经迫在眼前，或者已达既遂状态但侵害行为没有实施终了的，就应当认定为正在进行。

需要强调的是，特殊防卫不存在防卫过当的问题，因此不能作宽泛的认定。对于因民间矛盾引发、不法与合法对立不明显以及夹杂泄愤报复成分的案件，在认定特殊防卫时应当十分慎重。

二、正当防卫图谱的整体勾勒

无论是从司法机关对案件的定性、还是从老百姓对案件的讨论来看，与昆山反杀案联系最为紧密的，无疑是正当防卫制度。

正当防卫有着悠久的历史，早在原始社会时期，就已经可以从个人和民族的自卫行为中看到其雏形与印记，只是当时并没有将这种朴素的正义观正当化、合法化、成文化罢了。时至今日，为了平衡公民的私力救济与国家的公力救济，平衡侵害人利益与防卫人利益，多数国家均对正当防卫的定义、法律效果及其限制进行了明确的法律规定。如德国《刑法典》第32—33条规定：“正当防卫不违法；正当防卫是指为避免正在发生的对自己或他人的非法攻击而必须采取的防御行动。出于混乱、恐惧或惊慌而致超越防御限度，不负刑事责任。”又如法国《刑法典》第122.5条规定：“若本人或他人正经历不正当的攻击，他在此时以必要限度内的防御保护自己或他人，除非防御手段与攻击强度不相适应，否则其不构成犯罪；若为了阻止针对财产的重罪或轻罪而进行除故意谋杀外的防卫行为，而该行为必要且与罪行之严重程度相称，则其不构成犯罪。”

为了更好地从整体上勾勒正当防卫制度的图谱，我们不妨首先就以下两个问题进行探讨：第一，为什么正当防卫是正当的，即正当防卫因何“正当”。第二，结合我国刑法规定，正当防卫的成立条件是什么，即正当防卫如何“正当”。

（一）正当防卫因何“正当”

为什么正当防卫是正当的呢？对这个问题的回答，将影响正当防卫的成立条件，并帮助我们对长期以来正当防卫的司法认定情况加以检视。而纵观中外的不同理论观点，其正当性可以从个人与社会两个层面去探寻。

在美国，关于正当防卫的正当性存在着不同的理论立场，而他们具体地影响着对正当防卫的认定：一种观点认为，正当防卫是个人在来不及寻求公权力救济时代替国家进行惩罚，如此，显然需要强调防卫行为与不法侵害间的相当性（类似“罪刑适应原则”）；一种观点认为，正当防卫是出于公民面对“泰山压顶般的威胁”的自卫本能，如此，则显然需要强调防卫的紧迫性与必要性，而对相当性的要求则会相应降低；还有一种观点认为，正当防卫的正当性必须从社会的角度予以限制（即“自卫的社会理论”），在注重保护防卫人利益的同时保护侵害人利益，如此便需要强调防卫人不能对侵害行为“反应过度”，“要求受害方忍受财物损失，也不要使用致命暴力反击”。[①]总体来看，前两种理论具有明显的个人主义色彩，而第三种理论则力图通过“公”的一面，对这种“野心勃勃”的个人主义加以限制。

在德国、日本等大陆法系国家，正当防卫的正当性主要围绕个人与社会两个层面展开，但与美国不同的是，德、日刑法理论中在社会层面的探讨并

①[美]乔治·P·弗莱切著，陈绪刚、范文洁译：《地铁里的枪声——正当防卫还是持枪杀人？》，第23—45页，北京，北京大学出版社，2007年。

非为了限制正当防卫的成立，而是为了证实其正当性。他们认为，一方面，正当防卫在个人层面是一种与生俱来的阻止不法侵害的本能性自我主张权，是一种不需要其他根据的原始性权利；另一方面，正当防卫在社会层面也是为了维护法秩序，表明侵害行为为法律所不允许[①]。当然，或许是因为意识到了如此论证会导致过分强调防卫人利益的优越性，进而使侵害人与防卫人之间利益保护程度过于失衡，德、日刑法理论也往往会同时指出不能过于强调个人本能与法秩序维护，否则会出现为了保护财产而将人杀害的局面。[②]从这个意义上讲，“正义无须向不法让步”也并非绝对。

不难发现，大陆法系国家与英美法系国家关于正当防卫正当性的论述具有相似之处。那么，我国的立法者是如何理解这个问题的呢？对此，全程参与刑法立法过程的高铭暄教授在其《中华人民共和国刑法的孕育诞生和发展完善》一书中明确表示：“正当防卫是公民的一项合法权利。当公民正确行使这项权利的时候，不仅对社会无害处，而且对社会有好处。……但是，法律禁止滥用此项权利，过当地对不法侵害分子给予不必要的报复。”[③]可见，我国立法者对正当防卫的正当性理解和其他国家大致相同，既从个人与社会两个层面为正当防卫的合法性“正名”，也强调权利不能滥用、防卫不能过当。

既然正当防卫如此正当，为什么各国都主张对正当防卫加以“权利不能滥用、防卫不能过当”的限制呢？这主要是因为：一方面，民众朴素的防卫行为与防卫心理有时存在着演变为“以眼还眼、以牙还牙”的报复与私刑的冲动，而这样的报复与私刑，具有行为过当、循环往复，甚至造成家庭与社会群体间冲突与对立的风险，既不利于公民权利保障，也不利于社会安定团结；另一方面，为了实现社会利益最大化，公民与国家订立契约（依循社会

---

①［德］汉斯·海因里希·耶塞克著，徐久生译：《德国刑法教科书》，第449—451页，北京，中国法制出版社，2017年。

②［日］前田雅英著，曾文科译：《刑法总论讲义》，第222—223页，北京，北京大学出版社，2017年。

③高铭暄：《中华人民共和国刑法的孕育诞生和发展完善》，第25页，北京，北京大学出版社，2012年。

契约论的思想），并通过纳税等方式保障国家机器的正常有效运转，在公民遇到危险时，强大的国家机器理应挺在相对弱小的防卫人前头。

理论的推演总是比实践的处理来得简单。不可否认，具体的司法实践中，在“权利使用与权利滥用”“正当防卫与防卫过当”等之间，往往只存在着一张薄纸片的距离，而不同国家之间与同一国家内部对此的判断也可谓“莫衷一是”。极目远眺，在极度崇尚个人主义与“风能进，雨能进，国王不能进”的住宅权的美国，还存在着如“城堡法”那般主张对在住宅内发生的不法侵害可以予以近乎无限的防卫的思想；可要是把目光拉近一些，日本对待这一权利便会显得严肃许多。而即使是在自诩“法治优等生”的美国内部，过往也既有如美国诉塞巴洛斯案那样，认为用弹簧枪伤害入室盗窃者行为违法的判例（加州最高法院认为，盗窃行为只会使财物受损，为了保护财物对盗贼使用可能致命的武力不属于正当防卫）；还有如美国诉戈茨案那样，认为用枪杀害四名在地铁上索要五美元的人的行为属于正当防卫的判例。

那么，我国对于这一问题的判断又是怎样的呢？2017 年，有学者对我国涉及防卫权抗辩的近一万份裁判文书进行梳理（其中可用一审判决 6877 件，可用二审判决 2624 件），发现防卫权合法性总体认定比例不高于 5%（一审认定正当防卫的占 0.42%，认定防卫过当的占 4.35%；二审认定正当防卫的占 0.95%，认定防卫过当的占 3.96%），而无限防卫权的认定数为 0。[①] 从这个意义上讲，司法机关在过往的实践中对正当防卫的认定，似乎过分强调“权利不能滥用”而疏于对正当防卫正当性的关照，过分“诚惶诚恐”“如履薄冰”了些。

（二）正当防卫如何“正当”

结合我国刑法规定，正当防卫的成立要件为何？要想回答这一问题，必须了解我国《刑法》第二十条的三款规定。

1.《刑法》第二十条第一款之探析

我国《刑法》第二十条第一款可谓对正当防卫成立要件及法律效果的总

① 参见王芳：《中国防卫权刑事审判共识度实证研究》，载《政法论坛》，2018 年第 6 期。

的规定，即“为了使国家、公共利益、本人或者他人的人身、财产和其他权利免受正在进行的不法侵害，而采取的制止不法侵害的行为，对不法侵害人造成损害的，属于正当防卫，不负刑事责任”。

从成立要件上看，认定正当防卫必须具备以下三个条件：一是对象条件，即存在“不法侵害”。对此，需要特别注意的是：（1）法律选取了“不法侵害”而非“犯罪行为”的表述，意在表明正当防卫的防卫对象不限于犯罪行为，也包括一些一般的民事违法行为等，这或许是因为这些一般违法行为也有防卫必要，且在“定性＋定量”立法模式的影响下，防卫人有时难以界分一般违法行为与犯罪行为。（2）既然要求是“不法侵害”，则绝对排除了合法行为。因此，不能对为法律所保护的警察执法行为、公民扭送行为、已被正当化的正当防卫与紧急避险行为等，进行正当防卫。（3）根据《刑法》第二十条第三款的规定，这些不法侵害既可以针对国家与公共利益，也可以针对个人利益；既可以针对财产权利，也可以针对人身权利。但结合前述正当防卫的正当性基础，对上述不法侵害进行防卫，在保护程度上可能有所差异。一般来说，对针对个人人身权利的不法侵害予以正当防卫，受法律保护的程度是最高的。（4）当然，正当防卫只能针对不法侵害人进行，否则，只有成立紧急避险而无成立正当防卫的空间。

二是时间条件，即不法侵害“正在进行”。对此，需要特别注意的是：（1）既然不法侵害“正在进行”，那这种不法侵害至少应当是现实存在的，对于防卫人臆想的不法侵害，不可能成立正当防卫（理论上称此为假想防卫，虽然不成立正当防卫，但可能因为“防卫人”不具有故意或过失等，而阻却犯罪的成立）。（2）判断不法侵害是否“正在进行”，核心在于对不法侵害开始时间与结束时间的认定。对此，理论上存在不同学说，而实践中，通常来讲对开始时间的判断会比较容易，对结束时间的判断则会相对困难一些。

三是主观条件，即为了制止不法侵害。从《刑法》第二十条第一款的文理上看，“为了使国家、公共利益、本人或者他人的人身、财产和其他权利免受正在进行的不法侵害，而……”，这句话明显地表明了正当防卫必须具有防卫意识。对此，有学者认为正当防卫并不需要具备防卫意识[①]，但一方面，这种观点主要是为了与其所主张的结果无价值的违法性论相契合，可在主张三阶层犯罪论体系的学者中，目前似乎更多地呈现出从结果无价值论转向行为无价值的二元论的流变趋势。另一方面，认为正当防卫不需要具备防卫意识，不能周全地解决偶然防卫等问题：如采“防卫意识不要说”的学者会认为，如果A故意枪杀B，而B此时正枪杀C，由于A客观上阻止了不法侵害，虽然其不具备防卫意识，但仍成立正当防卫。可问题在于，如果此时D也正在枪杀A，那么，由于A的行为成立正当防卫而不属于不法侵害，便会得出D的行为属于故意杀人的结论。对行为内容、行为对象、行为故意等完全相同的A、D二人，便给出了完全不同的合法与非法的评价，并不恰当。因此，必须坚持正当防卫的成立以具有防卫意识为要件。

2.《刑法》第二十条第二款之探析

我国《刑法》第二十条第二款则是对防卫限度的要求，即“正当防卫明显超过必要限度造成重大损害的，应当负刑事责任，但是应当减轻或者免除处罚”。

需要加以解释的是，何为“明显超过必要限度造成重大损害”呢？对此：（1）1979年《刑法》第十七条第二款规定：“正当防卫超过必要限度造成不应有的危害的，应当负刑事责任；但是应当酌情减轻或者免除处罚”，而1997年《刑法》第二十条第二款则改为了“正当防卫明显超过必要限度造成重大损害的，应当负刑事责任，但是应当减轻或者免除处罚”。“明显”一词的增加与“酌情”一词的删除，可以明显窥见立法者的意图——谨慎地认定防卫过当，积极地激活正当防卫。从此意义上讲，对现行《刑法》第二十条第二款关于防卫限度的要求尽可能地予以限缩解释，将更多的防卫行为纳入第一款的规定之中，更加符合立法目的。（2）“超过必要限度”与“造成重大损害”，应当从防卫行为与防卫结果两个方面来进行理解，只有在行为明显超过必要限度、结果明显造成重大损害的前提下，才能适用《刑法》第二十

①如张明楷教授主张“防卫意识不要说”。参见张明楷：《刑法学》，第204—209页，北京，法律出版社，2016年。

条第二款的规定。从此意义上讲，司法实践中关于防卫过当的认定必须克服“唯结果论”。

3.《刑法》第二十条第三款之探析

我国《刑法》第二十条第三款规定：“对正在进行行凶、杀人、抢劫、强奸、绑架以及其他严重危及人身安全的暴力犯罪，采取防卫行为，造成不法侵害人伤亡的，不属于防卫过当，不负刑事责任”。通常认为，该款所规定的，可谓“特殊防卫”“无过当防卫”，即只要符合一定条件，便不必受到防卫限度的要求。对此，可以具体地理解为类型的要求与性质的要求两个方面：一方面，不法侵害在类型上应属于行凶、杀人、抢劫、强奸、绑架等；另一方面，不法侵害在性质上应属于严重危及人身安全的暴力犯罪。在符合上述前提的情况下，即使造成不法侵害人伤亡，也不属于防卫过当、不必负刑事责任。

三、“昆山反杀案”的具体解读

在勾勒出正当防卫制度的整体图谱后，紧接着需要讨论的，就是能否将昆山反杀案认定为正当防卫的问题。结合具体案情，对该案的分析至少应涉及以下几个方面：第一，于海明的行为是否符合正当防卫的时间条件，即于海明在捅刺刘海龙时，是否存在“正在进行的不法侵害”；第二，于海明的行为是否符合正当防卫的主观条件，即于海明在捅刺刘海龙时，是否具有防卫的意识；第三，能否对该案启动《刑法》第二十条第三款关于“特殊防卫”“无过当防卫”的规定，这里主要涉及刘海龙的行为是否属于《刑法》第二十条第三款中的“行凶”。

（一）于海明的防卫行为符合正当防卫的时间条件

如前所述，正当防卫只能针对“正在进行”的不法侵害。那么，于海明是否面临着“正在进行”的不法侵害呢？对此，可能的质疑是：在于海明夺刀后，甚至在刘海龙跑向宝马车后，不法侵害难道不是已经消除了吗？我们认为，于海明的防卫行为符合正当防卫的时间条件，理由有两点：

1. 对该案是否符合时间条件的判断应整体地看而非切割地看

“横看成岭侧成峰，远近高低各不同”，以此来形容昆山反杀案，是恰如其分的。如果我们采取“整体评价”的视角，会很容易得出于海明的行为符合正当防卫时间条件的结论：从事件的起因来看，刘海龙醉酒驾驶机动车，险些与遵守交通规则、处在非机动车道上的于海明发生剐蹭、碰撞，刘海龙下车，对于海明加以推搡、殴打，刘海龙的同行人员也加入了殴打。从事件的发展来看，见于海明反抗，刘海龙向驾驶室跑去，拿出了近60厘米的长刀，对于海明的颈部、腰部、腿部予以击打。此时，于海明的感觉是“当时感觉说要死了的那种感觉”，可以说到此时为止，刘海龙对于海明的不法侵害“步步升级”。从事件的转折来看，刘海龙手握的长刀突然脱手，于海明反应过来，上前夺刀，而此时刘海龙也上前抢刀，可见刘海龙的不法侵害仍未结束。从事件的结果来看，于海明先后分两轮劈砍刘海龙7刀，前5刀发生在7秒以内，后两刀发生在7秒以后且均未砍中，致刘海龙身亡。显然，整个过程就是一个“不法侵害开始——不法侵害升级——通过防卫行为制止不法侵害”的过程，完全符合正当防卫的时间条件。

如果将案件分割成两个阶段便会有所不同：所有人都会承认，在长刀脱手前，于海明面临的是不断升级的危险。可是，若将长刀脱手以后发生的事情单独抽离出来看，似乎并不存在刘海龙对于海明的不法侵害——毕竟，如同监控视频所看到的那样，自于海明夺刀的那一刻起，我们只见于海明对刘海龙的挥砍而不见刘海龙对于海明的侵害。这种观点可谓“拆分论”，而与之相反的整体视之的观点可称“一体论”。可是，“拆分论”真的可取吗？

第一，从“拆分论”的分析效果上看，其易与正当防卫的基本价值背道而驰。任何防卫成功的案件都会有双方力量差异的临界点，在临界点之后，不法侵害人的不法侵害从外观上看都会消失或者大大降低。如果因此认为不法侵害不再持续、不复存在，防卫人继续实施的任何行为都是多余的、过当的、应负刑事责任的，就相当于告诉防卫者，永远不能处于正当防卫中的优势地位，这何尝不是一种对“正义不能向非正义让步”基本价值的背离，又何尝不是一种与《刑法》第二十条第二款“明显超过必要限度造成重大损害”

的矛盾呢?

第二，从“拆分论”的分析方法上看，其分析方法并不客观。拆分论者的底气在于他们极大程度地还原了案件事实，毕竟，他们据以分析的资料，包括不法侵害人不再侵害、身受重伤、不治而亡的事实，从视频中均一一清晰可见，并指向了不法侵害业已结束的结论。他们甚至可以说，将整个行为同一判断的做法，实际上是将前后不同的行为混为一谈，并在对后一行为的判断过程中先入为主地加入了对前一行为的判断，并不客观。可事实果真如此吗?结合本案，拆分论者依据于海明未再受伤便认为刘海龙不再侵害，依据刘海龙跑向宝马车便认为刘海龙放弃了侵害，然而，另一种完全可能的情况是：刘海龙还想要向于海明挥拳却受到了于海明的压制，刘海龙跑向宝马车是为了拿取其他的攻击工具……如果依循这样的假设，不法侵害似乎远未结束。因此，“拆分论”的分析方法似乎并不客观，并完全可能指向与“一体论”完全相同的结论。

第三，从比较法的视角看，域外存在着“一个防卫行为”的概念并于近年来被我国学者引入（张明楷教授称其为“一体化防卫行为”），该观点值得提倡。“一个防卫行为”的核心在于，在一些情况下，防卫人一度遭到了殴打，并且看上去可能继续受到侵害，此时便应当肯定不法侵害“正在进行”，并放松对时间条件的判断①。在实践中，对于最初一击已造成侵害人倒地、但防卫人继续击打三四次的行为，对于勒住已经俯卧在地者的脖子将其杀害的行为，对于用小刀实施的侵害行为停止后对不再动弹的侵害人施加暴力致其失血而死的行为，日本均认定为一个防卫行为，并认为“将同一机会中同一人的所为分离开来，分别适用旨趣不同的两个法律，像这样的做法没有遵循立法的目的”②。进一步地，如此规定的正当性还在于：在实践中，侵害人完全可能在伺机进行进一步侵害，防卫人也难以判断侵害人是否伺机进行

① ［日］山口厚著，付立庆译：《刑法总论》，第121—122页，北京，中国人民大学出版社，2018年。

② ［日］前田雅英著，曾文科译：《刑法总论讲义》，第236—238页，北京，北京大学出版社，2017年。

进一步侵害。在本案中，考虑到于海明整个反击行为在时间上的连续性，以及刘海龙事先从车中拿出长刀的行为对于海明可能产生的心理影响，将这种“一个防卫行为”的概念套用在本案上，应当是较为合适的。

2. 对该案是否符合时间条件的判断应事中地看而非事后地看

对该案采取事中或事后判断的态度，也会指向不同的结论：如果采取事后的立场，会更可能倾向于因刘海龙在长刀易手后一直处于被动状态，认为此时已经不存在不法侵害；如果采取事中的立场，并与处在该案中的于海明“共情”，则更容易得出不法侵害仍在持续的结论，尤其是在刘海龙从车里拿出长刀、刘海龙向于海明数次挥刀、刘海龙同伴也曾参与对于海明的殴打等情况下。

那么，我们究竟应该事中地看，还是应该事后地看呢？总体来看，事中地看具有较强的合理性，理由在于：（1）任何结果都是在主客观原因综合作用下发生的，且夹杂着各种偶然与必然因素，这是事物发展的规律。事后地看问题，以结果反推过程，其实就是我们带着已经造成的结果，去要求防卫人在防卫的当场预料到所有引向我们已经知晓的结果的偶然与必然、主观与客观因素。显然，这在许多情况下是难以实现的。（2）事后地看问题，不仅要求防卫人预料到上述因素，还要求防卫人在当场依据这些因素合乎理性地分析出不法侵害是否业已结束，并作出是否继续实施防卫行为的决定。若防卫人没有分析这一问题，或是对这一问题分析错误，都很容易引向成立犯罪的后果。这对身处不法侵害之中，带着“排山倒海”般恐惧、愤怒、激动情绪的防卫人来说，过于严苛。（3）事后地看问题易导致“唯结果论”的倾向。对具体案件中的司法者而言，由于结果已经造成，受“死人了就该有人负责”的思想影响，容易先入为主地限缩解释正当防卫的成立要件，而防卫是否“正在进行”便常被司法者拿来“开刀”，使得正当防卫的认定变得“唯结果论”，不当限制防卫人权利。

事实上，在一些情况下，事中判断与事后判断、站在社会一般人的立场与站在防卫人的立场判断，结果不会有太大差异，但另一些则相反。于是，有人可能会质疑：采事中的立场、站在防卫人的视角看问题，会不会过分压缩了不法侵害人的利益呢？具体地讲，如果站在于海明当时的视角、认为不法侵害尚未结束、进而认定正当防卫的成立，而事实上刘海龙确实已经不能再继续实施不法侵害了，这会不会对刘海龙不公平呢？对此，需要引入“误判特权”这一概念。

近年来，我国的一些学者提出在一定条件下应赋予防卫人“误判特权”。如陈璇副教授指出，在对侵害的存在与否发生误判的场合，由于相对方并未通过任何违法行为制造冲突，因此不应赋予“防卫人”（即假想防卫人）以“误判特权”。但是，在对侵害的持续与否及严重程度发生误判时，由于一方面，“正当防卫是其他公民代侵害人履行排险义务的行为，防卫人为此付出合理的额外成本，只能算在一手制造了冲突的侵害人账上”；另一方面，这些误判的发生与否均在不法侵害人的支配领域之内，因此应当赋予防卫人以一定的“误判特权”。当然，如果防卫人的防卫行为已经明显地终结了侵害人的侵害能力，或者侵害人明确表示侵害结束，则这种误判便不再合理。[①]

如果说陈璇副教授的分析尚且具有很强的大陆法系归责理论的痕迹，只能代表“一家之言”；反观英美法系国家和地区，便会发现他们在这个问题上走得更远：在他们眼中，防卫人不仅享有“误判特权”，而且可以基于这种误判对根本不存在的不法侵害（如对警方正当的抓捕行为）进行假想防卫。在美国，“如果行为人有合理依据相信，而且确实相信其正处于迫近的死亡或者严重身体伤害的威胁当中，有必要使用致命武力来保护自己，即使行为人基于此的合理信赖并不正确，也可以采取致命武力”[②]。英国以及我国香港对于这一问题的认识也是如此：只要“防卫人”（包括假想防卫人）真诚地（honestly）、合理地（reasonably）相信不法侵害的存在与持续，这种误判不影响正当防卫的成立[③]。

---

①参见陈璇：《正当防卫中的“误判特权”及其边界》，载《中国法学》，2019年第2期。

②［美］约书亚·德雷斯勒著，姜敏译：《美国刑法纲要》，第34—35页，北京，中国法制出版社，2016年。

③赵秉志主编，谢望原、李希慧副主编：《英美刑法学》，第171—172页，北京，中国人民大学出版社，2004年。

综合上述关于分析视角和误判特权的分析，结合昆山反杀案的具体案情，我们可以得出以下结论：（1）事后地看，刘海龙在长刀易手后，既可能已经不能继续侵害，也可能还能侵害，且想侵害。（2）事中地看，无论是从刘海龙先前步步紧逼、不断升级的危险行为出发，还是从刘海龙受伤起身后立即跑向原放置砍刀的汽车，而于海明无法排除其从车内取出其他凶器的可能性出发；或是从于海明事后跑向宝马车，一只手紧握长刀，一只手取出刘海龙的手机并表示担心其叫人这一事后的情节出发，于海明显然认为刘海龙的侵害行为仍在持续。（3）如果刘海龙确实还想实施侵害行为，则事中视角与事后视角得出的判断结论完全一致，应当肯定防卫行为符合时间条件。（4）如果刘海龙已经不能继续侵害，由于其并没有发出明显的不能继续侵害的信号（如叫停、求饶、倒地不起等），且于海明由于先前刘海龙的行为完全可以合理地相信刘海龙还会继续实施侵害行为，应当肯定于海明此时具有“误判特权”。

（二）于海明的防卫行为符合正当防卫的主观条件

相较前一个问题而言，关于于海明是否具有防卫意识的判断便会简单许多。由于防卫意识可以具体分为防卫认识与防卫目的两个方面[①]，我们不妨从这两个方面具体展开：

第一，于海明是否具有防卫认识呢？对于这一问题的回答，显然是肯定的。该案缘起于刘海龙醉酒驾车、违规变道、主动滋事、挑起事端，于海明则完全没有实施任何不法行为的故意。随后第一阶段，刘海龙对于海明先是推搡，继而拳打脚踢，此时，于海明以躲避为主；第二阶段，刘海龙拿出长刀向于海明挥砍，从监控视频来看，于海明实施了一定的防卫行为；第三阶段，在长刀脱手时，于海明抢走长刀，并向积极抢刀、没有任何停止侵害迹象的刘海龙在 7 秒内挥砍 5 刀；第四阶段，在刘海龙跑向宝马车时，结合于海明事后一只手紧紧握住长刀，一只手从车中拿出刘海龙手机并表示其“怕刘海龙叫人”的行为来看，其显然认为不法侵害仍在持续。因此，我们可以

①高铭暄、马克昌主编，赵秉志执行主编：《刑法学》，第 131 页，北京，北京大学出版社，2017 年。

得出以下两个结论：（1）于海明自始至终都认识到正在面临不法侵害，具有防卫认识（可能存在误判，但享有误判特权）；（2）基于对不同阶段强度不同的不法侵害，于海明基于防卫认识，实施了由轻到重的防卫行为。

第二，于海明是否具有防卫目的呢？结合前述论证，答案同样是显然的——正如昆山市公安局所认为的那样："于海明夺刀后，7 秒内捅刺、砍中刘海龙的 5 刀，与追赶时甩击、砍击的两刀（未击中），尽管时间上有间隔、空间上有距离，但这是一个连续行为。另外，于海明停止追击，返回宝马轿车搜寻刘海龙手机的目的是防止对方纠集人员报复，保护自己的人身安全，符合正当防卫的意图。"可问题在于：于海明是否可能同时具有一定的攻击目的？如果有，我们该怎么把握防卫目的与攻击目的之间的关系？

就前一个问题来说，于海明的确可能在具有防卫目的的同时具有一定的攻击目的。之所以得出这样的判断，主要是因为于海明在之后接受采访时表示，在夺刀挥砍向刘海龙时，"当时感觉人跟疯了一样在那里，我说，'太欺负人了'"。虽然我们没能得到该案中于海明对公安机关所作的完整的供述，但仅就这一句话来看，似乎能够窥探到其可能具有的、基于愤怒和激动情绪、对刘海龙加以攻击的意思。

就后一个问题来说，即使于海明在具有防卫目的的同时，兼有一定的攻击目的，也不影响正当防卫的成立。虽然正当防卫必须具备防卫目的，但不应严格地要求防卫人主观上只能有"防卫"这一个念头，这是因为：（1）从理论上看，以与我国刑法规定有着较大相似性的日本为例，其裁判对防卫目的的认定体现着从严格到宽缓的趋势①，而当前日本学界与实务界则普遍认为，"如果仅有激愤或恼怒就否定存在防卫意思，若有攻击意思就否定防卫意思，那么，可能实务中大部分场合防卫意思都会被否定，这可能会导致正当防卫这一制度事实上被阉割"②。与此相似，我国学界对防卫目的的否定也主要是针对防卫挑拨、相互斗殴等，并不否认以防卫目的为主、兼有一定

① [日]西田典之著，刘明祥、王昭武译：《日本刑法总论》，第 129—130 页，北京，中国人民大学出版社，2007 年。

② [日]山口厚著，付立庆译：《刑法总论》，第 130 页，北京，中国人民大学出版社，2018 年。

攻击目的的情形成立正当防卫[①]。（2）从现实上看，防卫人完全可能（甚至是在多数情况下）既具有防卫意识，也具有因愤怒、激动等情绪而产生的攻击意识；在两种意识并存的场合，不能仅仅因为具有攻击意识便当然地否认正当防卫。因此，只有当攻击意识对防卫意识取得了“压倒性胜利”、或者完全（或者几乎完全）地出于攻击的目的时，否定防卫意识才是适当的。显然，在本案中，即使于海明具有一定的攻击目的，也依然不影响其防卫意识的认定。

（三）可以对该案适用《刑法》第二十条第三款关于特殊防卫的规定

《刑法》第二十条第三款对特殊防卫作出了明文规定。据此，要想成立特殊防卫，不法侵害必须在类型上属于行凶、杀人、抢劫、强奸、绑架等行为，这是显然的。进一步地，由于在对常见的特殊防卫不法侵害类型进行规定后，《刑法》第二十条第三款还采用了“等严重危及人身安全的暴力犯罪”这一针对特殊防卫中不法侵害同质性的表述，可见，即使不法侵害行为满足行凶、杀人等类型性的要求，其在性质上也必须达到严重危及人身安全的程度。

判断能否对昆山反杀案适用特殊防卫的规定，也需要从上述两个层面具体地展开：（1）刘海龙的不法侵害，在类型上是否属于“行凶”？这主要涉及对“行凶”内涵与外延的判断问题。（2）刘海龙的不法侵害，在性质上是否达到严重危及人身安全的程度？这主要涉及判断标准的选取问题，即我们是采取不法侵害是否实际严重危及人身安全的“结果标准”，还是采取不法侵害是否可能严重危及人身安全的“可能性标准”；是采取不法侵害是否客观严重危及人身安全的“客观标准”，还是采取防卫人是否认为不法侵害会严重危及人身安全的“主观标准”？

第一个问题：刘海龙的不法侵害，在类型上是否属于行凶？对此，我们不妨从文义解释、体系解释以及反观司法实践的认定三个方面，对“行凶”予以厘清：（1）从文义解释上看，根据现代汉语词典，“行凶”指“打人或者

①王作富主编，黄京平副主编：《刑法》，第96页，北京，中国人民大学出版社，2016年。陈兴良主编，周光权副主编：《刑法学》，第72页，上海，复旦大学出版社，2017年；等等。

杀人”，列举的词组包括“持刀行凶、行凶作恶”[①]。可见，“行凶”这个词语本身便包括了故意杀人与故意伤害两种情形，不能因为《刑法》第二十条第三款单独规定了“杀人”这种类型性的行为，就否认“行凶”也包括杀人。（2）从体系解释上看，“行凶”并不独属于《刑法》。《中华人民共和国监狱法》第四十六条规定，“人民警察和人民武装警察部队的执勤人员遇有下列情形之一，非使用武器不能制止的，按照国家有关规定，可以使用武器：……罪犯持有凶器或者其他危险物，正在行凶或者破坏，危及他人生命、财产安全的”，可见，这里的“行凶”对应着“危及他人生命安全”，实质是一种既可能造成死亡、也可能造成伤害（尤其是重伤）的行为。《中华人民共和国看守所条例》第十七条第二款规定，“对有事实表明可能行凶、暴动、脱逃、自杀的人犯，经看守所所长批准，可以使用械具”；第十八条规定，“看守人员和武警遇有下列情形之一，采取其他措施不能制止时，可以按照有关规定开枪射击：……人犯持有管制刀具或者其他危险物，正在行凶或者破坏的”。依循这些规定进行体系解释，可以认为：一方面，由于上述规范没有单独规定“杀人”，这里的“行凶”显然同时包含了杀人与伤害两种情形；另一方面，由于上述规范涉及武器、械具的使用，甚至赋予了警察开枪射击的权利，对“行凶”的解释必须符合宪法与行政法层面的“比例原则”，从此意义上讲，行凶当然伴随着对伤害程度的要求，如果只具有造成一般性伤害的可能，通常不宜认定为“行凶”。（3）反观司法实践，最高人民法院于2017年6月20日公布10起毒品犯罪及涉毒次生犯罪典型案例，在其中的“肖胜故意杀人案”中，法院表述为“持刀对执行公务的交通民警和协警行凶，致1人死亡、1人轻伤”，可见，实践也认为“行凶”包含杀人与伤害两种情形。

因此，行凶在外延上包含故意杀人与故意伤害两种情形，在内涵上属于一种危及人生命安全的行为。而在本案中，由于刘海龙对于海明持管制刀具进行劈砍，并命中颈部等人体要害部位，不法侵害在类型上属于行凶。

第二个问题：刘海龙的不法侵害，在性质上是否达到严重危及人身安全

---

① 中国社会科学院语言研究所词典编辑室编：《现代汉语词典》，第1457页，北京，商务印书馆，2012年。

的程度？如前所述，这里主要涉及判断标准的选取问题。对此，应当采取“可能性标准”而非“结果标准”，这主要是因为：（1）从规范目的的角度出发，《刑法》特意在法定情形下赋予防卫人无限防卫权，主要是因为这些行为具有危及人身安全的高度盖然性，因此允许防卫人出于保护自己最为核心的利益的理由，对这种不法侵害予以较大强度的反击。所以，《刑法》如此规定本身就是出于防卫人具有核心利益受损的“可能性”或“高度盖然性”。进一步地，如果采取“结果标准”，无疑是强求防卫人精准判断出不法侵害将对自己造成的伤害，并依此冷静换算出自己的防卫强度，这无疑是一种“强人所难”。事实上，如果我们仔细揣摩司法机关的认定逻辑，也会发现其根据规范目的对“行凶”认定采“可能性说”的痕迹。（2）从现实的角度出发，不法侵害人有时具有实施严重暴力（即严重危及人身安全的行凶）的故意，但还没有升级到如此的程度，或者这种升级还不能为防卫人所发现；有时具有实施严重暴力和一般暴力、杀人和伤害的概括故意，如果仅从最后造成的结果进行判断，显然不利于防卫人权益保障，使得特殊防卫在保护防卫人生命安全面前“捉襟见肘”、“于事无补”。可见，对“行凶”性质的判断，采“可能性说”是恰当的。此外，结合本文在上一部分提到的“误判特权”，即使不法侵害在客观上不会致人重伤、死亡，但只要防卫人合理地相信不法侵害可能产生如此的结果，可以赋予防卫人以“误判特权”。

因此，对行凶是否“严重危及人身安全”判断应采“可能性说”，并赋予防卫人“误判特权”。而在本案中，由于刘海龙持管制刀具向于海明颈部等进行挥砍，且在长刀脱手后并无放弃侵害迹象，虽然从结果上看，其只是使用了刀背且未对于海明造成严重伤害结果，但不可否认，刘海龙随时具有使用刀刃的可能且随时可能砍向于海明要害部位，具有对其生命安全造成严重威胁的现实可能性。退一万步讲，即使刘海龙实际并无意这样做，但于海明基于刘海龙的先前行为产生如此的误判，显然是合理的。有鉴于此，于海明可以对刘海龙实施无过当防卫。

综上所述，于海明的行为完全符合《刑法》第二十条关于正当防卫时间条件、主观条件等规定，并享有无限防卫权。公安机关对本案定性及之后三级检察机关对本案的分析是准确的。

四、民意与司法的聚合与疏离——昆山反杀案的另一视角

昆山反杀案得到如此的处理并成为标杆性案件，民意的影响无疑“功不可没”。而无论是此前的于欢辱母案，还是本次的昆山反杀案，都进一步地涉及一个重要的议题：民意与司法的关系究竟为何？面对如此宏大的议题，囿于篇幅所限、研究尚浅，本文仅想从以下正反两个方面提出自己的观点：第一，民意介入司法的必然性与有益性；第二，民意介入司法的潜在弊端与底线思维。

（一）民意介入司法的必然性与有益性

“法官并非站在遥远的山巅，影响社会大众的浪潮必然也会从他们身旁流过”（本杰明·卡多佐语），这句话恰如其分地揭示了民意介入司法的必然性。作为社会的一员，司法者必然要与社会接触、必然会接收到来自社会的判断，从此意义上讲，民意影响司法者的判断便成为必然，无论中外。在我国，学界普遍认为民意对司法的影响是一种必然，这种影响在互联网时代表现得尤为明显。[①]而在美国，关于民意与司法的关系，美国伦奎斯特首席大法官就曾表示，法官只要是正常人，就会和其他职业的人一样受到民意影响，如果想让法官如隐士般自我隔离于社情民意之外，只会收效甚微；[②]几年前，还有学者通过大量的文献综述与实证研究，得出了美国联邦最高法院受民意影响这一判断虽然难以得到确证、难以上升为因果关系，但极大概率存在的结论。[③]

民意介入司法有什么益处呢？对这一问题的回答，可以从两个不同的方向加以分析：（1）从民意——司法的角度看，“阳光是最好的防腐剂”，民意

①参见孙笑霞：《司法的政治力学——民众、媒体、为政者、当事人与司法官的关系分析》，载《中国法学》，2011年第2期。

②［美］琳达·格林豪斯著，何帆译：《美国最高法院》，第83页，上海，译林出版社，2017年。

③See Lee Epstein，Andrew D. Martin，Does Public Opinion Influence the Supreme Court？ Possibly Yes（ But We’re Not Sure Why ），Journal of Constitutional Law，Vol. 13：2，Dec. 2010.

可以监督司法，并校验司法决定是否符合朴素的法感情；（2）从司法——民意的角度看，民意融入司法的过程，常常也是司法“教化”民意的过程。

从民意——司法的角度看，随着自媒体的不断发达，象征民意的舆论监督以其范围广、影响大、透明度高等特点，在法治建设进程中发挥着应有的作用，几乎成为共和国每一个标志性案件的见证者和参与者。在孙志刚被打一案中，新闻媒体的报道、社会各界的质疑，不仅将司法者对案件的审视置于公众面前，甚至推动了对《城市流浪乞讨人员收容遣送办法》的反思。自此，中国彻底告别持续了几十年的“收容遣送”历史，超过一亿的进城务工农民从此可以免遭收容遣送制度的歧视和侮辱，公民在宪法上的平等权利和尊严会得到进一步保障[①]。在于欢防卫过当一案中，一审被判无期徒刑的于欢迅速得到了舆论的同情，并经由南方周末《刺死辱母者》、人民日报《辱母杀人案：法律如何回应伦理困局》等媒体竞相报道，在民众中受到了更为广泛的关注。为积极回应民意，最高人民检察院迅速启动监督程序；为防止民众对可能出现的司法腐败的怀疑，山东省高级人民法院对该案二审全程直播。[②]如此种种，无疑体现着民意对司法行为规范性的监督、对司法结论合理性的校验。

从司法——民意的角度看，司法对民意绝非“亦步亦趋”，依法治国的要求决定了按既有的法律办事是司法者最基本的坚守。在坚守过程中，司法与民意有时会发生冲突，并由此形成普法的契机——在前述“民意——司法”的过程中，信息媒介将民众的声音与质疑反馈给司法机关，而与质疑相伴而生的，往往是司法者的“释法”，此可谓“普法”的过程。如美国的辛普森杀妻案，即使民意多认为辛普森就是凶手，但民众的质疑迎来了舆论场的评判，而舆论的评判、司法者的解释强化了民众对包括陪审团制度、疑罪从

①《孙志刚案年终评论：维护宪法权威 救济公民权利》，人民网，http://www.people.com.cn/GB/shehui/1063/2258811.html，2019 年 10 月 14 日访问。

②《辱母杀人案事件时间轴》，新浪网，http://news.sina.com.cn/c/2017-03-26/doc-ifycspxn9904683.shtml，2019 年 10 月 14 日访问；《山东高院：于欢案二审全程直播 驳“暗箱操作”说法》，环球网，https://china.huanqiu.com/article/9CaKrnK3bRv，2019 年 10 月 14 日访问。

无原则、刑事诉讼与民事诉讼证据规则及证明标准等问题的讨论、理解和认同。难怪有学者说，民意与司法的又一关系在于最高法院是国民教师，“大法官是否应该教化民众，这一点并无疑问，也不可能有疑问，因为在民主政体下，教化与裁判本身就是密不可分的”①。

（二）民意介入司法的潜在弊端与底线思维

如果仅仅因为上述民意介入司法的益处，便对民意加以无限制地讴歌与夸大，则显然是高看它了。民意介入司法同样存在潜在的弊端，它具有片面性、易变性、可操纵性、不公正性。

民意有时是片面的。美国曾一度存在对奸淫儿童罪适用死刑是否属于宪法第八修正案所禁止的“残酷且异常的刑罚”的争论。对此，美国一方面专门调查了各州对类似案件的量刑情况，并发现仅 6 个州对奸淫儿童适用死刑；另一方面发现 20 世纪 90 年代在国会扩大联邦层面死刑适用的背景下，实践中没有一起涉及奸淫儿童的死刑案例。最高法院据此认为，对奸淫儿童罪不适用死刑是民意的体现，并依此作出了判决。可他们忽略了，两年前国会已将《军事审判统一法典》管辖的军人奸淫儿童行为列为可以判处死刑的罪行，而国会的决定难道不正是民意的体现吗？②之所以说民意是片面的，主要是因为：（1）据以判断民意的资料有许多，不同的判断资料完全可能引向不同的判断结论，在难以穷尽所有判断资料的背景下，依据部分资料进行判断极容易造成“信息失误”；（2）要想精准地判断民意，最好的办法无疑是向全体国民发放调查问卷，但这并不现实。那么，在仅有部分民意的情况下，我们便很难说其是否是“主流民意”——如果中国有多达6亿人支持某一判决而 5 亿人反对某一判决，难道那 6 亿人就一定代表主流民意吗，难道我们可以忽视剩余 3 亿沉默者的意见吗？

民意有时是易变的。仍然拿美国极具代表性的一起案件为例，在涉及堕

① ［美］琳达·格林豪斯著，何帆译：《美国最高法院》，第 84—85 页，上海，译林出版社，2017 年。

② ［美］琳达·格林豪斯著，何帆译：《美国最高法院》，第 92—93 页，上海，译林出版社，2017 年。

胎是否合法的“罗伊诉韦德案”中，审理期间一项盖洛普民意调查显示，绝大多数公众赞成维护堕胎权，联邦最高法院也依此作出了裁判。可谁想，随着宗教右翼势力的抬头，20世纪80年代，最高法院受到不断升级的要求推翻“罗伊诉韦德案”的压力。最后，法院依然坚持地从维护既判力的角度出发，坚持了该案的核心内容[①]。该案给我们的启示在于，民意有时会因时而变，一些在历史上不被认可的行为在今天司空见惯，而一些在历史上常见的行为在今天则已为时代所抛弃。如果以这种时常发生变化的民意去裹挟司法，很容易导致判决既判力的丧失，有损司法权威。当然，这样的影响在判例法国家中会更大，但对大陆法系国家也不无影响。

民意有时是可操纵的。对此：（1）同样一件事情，大众获取信息的角度不同，就会得出完全不同的结论。而提供给民众何种角度的信息，便是一件完全可以且十分容易操纵的事情。（2）将信息传递给民众后，有时，非主流观点也会被人为地操纵成主流观点，一个类似的例子是，“微博热搜”就完全可以轻松地通过金钱交易实现。于是，正如《人民日报》评论的那样，“掺水的数据、虚假的点击，并不能成为这个时代有说服力的注脚”[②]。（3）收获了一定受众的观点逐渐形成群体性的合力，这种合力有时会如法国著名社会心理学家勒庞在《乌合之众——大众心理研究》一书中所说的那样，变成情绪化的“失智”的表达，并在传染的过程中越发偏执和专横。[③]一旦被操纵的民意开始裹挟司法，便难免侵蚀法治社会根基。

民意有时是不公正的。应当认识到，民众对具体案件的关注，常常具有一定的偶然性。虽然这些案件因受到民意“青睐”而往往被司法机关格外重视，但这也意味着另一些没有受到民意“青睐”的类似案件，其处理可能就是另一番光景了。有人可能会说，这难道不是司法的错吗，怎么可以归

① ［美］琳达·格林豪斯著，何帆译：《美国最高法院》，第87—90页，上海，译林出版社，2017年。

② 《人民日报：公共平台别成舆论卖场》，人民网，http://opinion.people.com.cn/n1/2018/0131/c1003-29796432.html，2019年10月14日访问。

③ ［法］古斯塔夫·勒庞著，戴光年译：《乌合之众——大众心理研究》，北京，新世界出版社，2010年。

咎到民意身上呢？的确，离开了现实，我们是可以做这样理论层面的反驳的，但仔细想想，这建立在一个现实性的前提之上，那就是对一个案件只可能有一种合法的判断，民意的介入使得司法机关作出了合法判断，而这种合法判断应当也必须运用于其他所有类似案件身上。可问题在于，对具体案件的现实处理一定存在着唯一正确的答案吗？难道对某一案件，司法者就只有认定为正当防卫才是合法的、而认定为防卫过当就一定不符合法律规定吗？如果答案是未必的，那么，在类似案件中，对同样具有合法性的两个判断，得到民意关照的和未得到民意关照的，就形成了实质的差异与不平等。可见，民意对案件关注的选择性和偶然性决定了其有时具有不公正的特征。

为了克服上述弊端，我们当然可以务实地提出许多完善建议，比如加强对信息传导媒介的规范等。事实上，在最高人民法院于2009年12月23日下发的《关于人民法院接受新闻媒体舆论监督的若干规定》中，专门规定媒体如果报道失实或有恶意性倾向、损害司法权威的，应依法追究相应责任，可谓对此“打了样”。但本文更想专门强调的是民意介入司法的底线思维，那就是《刑法》第三条的规定。[①] 与“人治”相对应，“法治”的基本立场是最大程度地排除个人的好恶与恣意，通过统一而客观的规则并经由统一而客观的程序规制人的行为，这也是为什么我们对“罪刑法定”这一刑法的“生命”作出了明确性的要求。在一些场合下，当司法者面临多个可能的合法选择，比如正当防卫与防卫过当，如果民意的确合理地指向着某一方、的确代表着朴素的法感情，司法者在一定程度上对此予以参考是应予准许的。但在另一些场合下，当司法者所面临的唯一正确、合法的选择与民意相悖（如明明实施了杀人行为且不成立正当防卫等，但民众因为可怜其生活遭遇建议对其无罪释放），则必须依法办事；而民意对这一规则的正当性检讨，则只能通过法定的立法程序，在立法环节中予以实现，或者通过法官的释法环节，对民众的意见和不满予以修正和消解。

---

①即“法律明文规定为犯罪行为的，依照法律定罪处刑；法律没有明文规定为犯罪行为的，不得定罪处刑”。

五、结论

具有承前启后标志性意义的昆山反杀案，实在有许多问题值得加以分析。本文选取的角度主要集中于正当防卫，并附带讨论了民意与司法的关系，以此展现了昆山反杀案在学理上两个不同的侧面。

从正当防卫的角度看，本文通过对正当防卫的时间条件、主观条件以及能否启动“特殊防卫”这三个可能涉及的争议焦点进行分析，肯定了司法机关对昆山反杀案作出的判断。细心的读者或许会发现，针对这三个问题的若干判断规则和论证思路的提出，事实上又本源性地指向了本文第二部分第一点所提到的，关于正当防卫的正当性与“权利不能滥用、防卫不能过当”之间的关系问题，即注重保障防卫人利益与兼顾保障侵害人利益之间的关系问题。总体来看，两种态度都有一定道理，但态度的选择往往会有很强的时代印记。公允地讲，从当前对正当防卫过分限缩的现实背景来看，偏重强调正当防卫的正当性、注重保障防卫人的利益，应当是相对恰当的选择。

从民意与司法的关系来看，民意影响司法既有必然性，也有正当性，但绝不能因此神话“民意”。在文章中，笔者特意地强调了以《刑法》第三条为基准的“底线思维”，也是为了限制民意肆意裹挟司法的冲动。讲到这里，我想到了经典日剧《Legal High》里辩护人慷慨激昂的一段陈词：“如果民意想判一个人死刑，那就判吧，因为说到底，这不过是一场以绞死讨厌鬼为目的的国民运动。可是，在座的法官到底是为了什么坐在那里？如果民意可以决定一切的话，那就不需要这些拘泥于形式的建筑和郑重的手续，也不需要一脸傲慢的法官们。下判决的，绝不是国民的调查问卷，而是我国学识渊博的你们五位。请你们秉承作为司法顶尖人士的信念进行判断。”言辞虽然感性，但也值得深思。

写到这里，或许有人会问，即使倾向于肯定对防卫人利益的保护，但这种肯定需要到何种程度呢？既然民意有利有弊，那在底线之上，民意介入司法究竟又需要到何种程度呢？很可惜，对这两个问题，笔者也无能为力——但凡承认司法是一个个案化、个别化、价值化的判断过程，理论就永远不可能为司法提供完全唯一、制式、客观的给养。于是，或许有人会进一步追问，既然如此，在防卫人利益保护与侵害人利益保护、民意与司法的价值冲突下，个案判断难道不依然十分困难吗？的确，价值冲突下的个案判断有时是极其困难的，但如果因为判断困难就不去判断，无疑是“因噎废食”。

（敖　博）

扫黑除恶，保护民生

——穆嘉组织、领导黑社会性质组织罪案

2018年1月，中共中央、国务院发出《关于开展扫黑除恶专项斗争的通知》（以下简称《通知》），旨在深入贯彻落实党的十九大精神，在全国开展扫黑除恶专项斗争，保障人民安居乐业、社会安定有序、国家长治久安。同时，为保障扫黑除恶专项斗争的顺利展开，并提供惩治黑恶势力的法律基础，最高人民法院、最高人民检察院、公安部与司法部在贯彻落实《通知》精神的基础上，制定并发布了《关于办理黑恶势力犯罪案件若干问题的指导意见》（以下简称2018年《指导意见》），要求各司法行政机关统一执法思想，提高执法效能，依法、准确、有力惩处黑恶势力犯罪，严厉打击"村霸"、宗族恶势力、"保护伞"、"套路贷"以及"软暴力"等违法犯罪活动。随着专项斗争全面深入推进，大批涉黑涉恶案件陆续进入起诉、审判环节，对准确适用法律法规，依法严惩黑恶势力违法犯罪提出了更高要求。2019年4月，最高人民法院、最高人民检察院、公安部与司法部联合发布《关于办理恶势力刑事案件若干问题的意见》《关于办理"套路贷"刑事案件若干问题的意见》《关于办理黑恶势力刑事案件中财产处置若干问题的意见》《关于办理实施"软暴力"的刑事案件若干问题的意见》等4个意见，为提高涉黑涉恶案件办理质效，依法准确及时地打击黑恶势力违法犯罪，提供了更加坚实的法治保障。

其中，"套路贷"违法犯罪活动不仅呈现出团伙作案的特点，更是导致借贷乱象、扰乱金融市场秩序的重要因素，故而理所当然地成为扫黑除恶专

项斗争中重点整治的对象。在“套路贷”违法犯罪现象中，恶势力团伙、恶势力犯罪集团和黑社会性质组织以民间借贷为幌子，实际以“违约金”“保证金”等名义制造银行流水痕迹，诱骗被害人签订虚高借款金额的借条，并通过单方认定违约和非法强取债务等方式实现非法占有他人财产的目的。在实施“套路贷”违法犯罪过程中，犯罪分子通常触及抢劫、诈骗、敲诈勒索、非法拘禁、寻衅滋事、虚假诉讼等罪名。在当前严惩黑恶势力的环境中，加强对“套路贷”违法现象的行业监管和刑事规制势在必行。积极预防和治理“套路贷”违法犯罪活动，可以使“误入歧途”的借贷机构或组织重回正轨，使我国金融行业健康持续地发展，同时对切实有效地打击黑恶势力，维护国家长治久安，具有重大意义。

有鉴于此，以全国首例套路贷涉黑案——穆嘉组织、领导黑社会性质组织罪案①，作为评析案例。以刑法相关罪名及相关司法解释、行政法规为根据，结合本案案件事实，探讨恶势力团伙、恶势力犯罪集团和黑社会性质组织的界分，以及“套路贷”的本质及规制路径，以期为打击黑恶势力及“套路贷”违法犯罪活动提供更加坚实的法理基础。

一、案情回顾

（一）事实认定

1. 组织、领导、参加黑社会性质组织的事实

2015年初，被告人穆嘉网罗刑满释放人员、社会闲散人员，擅自成立以“万融泓泰”“鸿泰鼎盛”“鸿业恒鑫”为名的公司，对外违法发放高息小额贷款。后该公司不满足于获取高额利息，将“套路贷”与暴力催收相结合，肆意侵占借款人钱财。2015年6月，该公司形成以穆嘉为组织者、领导者，被告人王昕、王艳芳、孙蕊、王亚军、杨德发为骨干成员，被告人邢彦石、孙岩、李佳瑞、庞静、任杰、于祥文、许天华、李成龙、陈龙、韩盈、陈欣欣、张堃、崔雯、姚亚龙、金龙、卢猛、刘艳辉、李猛、王雨来等人参加的

---

①《天津市红桥区人民法院刑事判决书》（2017）津0106刑初339号。

黑社会性质组织。

该组织内部分工明确，管控严密。穆嘉决定公司的管理制度、重大决策，支配、控制组织的资产，组织、指挥、参与部分暴力催收活动。王昕协助穆嘉管理组织内部日常事务，王艳芳协助穆嘉管理暴力催收活动，孙岩作为穆嘉的司机积极参与暴力催收活动，庞静管理组织财务。同时，组织内部设有三个部门，分别是业务部、风控部和催收部。业务部由王亚军主管，负责通过散发广告、微信朋友圈等方式招揽有贷款需求的被害人；孙蕊主管风控部，任杰、韩盈等人为主实施，负责对前来贷款的被害人进行资格审查以确定被害人有无财产可供非法侵占；邢彦石主管催收部，杨德发、李佳瑞担任组长，陈龙、于祥文、许天华、李成龙等人为组员，负责以暴力、威胁等手段非法侵占被害人财产。穆嘉通过安排催收人员集中住宿、对组织成员进行监督、对违反其意志的组织成员动辄殴打甚至拘禁、直接参与暴力催收等方式，实现对组织成员的掌控，形成了暴力催收的惯例。

该组织通过实施一系列犯罪活动，攫取巨额经济利益，具有较强的经济实力。该组织为最大限度侵占被害人财产，通过肆意认定违约索要远超出借款额的违约金，通过发放奖金、提成的方式鼓励组织成员加大催收力度，违法所得常是被害人借款的几倍乃至十几倍。所获巨额利益除供穆嘉个人挥霍外，还用于高薪豢养打手，租赁房屋供组织办公、成员住宿、拘禁被害人，置备枪支、刀具、警棍等作案工具，购买奔驰、野马、奥迪等豪华汽车。经审计，穆嘉组织的经营规模达2300余万元。

该组织为获取非法经济利益，采用“虚增债务”“肆意认定违约”“签订虚假借款协议”“转单平账”等“套路贷”方式，有组织地进行犯罪活动。该组织要求成员在审查借款资格时，提前了解被害人的资产状况和家庭情况，为暴力催收做准备，甚至对一些不具备借款资格的被害人直接索要所谓的“赔偿”；在签订借款合同时，将借款本金与全部利息的总和作为约定的借款额，设定不合常规的还款周期，蓄意制造还款陷阱；在交付钱款时，通过虚假转账伪造资金流水，提前收取首期利息，额外收取手续费、下户费、中介费等各种名目费用，使被害人实际借得数额远低于合同约定的借款数额；在被害人还款时，故意隐瞒还款账号、随意设定还款截止时间，设置重重障碍使被害人不能按时还款，人为制造违约；在催收时，采用拘禁、殴打、挟持、威胁、体罚、侮辱被害人，或者滋扰、威胁其亲属等手段，逼迫被害人签订巨额虚假借款协议，要求其一次性偿还巨额债务。如被害人不能按要求给付钱款，则通过“转单平账”的方式，将债权转卖给其他小额贷款公司，确保获取经济利益。其间，该组织成员也会假扮成其他小额贷款公司人员，进行虚假“转单”，以此垒高被害人债务数额。与此同时，该组织还采用要求被害人签订虚假的房屋、汽车买卖、租赁、抵押协议，在拘禁期间有意带被害人在公安机关出现，到公安机关解决所谓“经济纠纷”等方式，企图规避法律追究，使暴力催收行为合法化。该组织通过“套路贷”方式，强立债权，强行索债，以小额贷款为名行暴力催收之实，非法侵占被害人财产，实施抢劫、敲诈勒索犯罪 19 起，为非作恶，欺压残害群众。

该组织所实施的违法犯罪活动，给多名被害人造成严重的经济损失和精神创伤。个别被害人在外地躲避，不敢回津，被害人及其家庭成员的正常工作、生活受到严重影响。大部分被害人及其亲属在被侵害后，慑于该组织的势力和手段，不敢向公安机关报案。该组织严重破坏了当地的经济、社会生活秩序，造成了恶劣的影响。

2. 抢劫的事实

（1）被害人安某因工程之需曾多次向穆嘉的公司借款。2015 年 6 月，安某再次借款 15 万元，约定一个月归还。因在还款时逾期一天，邢彦石找到安某，以“不还钱就不让走”威胁安某，穆嘉逼迫安某签署 65 万元的欠条。同年 7 月 4 日，安某归还 20 万元还清借款。同年 8 月底，穆嘉指使邢彦石等人找到安某的父亲索要 65 万元，并在其住处滋扰多日。同年 11 月 17 日，穆嘉得知安某在河西区一家小额贷款公司后，纠集邢彦石、张堃等人将安某挟持至穆嘉公司。其间，邢彦石、李猛等人殴打安某，穆嘉持刀以挑手筋威胁安某，索要 128 万元。后穆嘉为逼迫其亲属还钱，指使邢彦石、李猛等人将安某先后挟持至津南区拘禁数日，在安某父亲被迫交付一套木制家具、安某被迫出具 20 万欠条后，穆嘉方解除对安某的控制。同年 11 月 27 日，安某及父亲给付穆嘉20万元。

（2）2016年6月2日，被害人韩某至穆嘉位于天津市红桥区米兰大厦的公司借款1.9万元，约定本金及利息总额3.9万元，借款期为一年，每20天还一期，每期还款3300元，后正常还款。同年8月22日17时30分许，韩某与孙蕊电话约定先还款3000元。当日，在韩某还款后，穆嘉肆意认定其违约，指使杨德发、任杰、陈龙、孙岩、李成龙、许天华、于祥文等人将韩某拘禁于红桥区泉春里公司租住的房屋内。其间，任杰打电话联系韩某，穆嘉、王昕、杨德发、孙岩、于祥文、许天华、李成龙、陈龙殴打、威胁韩某，王昕迫使韩某写下12.5万元的欠条。次日凌晨1时许，任杰、陈龙等人将韩某带回其家中，以欠条逼迫韩某的母亲徐某还钱，任杰强行在此留宿。同日上午，杨德发、任杰等人从韩某及其母亲处得款12.5万元后，方解除对韩某的人身控制。

（3）2016年6月5日，被害人马某至穆嘉位于天津市红桥区米兰大厦的公司借款1.59万元，约定本金及利息总额3.1万元，借款期为一年，每20天还一期，每期还款2600元，后归还三期借款。同年8月25日，马某欲提前还款，王昕肆意认定其违约，指使陈某、康某将其挟持到红桥区泉春里公司租住的房屋内，杨德发、李成龙、于祥文、许天华、陈龙等人对其进行殴打，威胁，强迫其签署了10万元的虚假借款合同，杨德发以还款为名强行拿走其携带的1.7万元现金，又逼迫其联系父母，并对其父母进行言语威胁。当晚18时许，穆嘉、王艳芳、孙岩来到，穆嘉用一枪形物威胁马某。19时30分许，杨德发、孙岩、陈龙等人在红桥区大丰路附近向马某之母强行索取8.3万元后，方解除对马某的人身控制。马某共被劫取10万元。

（4）2016年3月21日，被害人时某至穆嘉位于天津市和平区大都会天汇雅苑小区的公司借款2.35万元，约定本金及利息总额4.7万元，借款期为一年，每20天还一期，每期还款3900元，后均正常还款。同年8月28日21时许，经穆嘉授意，王艳芳、杨德发、陈龙、许天华、孙岩等人来到时某工作的津蓟高速收费站，肆意认定其违约，将其挟持至红桥区泉春里公司租住的房屋内拘禁。其间，杨德发、许天华及王昕等人以威胁、恐吓、体罚、侮辱等手段，向时某强行索债 9.1 万元。次日 10 时许，时某被迫向王艳芳账户转账 9.02 万元，杨德发等人方解除对其的人身控制。

（5）2016 年 4 月 21 日，被害人刘某至穆嘉位于天津市红桥区米兰大厦的公司借款 3 万元，约定本金及利息总额 4.7 万元，借款期为一年，每 20 天还一期，每期还款 3900 元，后均正常还款。同年 9 月 29 日凌晨 1 时许，穆嘉肆意认定其违约，指使邢彦石、杨德发、李佳瑞、陈龙、许天华、于祥文、卢猛等人至刘某位于大港区的住所，将其挟持至红桥区泉春里公司租住的房屋内拘禁，并采用殴打、威胁、体罚、侮辱的手段强行索债，逼迫其签订 13 万元的虚假借款协议。其间，杨德发将刘某微信账户中的 2500 元转走。当日 14 时许，杨德发等人将刘某挟持至红桥区米兰大厦穆嘉的公司，通过虚假转单平账的方式将刘某交予李佳瑞处置。李佳瑞、金龙、姚亚龙、孙岩等人假扮其他清债公司，将刘某挟持至红桥区盛运大厦继续拘禁，并采用殴打、恐吓、体罚、侮辱手段强行索债。其间，穆嘉、邢彦石、杨德发、李佳瑞、许天华、孙岩、姚亚龙、金龙等人多次殴打刘某，逼迫其跳入河中进行虐待，穆嘉还把枪放入刘某口中进行威胁，刘某被迫向多人借款，杨德发、李佳瑞等人将其借到的 4.41 万元转走。在控制被害人期间，上述被告人还到刘某的住处、刘某岳母的住处威胁、滋扰刘某亲属。同年 10 月 5 日 15 时许，因刘某家属报警，穆嘉、邢彦石、李佳瑞等威胁刘某后，指使孙岩、房某（另案处理）假造打架现场，将刘某带至天津市公安局红桥分局芥园派出所，谎称刘某殴打房某。刘某迫于压力，未如实陈述事实。后民警将其送至天津市滨海新区公安局古林派出所，其方被解除人身控制。刘某共被劫取 4.66 万元。

3. 敲诈勒索的事实

（1）2015 年 6 月 22 日，被害人郑某至穆嘉位于天津市红桥区万通上游国际尚都家园小区的公司借款 4 万元，约定本金及利息总额 6.2 万元，一个月后归还。后与张堃协商延期还款，并归还了 2.2 万元。同年 8 月 19 日 18 时许，穆嘉肆意认定其违约，指使邢彦石、李猛、王雨来、刘艳辉等人到郑某住处强行索债。邢彦石等人以郑某女儿的安全威胁郑某的父母代为还款。至 9 月 19 日，邢彦石等人先后四次向郑某父母强行索要 1.3 万元，将玉石原石一块、木质条案一张作为债务抵押，并强迫郑某父母继续还债。自2015年9月21日至2016年2月6日间，郑某父亲先后又将6.7万元转入张堃的银行账户。穆嘉等人共向郑某敲诈勒索8万元及玉石原石一块、木质条案一张。

（2）2016年5月23日，被害人吴某至穆嘉位于天津市红桥区米兰大厦的公司借款2.1万元，约定本金及利息总额3.5万元，借款期为一年，分18期还款，每期还款1950元，后正常还款两期。同年7月4日20时30分许，穆嘉肆意认定其违约，指使杨德发、王艳芳、任杰、陈龙等人到吴某住所，以家人安全、侵占房产等威胁吴某支付5万元，吴某被迫向朋友借款。为防止吴某逃走，王艳芳指使杨德发、任杰等人在其住所内控制其自由。次日9时许，王艳芳、杨德发、任杰等人将吴某挟持至红桥区锦江之星宾馆门前，在收到吴某朋友送来的现金5万元后，方解除对其的人身控制。

（3）2016年5月3日，被害人孙某至穆嘉位于天津市和平区大都会天汇雅苑的公司借款2.21万元，约定本金及利息总额4.7万元，借款期为一年，每20天还一期，每期还款3900元，后均正常还款。同年7月21日18时45分，孙某还款3900元。当晚20时许，穆嘉肆意认定其违约，指使王昕、杨德发、王艳芳、韩盈、任杰、陈龙等人到孙某住所，强行将其挟持至一温泉酒店内拘禁并索要8万元。其间，孙岩对其进行殴打。同年7月22日至26日，任杰、陈龙、孙岩、韩盈将孙某控制在其住所等地，穆嘉、王昕威胁其卖房还钱，并谎称帮助其偿还其他欠款。后穆嘉以转单平账的方式将其交给孙振等人处置，并迫使其签订40万元的虚假欠条。孙振、刘雨桥、刘晓明、任杰、孙岩、陈龙带孙某办理了卖房手续，通过穆嘉找的中间人将孙某的房产以63万元的价格变卖，穆嘉等人获取40万元，孙振等人获取12万元，剩余11万元用于偿还房屋贷款。

（4）2016年9月19日，被害人谭某至穆嘉位于天津市红桥区米兰大厦的公司借款9.7万元，约定本金及利息总额20.3万元，借款期为三年，每期还款5700元。同年10月16日15时许，穆嘉、邢彦石、韩盈、任杰等人至谭某住所，肆意认定其违约，强行将其挟持至和平区大都会天汇尚苑穆嘉的公司，对其进行威胁、恐吓，索取21万元。谭某被迫给付穆嘉17万元，并被穆嘉强迫写下 4 万元的欠条，方被解除人身控制。同年 10 月 26 日，穆嘉又向谭某强行索债，其被迫向穆嘉转账 2 万元。谭某共被敲诈勒索 19 万元。

4. 非法持有枪支事实

2016 年 7 月，穆嘉在天津市滨海新区塘沽洋货市场内购买枪形物一支。同年 11 月 24 日，公安机关从天津市和平区天汇尚苑 2 门 701 号穆嘉公司内查获该枪形物。经天津市公安局物证鉴定中心鉴定，认定该枪形物为枪支。

（二）判决结果

根据查明的事实、调查的证据以及《刑法》《刑事诉讼法》及有关司法解释，天津市红桥区人民法院一审认为：被告人穆嘉组织、领导黑社会性质组织，其行为已构成组织、领导黑社会性质组织罪；抢劫公私财物，其行为已构成抢劫罪，且属多次抢劫，抢劫数额巨大；敲诈勒索公私财物，数额特别巨大，其行为已构成敲诈勒索罪；违反枪支管理法规，非法持有枪支，其行为已构成非法持有枪支罪。

最终，一审法院判决被告人穆嘉犯组织、领导黑社会性质组织罪，判处有期徒刑 10 年，剥夺政治权利 3 年，并处没收个人全部财产；犯抢劫罪，判处有期徒刑 15 年，并处罚金 20 万元；犯敲诈勒索罪，判处有期徒刑 15 年，并处罚金 15 万元；犯非法持有枪支罪，判处有期徒刑 1 年；撤销缓刑，与前罪所判处的有期徒刑 1 年 2 个月数罪并罚，决定执行有期徒刑 24 年，剥夺政治权利 3 年，并处没收个人全部财产。对其他被告人以参加黑社会组织罪、抢劫罪、敲诈勒索罪以及聚众斗殴罪，判处 22 年至 10 个月不等的有期徒刑，均并处罚金。天津市第一中级人民法院二审维持原判。

二、辨析黑恶势力的三种犯罪组织

（一）黑社会性质组织

所谓黑社会性质组织，根据《刑法》第二百九十四条第五款的规定，是具备组织特征、经济特征、行为特征与危害性特征的犯罪组织，具体表述为：1. 形成较稳定的犯罪组织，人数较多，有明确的组织者、领导者，骨干成员基本固定；2. 有组织地通过违法犯罪活动或者其他手段获取经济利益，具有一定的经济实力，以支持该组织的活动；3. 以暴力、威胁或者其他手段，有组织地多次进行违法犯罪活动，为非作恶，欺压、残害群众；4. 通过实施违法犯罪活动，或者利用国家工作人员的包庇或者纵容，称霸一方，在一定区域或者行业内，形成非法控制或者重大影响，严重破坏经济、社会生活秩序。2018 年《指导意见》指出，在实践中许多黑社会性质组织并非这“四个特征”都很明显，因而在具体认定时，应根据立法本意，认真审查、分析黑社会性质组织“四个特征”相互间的内在联系，准确评价涉案犯罪组织所造成的社会危害，做到不枉不纵。司法实务中，“四个特征”具体表现为：

第一，组织特征。组织化的特征就是具有较为稳定的组织结构和较为明确的组织纪律，有领导者与被领导者之间的双向认同及绝对服从。在组织内部，有明确的组织者、领导者，骨干成员基本固定，层级与职责分工明晰，控制成员能力强，成员人数较多，犯罪活动呈现高度的组织化。组织者是发起、创建黑社会性质组织，或者对黑社会性质组织进行合并、分立、重组的人员；领导者是实际对整个组织的发展、运行、活动进行决策、指挥、协调、管理的人员。对于“较稳定的犯罪组织”的形成时间，可以按照足以反映其初步形成非法影响的标志性事件的发生时间认定。没有明显标志性事件的，可以按照本意见中关于黑社会性质组织违法犯罪活动认定范围的规定，将组织者、领导者与其他组织成员首次共同实施该组织犯罪活动的时间认定为该组织的形成时间。

第二，经济特征。2018 年《指导意见》指出，“有组织地通过违法犯罪活动或者其他手段获取经济利益”的情形包括：一是有组织地通过违法犯罪活动或其他不正当手段聚敛；二是有组织地以投资、控股、参股、合伙等方式通过合法的生产、经营活动获取；三是由组织成员提供或通过其他单位、组织、个人资助取得。黑社会性质组织追求的最终目的即为经济利益最大化。非法敛财的手段表现为：犯罪组织形成之初，主要是通过偷盗、恐吓、胁迫、暴力等违法活动获取不法财产。在犯罪组织形成一定的规模并具有不错的经济基础后，犯罪组织的爪牙便逐步伸向“高风险高回报”的领域。例如，从事走私、贩毒等违法活动。部分高明的犯罪组织会巧妙地疏通各种渠道，使犯罪组织的公司合法化并上市，同时利用合法的公司外壳为犯罪组织的犯罪行为作掩护，最终更进一步地大肆敛财。对于获取的经济利益而言，由犯罪组织统一管理，一般用于维系组织发展、扩大组织规模和支持违法活动。例如，为组织成员提供“生活费”“安家费”“医疗费”；注册公司；向国家工作人员行贿；购买作案工具等。

第三，行为特征。暴力或以暴力相威胁是黑社会性质组织实施违法犯罪活动的基本手段，如杀人、伤害、拘禁、胁迫等违法行为。在犯罪组织成立初期，往往具有明显的暴力倾向，通过暴力手段快速聚敛财物，使组织自身具备一定的经济实力。此外，也包括非暴力性的违法犯罪活动，例如暴力、威胁色彩虽不明显，但实际是以组织的势力、影响和犯罪能力为依托，以暴力威胁的现实可能性为基础，足以使他人产生恐惧、恐慌进而形成心理强制或者足以影响、限制人身自由、危及人身财产安全或者影响正常生产、工作、生活的手段，属于《刑法》第二百九十四条第五款第（三）项中的“其他手段”，包括但不限于所谓的“谈判”“协商”“调解”以及滋扰、纠缠、哄闹、聚众造势等手段。关于“有组织地多次进行违法犯罪活动，为非作恶，欺压、残害群众”的认定，2018 年《指导意见》具体表述为：为确立、维护、扩大组织的势力、影响、利益或者按照纪律规约、组织惯例多次实施违法犯罪活动，侵犯不特定多人的人身权利、民主权利、财产权利，破坏经济秩序、社会秩序。

第四，危害性特征。黑社会性质组织在谋取非法利益时，往往“以黑护商”，利用黑恶势力，采取暴力非法手段，铲除异己，使犯罪组织称霸一方，独霸某一行业或区域。而造成的结果便是，当地百姓被无辜欺压，当地经济遭受严重破坏，进而导致社会秩序紊乱、破坏国家安定。对于“一定区域”的认定，不能简单地要求“一定区域”必须达到某一特定的空间范围，而应当根据具体案情，并结合黑社会性质组织对经济社会生活秩序的危害程度加以综合分析判断。2018 年《指导意见》指出，具有以下情形之一的，可认定为“在一定区域或者行业内，形成非法控制或者重大影响，严重破坏经济、社会生活秩序”：一是致使在一定区域内生活或者在一定行业内从事生产、经营的多名群众，合法利益遭受犯罪或严重违法活动侵害后，不敢通过正当途径举报、控告的；二是对一定行业的生产、经营形成垄断，或者对涉及一定行业的准入、经营、竞争等经济活动形成重要影响的；三是插手民间纠纷、经济纠纷，在相关区域或者行业内造成严重影响的；四是干扰、破坏他人正常生产、经营、生活，并在相关区域或者行业内造成严重影响的；五是干扰、破坏公司、企业、事业单位及社会团体的正常生产、经营、工作秩序，在相关区域、行业内造成严重影响，或者致使其不能正常生产、经营、工作的；六是多次干扰、破坏党和国家机关、行业管理部门以及村委会居委会等基层群众自治组织的工作秩序，或者致使上述单位、组织的职能不能正常行使的；七是利用组织的势力、影响，帮助组织成员或他人获取政治地位，或者在党政机关、基层群众自治组织中担任一定职务的；八是其他形成非法控制或者重大影响，严重破坏经济、社会生活秩序的情形。

（二）恶势力及恶势力犯罪集团

所谓恶势力，根据2018年《指导意见》和2019年《关于办理恶势力刑事案件若干问题的意见》的规定，经常纠集在一起，以暴力、威胁或者其他手段，在一定区域或者行业内多次实施违法犯罪活动，为非作恶，欺压百姓，扰乱经济、社会生活秩序，造成较为恶劣的社会影响，但尚未形成黑社会性质组织的违法犯罪组织应当认定为恶势力。因此，恶势力的基本特征可以归纳为：第一，组织特征。由固定的纠集者经常组织他人共同实施违法犯罪。纠集者，是指在恶势力实施的违法犯罪活动中起组织、策划、指挥作用的违法犯罪分子；第二，行为特征。以暴力、威胁或者其他手段，有组织地多次实施违法犯罪活动，包括惯常实施的违法犯罪和伴随实施的违法犯罪，主要为强迫交易、故意伤害、非法拘禁、敲诈勒索、故意毁坏财物、聚众斗殴、寻衅滋事，还可能伴随实施开设赌场、组织卖淫、强迫卖淫、贩卖毒品、运输毒品、制造毒品、抢劫、抢夺、聚众扰乱社会秩序、聚众扰乱公共场所秩序、交通秩序以及聚众“打砸抢”等违法犯罪活动；第三，危害性特征。在一定区域或者行业内，有组织地多次实施违法犯罪活动，为非作恶，欺压百姓，扰乱经济、社会生活秩序，造成较为恶劣的社会影响；第四，发展特征。为谋取不法利益或形成非法影响而有组织地违法犯罪，已具有黑社会性质组织雏形的特征，或者具有演化、渐变为黑社会性质组织的极大可能性。[①]其中，组织特征和行为特征是形成危害性特征的基本条件，但仅具有前三个特征，仍旧无法认定犯罪组织属于恶势力。只有当足以判断犯罪组织已具有发展为黑社会性质组织的倾向或雏形时，才能认定犯罪组织是恶势力。因此，发展特征是正确界分恶势力犯罪与普通刑事犯罪的关键要素，是恶势力判断标准的核心特征。

所谓恶势力犯罪集团，根据2018年《指导意见》和2019年《关于办理恶势力刑事案件若干问题的意见》，它是符合犯罪集团法定条件的恶势力犯罪组织，具体表现为：有三名以上的组织成员，有明显的首要分子，重要成员较为固定，组织成员经常纠集在一起，共同故意实施三次以上恶势力惯常实施的犯罪活动或者其他犯罪活动。恶势力犯罪集团是不仅符合恶势力全部认定条件，同时又符合犯罪集团法定条件的犯罪组织。恶势力犯罪集团应当有组织地实施多次犯罪活动，同时还可能伴随实施违法活动。而根据2019年《关于办理恶势力刑事案件若干问题的意见》的规定，恶势力犯罪集团所实施的违法犯罪活动的认定标准应当参照黑社会性质组织违法犯罪活动的认定标准。所以，相较于恶势力，恶势力犯罪集团具有更高程度的组织化和更大的社会危害性，也更有可能发展成黑社会性质组织。

（三）黑社会性质组织与恶势力、恶势力犯罪集团的界分

准确区分黑社会性质组织与恶势力、恶势力犯罪集团是正确定罪量刑的基础。那么，黑社会性质组织与恶势力、恶势力犯罪集团存在何种差异？

从立法发展的视角看，黑社会性质组织是先有刑事立法的规制，后有司法认定上的细化判断规则。不同的是，恶势力、恶势力犯罪集团是先有司法实践上的惩治需求，再有规范文件针对恶势力、恶势力犯罪集团的基本特征、认定标准与处罚原则进行规制。所以，恶势力是一个源于司法需求、欠

① 参见黄京平：《恶势力及其软暴力犯罪探微》，载《中国刑事法杂志》，2018年第3期。

缺明确立法依据的非法定概念。以规范文件的形式对这一非法律术语明确界定的主旨，是为了严格适用法律，正确区分黑社会性质组织犯罪与恶势力犯罪的界限。

黑社会性质组织其实与恶势力犯罪集团一样，都属于犯罪集团。黑社会性质组织具备犯罪集团的基本特征，在对黑社会性质组织犯罪进行量刑时应当遵循犯罪集团的处罚原则。黑社会性质组织是一种处于更高级形态的犯罪集团，而恶势力犯罪集团则是一种相对低级或初级的犯罪集团。值得注意的是，犯罪集团往往会呈现出一个由低级到高级逐步发展壮大的过程，因而恶势力犯罪集团通常被视为黑社会性质组织的雏形。从 2018 年《指导意见》和 2019 年《关于办理恶势力刑事案件若干问题的意见》对黑恶势力的规定看，黑社会性质组织与恶势力、恶势力犯罪集团在组织特征与行为特征上极为相似：在组织特征上均表现为人数较多（三人以上），组织结构稳定，组织者、领导者或首要分子、骨干（重要）成员等较为明确和固定；在行为特征上皆是以暴力、胁迫等强制性手段，有组织地多次实施违法犯罪活动。于是，危害性特征便成为破解黑社会性质组织与恶势力、恶势力犯罪集团的关键因素。恶势力、恶势力犯罪集团表现为扰乱经济、社会生活秩序，造成较为恶劣的社会影响，尚未形成黑社会性质组织的违法犯罪组织应当认定为恶势力。而黑社会性质组织则表现为在一定区域或者行业内，形成非法控制或者重大影响，严重破坏经济、社会生活秩序。黑社会性质组织要在一定区域或者行业内形成非法控制或重大影响，必然要求具备更大的组织规模、更强的经济实力，乃至实施更多的违法犯罪。黑社会性质组织成立的目的即为“企图在以刑罚等国家强制力为后盾的法律秩序中建立以暴力等犯罪手段为后盾的反社会秩序”。[①] 因此，“认定黑社会性质组织要求在一定区域或者行业内严重削弱政府公共管理职能，甚至替代政府形成超越法律的秩序”。[②]

由于黑社会性质组织造成的危害程度要比恶势力、恶势力犯罪集团严重

①参见王志祥：《论黑社会性质组织的界定》，载《法治研究》，2010 年第 2 期。

②参见刘仁文，刘文钊：《恶势力的概念流变及其司法认定》，载《国家检察官学院学报》，2018 年第 6 期。

得多，故在认定某一犯罪组织究竟属于哪种性质时，重点就是看其是否达到了黑社会性质组织所要求的危害性特征。那么如何判断犯罪组织的危害性特征达到“非法控制”或者“重大影响”的程度？“非法控制”和“重大影响”具有大致相同的意蕴，都是指在一定区域或者行业内产生了足以与合法秩序相抗衡的、具有支配性的影响力。[①] 根据2018年《指导意见》列举的八种认定“在一定区域或者行业内，形成非法控制或者重大影响，严重破坏经济、社会生活秩序”的情形，对黑社会性质的危害性特征作进一步的探析。

首先，明确“一定区域”和“一定行业”的内涵。2018年《指导意见》明确指出，应当根据实际情况和具体案情综合判断是否达到“一定区域”和“一定行业”。“一定区域”应当是能够包含较大范围的经济社会生活，一间赌场或酒吧显然不符合“一定区域”的要求。而对于“一定行业”的理解，2009年最高人民法院、最高人民检察院、公安部《办理黑社会性质组织犯罪案件座谈会纪要》和2015年最高人民法院印发的《全国部分法院审理黑社会性质组织犯罪案件工作座谈会纪要》都认为，其既包括合法行业，也包括“黄、赌、毒”等非法行业。在实践中，黑社会性质组织完全可能同时控制着多个合法行业和非法行业。但是，如果一个犯罪组织仅仅对非法行业（如卖淫、贩毒）进行了控制，而未涉足合法的生产、经营行业，则不能认为其具备了危害性特征，因为这些行业根本就不存在合法生产、经营的可能，而只能予以取缔。因此，对这类仅仅控制了非法行业的犯罪组织，可称为恶势力犯罪集团，而不能认定为黑社会性质组织。

其次，应当对多列的八种具体情形进行实质解释。在这八种情形中，一些情形能够直观地体现出黑社会性质组织与合法秩序相抗衡的支配性特征，如形成行业垄断，致使公司、企业等不能正常生产经营，造成党和国家机关等单位不能正常行使职能，等等。而有些情形只进行了概括性的表述，如干预或插手民间纠纷、经济纠纷造成“严重影响”，干扰或破坏他人正常的生产经营活动造成“严重影响”，以及“其他形成非法控制或者重大影响”这种

---

① 参见敦宁：《恶势力犯罪集团与黑社会性质组织的司法界分》，载《河北大学学报（哲学社会科学版）》，2019年第4期。

兜底性的规定。对这些情形就需要进行实质解释，即必须要达到与合法秩序相抗衡的支配程度。比如，插手并主导民间纠纷、经济纠纷的解决，使合法力量难以介入；干扰、破坏正常的生产、经营活动，且相关部门不能有效制止和管理；等等。如果尚未达到此种程度，只是制造了一定的“麻烦”，且能够及时制止的，不能认为形成了“非法控制或者重大影响”，社会影响确实较为恶劣的，可认定为恶势力或恶势力犯罪集团。此外，这种“非法控制或者重大影响”必须具有长期性，即在一定时期内长期存在。如果只是通过暴力或威胁行为暂时造成了群众不敢控告，或者偶尔实施了严重破坏公司、企业经营秩序或党和国家机关工作秩序的行为，同样不能认为其具备了黑社会性质组织的危害性特征。

最后，关注“保护伞”要素。黑社会性质组织的“非法控制或者重大影响”是“通过实施违法犯罪活动，或者利用国家工作人员的包庇或者纵容”而形成的。换言之，“保护伞”只是影响黑社会性质组织是否成立的选择要件。但是，从实践中的情况来看，黑社会性质组织在实施违法犯罪活动时，往往伴随着向国家工作人员行贿而获得“保护伞”的庇护。如果没有国家工作人员作为“保护伞”为其保驾护航，犯罪组织则难以在一定区域或行业内形成非法控制或重大影响。2009 年《办理黑社会性质组织犯罪案件座谈会纪要》明确指出，正是由于存在个别国家工作人员的包庇、纵容，黑社会性质组织才能在一些地方坐大成势。因此，在认定黑社会性质组织的“非法控制或者重大影响”特征时，对“保护伞”条件要给予高度关注，特别是在认定为黑社会性质组织还是恶势力、恶势力犯罪集团之间存在疑问时，“保护伞”条件将是一个非常重要的辅助判断要素，如果在确实没有相关的“保护伞”的情况下，宜认定为恶势力、恶势力犯罪集团较为合适。

（四）本案犯罪组织认定评析

天津市红桥区人民法院审理认为，被告人构成穆嘉组织、领导黑社会性质组织罪。显然法院将穆嘉所在的犯罪组织定性为黑社会性质组织。

本案中，被告人穆嘉网罗刑满释放人员、社会闲散人员王昕、王艳芳、孙蕊、王亚军、杨德等，擅自成立以“万融泓泰”“鸿泰鼎盛”“鸿业恒鑫”为名的公司，对外违法发放高息小额贷款。后不满足于获取高额利息，将“套路贷”与暴力催收相结合，肆意侵占借款人钱财。根据 2019 年《关于办理“套路贷”刑事案件若干问题的意见》的规定，三人以上为实施“套路贷”而组成的较为固定的犯罪组织，应当认定为犯罪集团。对首要分子应按照集团所犯全部罪行处罚。符合黑恶势力认定标准的，应当按照黑社会性质组织、恶势力或者恶势力犯罪集团侦查、起诉、审判。因此，穆嘉所组织、领导的犯罪组织已经符合犯罪集团的条件，但究竟是黑社会性质组织还是恶势力、恶势力犯罪集团，则需要进一步解析。

在组织特征方面，穆嘉决定公司的管理制度、重大决策，支配、控制组织的资产，组织、指挥、参与部分暴力催收活动。王昕协助穆嘉管理组织内部日常事务，王艳芳协助穆嘉管理暴力催收活动，孙岩作为穆嘉的司机积极参与暴力催收活动，庞静管理组织财务。该组织内设业务部、风控部、催收部，其中，业务部负责通过散发广告、微信朋友圈等方式招揽有贷款需求的被害人，由王亚军主管；风控部负责对前来贷款的被害人进行资格审查以确定被害人有无财产可供非法侵占，由孙蕊主管，任杰、韩盈等人实施；催收部负责以暴力、威胁等手段侵占被害人财产，由邢彦石主管，杨德发、李佳瑞担任组长并带领陈龙、于祥文、许天华、李成龙等人以暴力、威胁等手段进行催收，非法侵占被害人财产。从案件事实可以判断，穆嘉所在的犯罪组织已经是较为稳定的犯罪组织，并且组织成员在几十人以上，已属于人数较多。同时，在该犯罪组织里，穆嘉是明确的组织者、领导者，王昕、王艳芳、庞静等作为骨干成员基本固定。因此，该犯罪组织满足黑社会性质组织的组织特征。

在经济特征方面，该组织为最大限度侵占被害人财产，通过肆意认定违约，索要远超出借款额的违约金，通过发放奖金、提成的方式鼓励组织成员加大催收力度，违法所得常是被害人借款的几倍乃至十几倍。所获巨额利益除供穆嘉个人挥霍外，还用于高薪豢养打手，租赁房屋用于组织办公、成员住宿、拘禁被害人，置备枪支、刀具、警棍等作案工具，购买奔驰、野马、奥迪等豪华汽车。经审计，穆嘉组织的经营规模达 2300 余万元。由此可见，该犯罪组织通过实施一系列犯罪活动，攫取巨额经济利益。非法所得不仅使该组织具备较强的经济实力，而且亦被用于支持该犯罪组织的违法犯罪活动。所以，该犯罪组织符合黑社会性质组织的经济特征。

在行为特征方面，穆嘉通过安排催收人员集中住宿、对组织成员进行验毒、对违反其意志的组织成员动辄殴打甚至拘禁、直接参与暴力催收等方式，实现对组织成员的掌控，形成了暴力催收的惯例。例如，以家人安全、侵占房产等威胁被害人吴某还款；挟持并殴打被害人安某，逼迫其交付钱财；拘禁、殴打被害人韩某，迫使其写下欠条；挟持、殴打并用枪形物（经查验为手枪）威胁被害人马某，签署虚假借款合同；多次殴打被害人刘某，逼迫其跳入河中进行虐待，甚至把枪放入刘某口中进行威胁，暴力索债等。显而易见，该犯罪组织满足“以暴力、威胁或者其他手段，有组织地多次进行违法犯罪活动，为非作恶，欺压、残害群众”这一黑社会性质组织的行为特征。

在危害性特征方面，该犯罪组织实施“套路贷”、胁迫、殴打、拘禁等一系列不法活动，暴力敛取非法经济利益高达2300余万元，在一定区域内，已经产生重大影响，并且在一定时期内长期存在，不仅导致相关部门不能有效制止和管理，合法力量难以介入，亦干扰、破坏行业正常的生产、经营活动，严重地阻碍当地经济发展和扰乱社会生活秩序。因此，该犯罪组织符合黑社会性质组织的危害性特征。

根据上述评析，天津市红桥区人民法院对穆嘉组织、领导的犯罪组织的认定是合法合理的，该犯罪组织应当被认定为黑社会性质组织，穆嘉组织、领导黑社会性质组织罪成立。

三、解读“套路贷”行为

（一）“套路贷”的起源与含义

“套路贷”肇始于民间借贷，经历了三个阶段的演变：

第一阶段是传统的民间借贷，以合法的利率放贷收息。

第二阶段是高利贷，如砍头息就是典型的高利贷，借款 100 万，合同里写明借款 100 万，月息 3 分（年利率 36%），期限半年。而实际中，放贷人先行扣掉利息 18 万，借贷人只能拿到 82 万，但到期还款时需偿还合同上的 100 万，也就是借贷人需还款 82 万的本金和 18 万的利息，其实际利率高达 44%。

第三阶段则是当前我们所探讨的“套路贷”，主要有两种运作模式：套路一是签订阴阳合同或虚高借条，制造银行流水痕迹。如借款 100 万，而放贷人会以“银行需走账 200 万，实际只需还款 100 万本金和 30 万利息”为借口要求借贷人签订 200 万的合同；套路二是以高违约金诱使被害人多方借款平账。如借款协议约定“若未能按时还款，则每违约一天按合同上借款金额的 10% 收取违约金”，当无法还款时又“好心”介绍被害人到其他借贷平台借款平账，从而进一步榨干被害人的财产。

因此，“套路贷”一般是指以民间借贷为诱饵，实际以“违约金”“保证金”等名义或是制造银行流水痕迹，诱骗被害人签订虚高借款金额的借条，并通过单方认定违约和强行非法索取债务，实现非法占有他人财产的目的。因其已发展至有相对固定的运作套路，故称之为“套路贷”。例如，2016 年被害人胡某向浩威公司实际借款 5 万元，但浩威公司以违约金和行业惯例为由，令其签订了 20.8 万元的虚高金额借条，并走账 20.8 万元银行流水。之后，浩威公司单方认定胡某未能按时还款，属于违约，并以此为由到胡某家中采用喷油漆、扔臭鱼罐头和威胁家人等方式强行索债20万元。法院最后认定胡某构成诈骗罪。[①] 上述案例是一起典型的“套路贷”案例。在“套路贷”案件中，放贷人常假借民间借贷等名义而实施一系列骗取他人钱财的活动。其中，包括雇佣、勾结黑恶势力实施暴力索债的违法犯罪行为。

（二）“套路贷”的表现特征

“套路贷”是一种有计划有预谋的诈骗行为，具体特征是：

第一，以民间借贷作为诱饵。放贷人一般以小额贷款等名义对外宣传，待借贷人上钩后，再以“违约金”“行业规矩”等虚假名义诱骗借贷人签订虚

①参见《上海市黄浦区人民法院刑事判决书》（2017）沪 0101 刑初 892 号。

高借条或阴阳合同。

第二，制造银行流水痕迹。借贷人签订虚高借条或阴阳合同后，放贷人会要求其到银行柜台将上述款项提现，形成“银行流水与借款合同一致”的证据，甚至还会要求借贷人抱着提现款项拍照留作证据。

第三，单方面肆意认定违约。放贷人故意以拒收还款、“借贷人背负其他高利贷”等借口认定借贷人违约，并要求其偿还虚高合同中的债务。

第四，恶意垒高借款金额。要求借贷人清偿虚高债务后，当借贷人无力偿还时，放贷人又虚情假意向其介绍其他事先串通好的借贷公司进行借款平账，进一步垒高债务金额。

第五，软硬兼施的索债。放贷人雇佣黑社会性质组织或犯罪集团采取诸如胁迫、伤害、非法拘禁等暴力手段侵害借贷人及其近亲属的人身权益。或者提起虚假诉讼主张所谓的“合法债权”，最终通过胜诉实现非法占有他人财产的目的。

（三）“套路贷”与高利贷的区分

何谓高利贷？我国立法规范并未明确其具体含义和内容，但是根据《中国人民银行关于取缔地下钱庄及打击高利贷行为的通知》第二条和《关于审理民间借贷案件适用法律若干问题的规定》第二十六条的规定，高利贷应界定为索取银行同期利率 4 倍以上高额利息的贷款，其与“套路贷”具有显著的差异：

一是目的不同。高利贷行为的目的通常是放贷收息，借贷双方约定超高利率，并且放贷人希望借贷人按时偿还本金和高额的利息；“套路贷”中放贷行为只是诈骗的手段，其目的是非法占有他人财物，可以称之为“假借贷真诈骗”。

二是放贷手法不同。首先，虚高数额的名目不同。高利贷则直接约定高额利息或是以砍头息的方式虚增借款金额。而“套路贷”中通常以“保证金”“行业惯例”等名义让借贷人签订虚高数额的合同；其次，放贷人对“违约”的态度不同。高利贷中放贷人期望的是借贷人按时偿还本金和利息。“套路贷”中放贷人的目的并不是单纯地想获取高额利息，而是侵夺他人的财物，因而希望借贷人违约或者采取各种手段单方面认定借贷人违约，如采取“失踪”的方式令借贷人无法按期还本付息而“被违约”。

三是侵害法益不同。高利贷的高利息破坏了金融市场的平衡和金融管理秩序，而“套路贷”侵害的法益为复合法益，既包括个人法益，也包含公法益。第一，发放高利贷行为对金融管理秩序造成一定程度的破坏。第二，以借贷为饵，又假借以“违约金”“保证金”等名义虚构事实，诱骗被害人签订虚高借款合同或阴阳合同。这是以诈骗的方式侵害了公民的财产权益。第三，暴力索债的行为，例如实施威胁恐吓、非法拘禁或滋扰被害人及其近亲属的行为，则是对公民人身权利、财产权利的一种侵害。放贷人甚至会雇佣具有黑社会性质的讨债公司或犯罪集团进行有组织的暴力讨债活动，严重扰乱了公共秩序和市场秩序。第四，放贷人还会串通律师，让其向法院提起虚假诉讼，通过胜诉非法占有他人财产。这既妨害了司法公正，亦是对司法权威的一种挑战。

四是法律后果不同。就现行的刑事立法体系，高利贷还未达到刑事处罚的必要，通常只需承担民事责任，由民事法律予以规制，而“套路贷”实质上是以放贷为手段的欺诈行为，与诈骗行为十分相似，符合诈骗罪的犯罪构成。后续的非法索债行为则可能成立抢劫、敲诈勒索、非法拘禁等犯罪。

（四）“套路贷”的法律规制

1. 诈骗罪

自2016年以来，全国各地频发一种新型高利贷案件，即为现在的“套路贷”案件，仅上海一地在2017年和2018年就审理了5起“套路贷”的案件。其中，瞿琪奇、应隽等诈骗案，傅骏、郝佳伟等诈骗案，陆敏、俞忠平等诈骗案，朱俊、李刚伟等诈骗案都认定被告人构成诈骗罪。[①]从上海市宝山区和黄浦区人民法院的裁判结果看，基于“套路贷”行为的本质和特征，不再认为此类行为只是单纯的民间借贷或是强索高利贷行为，而认为这是一种

①参见《上海市宝山区人民法院刑事判决书》（2017）沪0113刑初1232号；《上海市宝山区人民法院刑事判决书》（2016）沪0113刑初1238号；《上海市黄浦区人民法院刑事判决书》（2017）沪0101刑初892号；《上海市黄浦区人民法院刑事判决书》（2017）沪0101刑初919号。

有预谋、有计划的诈骗活动。行为人先是诱使被害人借贷超出其还款能力的债务，在明知被害人实际取得的钱款与银行走账不相符的情况下，又当场以“中介费”或“行业操作惯例”等名义从被害人处瓜分全部或大部分的放贷钱款，最后以被害人书写的虚高借条向被害人催讨高额债务。2018 年 8 月，最高人民法院针对民间借贷案件中涉嫌通过“虚增债务”“伪造证据”“恶意制造违约”“收取高额费用”等方式非法侵占财物的“套路贷”等新型犯罪问题，发布了《最高人民法院关于依法妥善审理民间借贷案件的通知》。其中，要求法院在审理此类案件时应严格区分民间借贷行为与诈骗等犯罪行为。

2. 敲诈勒索罪

敲诈勒索罪是指基于非法占有的目的，以胁迫、恐吓为手段向他人索取公私财产（包括财物与财产性利益）的行为。敲诈勒索罪的构成要件内容表现为，使用威胁、恐吓等手段，使他人产生恐惧心理，进而取得财产。在“套路贷”中，行为人往往使用威胁、恐吓等手段令被害人产生恐惧心理而被迫交付财物。因而，在司法实践中，应当注意辨别被害人是基于何种心理而交付财物的，即应当区分行为人所实施的“套路贷”行为符合敲诈勒索罪的构成，还是符合诈骗罪的构成：行为人的行为仅具有欺骗性质，被害人虽同时产生错误认识和恐惧心理，但主要基于认识错误而处分财产的，构成诈骗罪；行为人的行为仅具有胁迫性质，被害人虽同时产生错误认识和恐惧心理，但主要基于恐惧心理而处分财产的，构成敲诈勒索罪；行为人的行为具有欺骗与胁迫双重性质，但被害人并未产生恐惧心理，而仅是因为陷入认识错误并基于认识错误处分财产的，构成诈骗罪；行为人的行为具有欺骗与胁迫双重性质，但被害人并未陷入错误认识，而仅是产生恐惧心理并基于恐惧心理处分财产的，构成敲诈勒索罪；行为人的行为具有欺骗与胁迫双重性质，被害人也因此同时产生错误认识和恐惧心理，并基于此而处分财产的，则在诈骗罪与敲诈勒索罪之间形成想象竞合。

3. 抢劫罪

抢劫罪是指以非法占有为目的，以暴力、胁迫等方法强取他人公司财物的行为。具体表现为，行为人当场使用暴力、胁迫或其他足以压制被害人反抗的强制手段，强行取得被害人的公私财产。值得注意的是，在“套路贷”中，无论抢劫罪，还是敲诈勒索罪，皆以非法占有为目的，而且都能使用强制性手段，故而应当谨慎对行为人所实施的胁迫、恐吓等强制性手段进行定性。抢劫罪中的暴力、胁迫必须达到足以压制他人反抗的程度；敲诈勒索罪的暴力、胁迫只要足以使被害人产生恐惧心理即可。所以，如果以日后进行加害为由胁迫被害人当场交付财物的，应认定为敲诈勒索罪。行为人对被害人实施了没有达到抢劫程度的暴力、胁迫，被害人交付财物的，也应认定为敲诈勒索罪。行为人对被害人实施了足以压制其反抗的暴力、胁迫后，迫使其日后交付财物的行为，宜认定为抢劫罪。

4. 非法经营罪

2003年1月13日，中国人民银行办公厅和最高人民法院刑二庭就武汉市公安局侦办的涂汉江发放高利贷案给公安部经侦局的《关于涂汉江非法从事金融业务行为性质认定问题的复函》（以下简称《复函》）中明确答复：高利贷行为系非法从事金融业务活动，数额巨大，属于《刑法》第二百二十五条第四项所规定的“其他严重扰乱市场秩序的非法经营行为”，构成非法经营罪。因此，武汉市中级人民法院据此以非法经营罪对被告人涂汉江进行定罪处罚。之后，还有出现类似的南京邵亚龙、蔡来娣非法经营案，同样以《复函》为依据将放贷行为认定为非法经营罪。但将“套路贷”行为以非法经营罪定罪处罚，存在不合理之处：第一，根据最高人民法院2007年发布的《关于司法解释工作的规定》中第五条与第六条规定，最高人民法院的司法解释具有法律效力，且形式只有四种，即“解释”“规定”“批复”和“决定”。故而上述的《复函》并不属于司法解释，也不具任何法律效力。在司法实践中，依据此《复函》将高利贷行为或是“套路贷”认定为非法经营罪是缺乏法律依据的；第二，假若《复函》的效力不存在问题，将“套路贷”行为以非法经营罪进行认定也无法合理地评价其行为的不法性。因为“套路贷”行为有别于高利贷行为，它是以放贷作为手段来实施诈骗这一目的行为。显然，非法经营罪并不能对诈骗行为的不法性进行评价，亦无法对非法索债行为进行合理评价。

5. 寻衅滋事罪

《刑法》第二百九十三条规定了寻衅滋事罪，具体指出于发泄情绪、逞强耍横的动机，在公共场所无事生非，起哄闹事，随意殴打、追逐、拦截、辱骂、恐吓他人，强拿硬要或任意毁损、占用公私财物，破坏公共秩序，情节恶劣、后果严重的行为。从构成要件来说，寻衅滋事罪的主体为一般主体，不存在争议。客观方面，侵犯的应该是社会秩序，该社会秩序是指公共秩序，包括公共场所秩序和非公共场所秩序。寻衅滋事罪的主观方面应当是直接故意，行为内容均应是作为，不包括不作为；客观方面，该罪存在一定的模糊性，法律以及司法解释通过列举的方式对其进行了分类概括。在"套路贷"案例中，可能涉及寻衅滋事罪的情况是在催讨债务中，对整个债务关系并不清楚，仅参与其中一两次向被害人及其家属的辱骂、恐吓以及堵门等行为，在不构成敲诈勒索、诈骗的情况下，以寻衅滋事罪定罪。

6. 单纯的民间借贷行为

部分国内学者将"套路贷"理解为民间借贷行为而主张不应当犯罪化。首先，最高人民法院《关于人民法院审理借贷案件的若干意见》第六条规定，允许民间借贷的利率可高于同期银行，但不得超过银行同类贷款利率的 4 倍（包含利率本数），即只对年息 36% 以内的部分予以法律保护。因此，法律并不禁止借贷行为，只是不保护超额利息部分；其次，既然"套路贷"是民间借贷行为，那么它属于民事行为，而后续的索债行为应属民事纠纷。若将其司法犯罪化，有悖于契约自由、意志自治的民法基本精神。

（五）本案"套路贷"行为评析

天津市红桥区人民法院审理认为，穆嘉成立的组织通过"套路贷"的方式，强立债权，强行索债，以小额贷款为名行暴力催收之实，非法侵占被害人财产，实施抢劫、敲诈勒索犯罪共计 19 起。值得注意的是，该案中并没有被判定为诈骗罪的行为，即穆嘉及其团伙实施的"套路贷"违法行为仅构成抢劫罪或敲诈勒索罪。由此可见，法院在评价穆嘉及其团伙所实施的犯罪行为时，侧重于考量非法催收债款事实部分，并基于此对不法行为进行定性。那么，法院的判决是否适当，"强立债权"行为是否亦构成犯罪?

对于“强行索债”的不法行为成立相应的侵犯人身或财产犯罪而言，在理论和实务上皆同意这种观点，而争议较大的部分则主要集中于“强立债权”的行为是否成立犯罪。在刑事立法上，并未有针对民间借贷行为的规定。基于此，有学者认为若将“套路贷”中的民间借贷行为予以犯罪化，有扩大犯罪圈的嫌疑，因而否定“套路贷”中“强立债权”行为的不法性。但是，这种观点仅仅适用于行为人与被害人双方是基于完全的意思自治而订立借贷合同的情形。对于行为人使用诈骗手段或采取暴力方式让被害人签订借贷合同的情形，此种观点显然无法对其进行合理有力的论证和解释。因此，应当对后两种情形进行延伸探讨：若行为人实施诈骗行为，使被害人陷入认识错误进而签订借贷合同而处分自己的财产时，该行为已经符合诈骗罪的构成要件，成立诈骗罪；如果行为人通过暴力、胁迫等强制性手段逼迫被害人签订借贷合同，应当成立相应的侵犯人身或财产犯罪。在本案中，穆嘉在与各被害人签订借款合同时，十分注重借贷程序的正当性，仅仅做了一些小手脚，如设定不合常规的还款周期。但这些“小动作”不足以达到构成犯罪的程度，因而不宜认定其“强立债权”行为成立犯罪。

此外，如何区分暴力索债的手段成立抢劫罪，还是敲诈勒索罪，本案的判决为我们提供了范本：如果该暴力、胁迫手段达到足以压制他人反抗的程度，则成立抢劫罪。例如，本案中，挟持并殴打被害人安某，逼迫其交付钱财；拘禁、殴打被害人韩某，迫使其写下欠条；挟持、殴打并用枪形物（经查验为手枪）威胁被害人马某，签署虚假借款合同；以威胁、恐吓、体罚、侮辱等手段，向被害人时某强行索债；多次殴打被害人刘某，逼迫其跳入河中，对其进行虐待，甚至把枪放入刘某口中进行威胁，暴力索债等。这些行为都达到足以压制各被害人反抗的程度，因而这些犯罪事实被法院认定为构成抢劫罪；如果该暴力、胁迫手段只是令被害人产生恐惧心理，则成立敲诈勒索罪。例如，本案中，以被害人郑某的女儿的安全威胁郑某的父母代为还款；以家人安全、侵占房产等威胁被害人吴某还款；将被害人孙某控制在其住所内并逼迫其卖房还款；强行将被害人谭某挟持至穆嘉的公司，对其进行威胁、恐吓等。这些行为并未明显达到足以压制被害人的程度，但都使各被害人产生了恐惧心理，在不得已的情况下处分财物，所以这些犯罪事实被法院认定为构成敲诈勒索罪。

四、结语

本文评析的案例是自扫黑除恶专项斗争开展以来，全国首例开庭审理的“套路贷”涉黑案件。涉案犯罪组织实施一系列强立债权、强行索债等“套路贷”违法犯罪活动，欺压百姓、残害群众，在非法获取巨额经济利益的同时，严重阻碍了当地经济发展，扰乱了当地社会治安与生活秩序，符合认定黑社会性质组织的全部要素，同时构成抢劫、敲诈勒索与非法持有枪支犯罪。该案的公开审理宣判，能起到很好的政策宣传和法治教育作用，对于今后类似案件的审理具有借鉴意义。黑恶势力与人民所需要的美好安定生活格格不入，它是动摇社会根基的毒瘤，是破坏经济健康发展的恶疮，是摧残百姓幸福快乐生活的顽疾。因此，扫黑除恶既是一项重大的政治任务，也是一项重要的民心工程。为保障人民安居乐业和国家长治久安，各级司法机关应当严格贯彻《通知》精神并落实中央要求，充分发挥司法职能作用，大力增强司法宣传效果，公开公正地审理涉黑案件，确保政治效果、法律效果和社会效果的有机统一。该案的成功审理启示我们，在处理涉黑案件时务必从国家整体安全观的视角认真理解和领会黑社会性质组织犯罪的内涵与特征，以事实为依据，以法律为准绳，坚持证据裁判原则，坚持客观性、关联性、合法性的证据属性要求，确保审判程序的公平公正公开，做到既不放纵罪犯，又使刑罚与罪行相适应，在使案件经得起历史检验的同时，达到惩罚犯罪、维护社会和谐发展的目的。

（陈振炜）

企业家产权保障的里程碑

——物美张文中案

2018年5月13日，最高人民法院对其再审的张文中案作出了最终的公开宣判：其一，依法撤销该案原审判决即河北省高级人民法院（2008）冀刑二终字第89号刑事判决与河北省衡水市中级人民法院（2008）衡刑初字第22号刑事判决；其二，依法改判该案被告人张文中、被告人张伟春以及被告单位物美集团无罪；其三，依法返还根据该案原审生效判决而已执行的罚金与已追缴的财产。[①]至此，久经波折的张文中案也就落下了最后的帷幕。但是，对于该案历史意义的思考，或许才刚刚开始。

在该案再审判决作出以后，社会舆论普遍认为，张文中的最终无罪必将成为我国在全面推进依法治国、加强司法公正、完善企业家产权保障这一历史发展进程中的标志性里程碑事件。

例如，有报道称，“与以往暴力型刑事案件的平反不同，这是改革开放以来罕见的重大涉产权经济案件平反，极具标杆意义”，因为，“可以预见，张文中案改判所遵循的原则也将适用于未来其他产权案的纠错”，而且“产权案牵涉利益主体众多，阻力重重。产权案往往涉及从公检法到主要权力部门或地方主要领导，翻案牵一发而动全身，办案法官面临方方面面的阻力”。[②]

又如，SOHO中国董事长潘石屹说：“这不仅是张文中一个人的事，而且

①参见中华人民共和国最高人民法院刑事判决书（2018）最高法刑再3号。

②参见郭芳：《一桩标志性案件的平反》，载《中国经济周刊》，2018年第23期。

也是中国企业家的事，所有正直的人都应该为之振奋。张文中被改判无罪，标志着我们所处的社会环境越来越好，也标志着我们国家会朝着依法治国的道路往前走。”①

再如，最高人民法院审判监督庭负责人就该案的再审改判答记者问时指出：“张文中案件的改判，充分体现了以习近平同志为核心的党中央加强产权保护、加强企业家合法权益保护的坚定决心；充分体现了党中央对各类所有制经济平等对待，鼓励支持引导民营经济发展的政策精神；充分体现了党中央全面依法治国、尊重和保障人权的战略要求。”②

更为重要的是，在最高人民法院于2019年5月16日发布的关于依法平等保护民营企业家人身财产安全的十大典型案例中，③该案也位列其中，而且居于十大之首。对于该案再审改判的典型意义，最高人民法院在这一司法解释性文件中作出了清晰且详尽的说明：“张文中再审案件是在全面依法治国、加强产权和企业家权益保护大背景下最高人民法院依法纠正涉产权和企业家冤假错案第一案，为纠正涉产权和涉民营企业冤假错案、落实产权司法保护树立了典范和标杆。保护民营企业合法利益是维护社会主义市场经济健康发展核心内容。张文中案被依法改判，贯彻落实了党中央依法平等保护各类所有制经济产权、保护民营企业产权的政策，体现了人民法院纠正冤假错案的决心和坚持，体现了罪刑法定等法治原则，体现了人民法院坚持以事实为根据、以法律为准绳的担当精神，对于稳定民营企业家预期，保障民营企业家安心干事创业，具有重大示范意义。”

① 参见张羽：《张文中 产权保护的一个“标杆”》，载《方圆》，2019第1期。

② 参见周斌：《深刻吸取教训源头预防涉产权错案 最高法审监庭负责人就张文中案改判答记者问》，载《法制日报》，2018年6月1日第3版。

③ 2019年5月16日最高人民法院发布的关于依法平等保护民营企业家人身财产安全的十大典型案例：1. 张文中诈骗、单位行贿、挪用公款再审改判无罪案；2. 赵明利诈骗再审改判无罪案；3. 顾雏军虚报注册资本、违规披露、不披露重要信息、挪用资金案；4. 广州德览公司、徐占伟骗取出口退税无罪案；5. 麦赞新职务侵占、挪用资金无罪案；6. 山东济南某食品有限公司合并破产和解案；7. 安徽合肥金燕园林建设有限公司诉肥西县花岗镇人民政府、肥西县人民政府行政强制案；8. 淘宝（中国）软件有限公司诉安徽美景信息科技有限公司不正当竞争纠纷案；9. 重庆市磁器口陈麻花食品有限公司与重庆喜火哥饮食文化有限公司九龙坡分公司等侵害商标权及不正当竞争纠纷案；10. 上海微微爱珠宝公司、吴微微非法吸收公众存款（宣告无罪）案。

然而，我们需要追问的是，该案再审无罪判决的诞生真的意味着企业家产权保障新时代的到来吗？在进一步完善企业家产权保障的道路上又有哪些亟须清扫的阻碍呢？正如有人所言：“‘前车之覆，后车之鉴’。张文中案件在经历了多年的错判之后，如今得到重审和改判。我们必须思考的是，当初之所以错判，具体原因有哪些？为了以后不再犯类似的错误及其他错误，我们应当从该案的历史转折进程中吸取哪些教训？”[①] 而显然，要回答这些问题，首先无疑应当对该案的始末有一个完整且准确的认识。

一、张文中案始末

张文中，男，汉族，山东省即墨县（现山东省青岛市即墨区）人，1962年7月1日生，原物美控股集团有限公司董事长。但是，如果要赋予张文中一个显著的人身标签，那么“物美集团董事长”或许并不全面。因为，无法否认的一点是，张文中其实还是一个不折不扣的高级知识分子、学界精英与理论实践家。甚至可以说，张文中的人物底色，在根本上，其实远非一个企业家或商人，而是一个学者、一个杰出的学者、一个躬行实践的杰出学者。

1979年，他考入南开大学数学系。四年后，即1983年本科毕业后，他去了大庆油田从事企业管理工作。而两年后，即1985年，他又返回了南开大学，开始攻读管理学硕士学位。1987年，由于成绩优异，他提前一年便拿到了自己的硕士学位，并被分配到国务院发展研究中心从事宏观经济研究工作。1992年，他又获得中国科学院系统科学研究所的博士学位，并受美国自然科学基金会的支持赴斯坦福大学从事系统工程学博士后研究工作。然而，1993年，在1992年邓小平南巡讲话的感召与博士后合作导师拉尔森教授的影响下，他毅然地作出了回国创业的决定，并于当年开办了卡斯特公司。至于1994年建立的物美集团，则纯属偶然，或者说，是他“误入歧途”的“严重后果”。当然，也正是这一步，让他“一发不可收拾”地构筑了一个辉煌的商业帝国。本来，卡斯特公司只是一家专注于企业管理信息系统设计的高科

①参见卓尚进：《再审改判张文中无罪意义重大》，载《金融时报》，2018年6月9日第4版。

技企业，与零售业是毫不相干的。但是，由于看到零售业的广阔前景，作为卡斯特公司董事长的他，决心要研发一套适用于零售企业的管理信息系统。而为了让这一系统有一个率先的实践示范，他才于 1994 年建立了物美集团的第一家门店即物美翠微路店。[①]

物美集团的发展在起初可谓是一帆风顺，初创的第一年即业绩过亿，九年之后的 2003 年便成功赴港上市。[②] 可是，这一辉煌却在 2006 年的 11 月骤然而止。

当时，身为物美集团董事长的张文中被带走调查，而同年 12 月 7 日与 20 日，其先后被刑事拘留与逮捕。物美集团行政总监张伟春，也于 2006 年 12 月 29 日与 2007 年 2 月 14 日，先后被刑事拘留与逮捕。这意味着，在有关部门看来，张文中、张伟春以及物美集团已涉嫌刑事犯罪。也正是自此，张文中案正式开始。

随后，2007 年 12 月 25 日，河北省衡水市人民检察院，向河北省衡水市中级人民法院，对张文中、张伟春以及物美集团提起了公诉，指控：张文中犯有诈骗罪、单位行贿罪与挪用公款罪三罪，张伟春犯有诈骗罪一罪，物美集团犯有单位行贿罪一罪。

而河北省衡水市中级人民法院则于 2008 年 10 月 9 月就这一指控作出了一审判决：其一，认定张文中犯诈骗罪，判处有期徒刑 15 年，并处罚金人民币 50 万元，犯单位行贿罪，判处有期徒刑 3 年，犯挪用资金罪，判处有期徒刑 1 年，决定执行有期徒刑 18 年，并处罚金人民币 50 万元。其二，认定张伟春犯诈骗罪，判处有期徒刑 5 年，并处罚金人民币 20 万元；其三，认定物美集团犯单位行贿罪，判处罚金人民币 530 万元；其四，追缴张文中、张伟春的违法所得，并上缴国库。

一审判决后，张文中、张伟春以及物美集团均提出了上诉。毕竟，在他

① 参见吴小彬：《博士后“误人”财富“歧途”》，载《理财杂志》，2006 年第 6 期；夏冻春、梁海松：《张文中：十年》，载《英才》，2005 年第 5 期；彭建真：《张文中：从学者、官员到实业家》，载《中国投资》，2002 年第 3 期。

② 参见万莹：《张文中打造“中国沃尔玛”》，载《中国物流与采购》，2005 年第 12 期。

们看来，自己的行为其实并不构成任何犯罪。河北省高级人民法院于2009年3月30日就该案作出二审判决。在二审判决中，河北省高级人民法院维持了河北省衡水市中级人民法院，对张伟春与物美集团的定罪量刑，对张文中、张伟春违法所得的追缴，以及对张文中诈骗的定罪与单位行贿、挪用资金的定罪量刑；而撤销了河北省衡水市中级人民法院，对张文中诈骗的量刑，以及对张文中予以最终执行的刑罚；对张文中，以诈骗罪判处其有期徒刑10年，并处罚金人民币50万元，决定执行有期徒刑12年，并处罚金人民币50万元。也就是说，除稍许减轻了一审判决对张文中诈骗的量刑以外，二审判决其实再无其他任何对一审判决的变更。

在我国二审终审制的刑事审判制度下，这意味着，入狱，注定成为张文中与张伟春无法逃过的命中之劫。虽然，后来的张文中获得了两次减刑，即2010年4月19日被裁定减刑3年，2012年3月19日又被裁定减刑2年10个月，但其无疑也在囹圄之中度过了自己6年的人生光景，直到2013年2月6日才被刑满释放。而张伟春也直至2010年7月28日才被裁定予以假释，假释考验期至2012年2月11日。

尽管从法律上讲，河北省高级人民法院就该案作出的二审有罪判决是直接生效的终审判决，但是对于笃定自己是无罪的张文中来说，这一判决自然是无法获得其内心真正认可的。因此，出狱后的他便依法向作出这一判决的河北省高级人民法院提出了申诉。然而，2015年12月21日，河北省高级人民法院却驳回了张文中的申诉。让一个犯错者主动承认并纠正自己的错误，谈何容易。让一个无罪者承受不白之冤而放弃自己的申诉之路，同样也绝非易事。在自己的申诉被河北省高级人民法院驳回以后，2016年10月，张文中便依法就该案向最高人民法院提出了申诉。而幸运的是，就在此时，2016年11月4日，中共中央、国务院发布了有关产权保护的纲领性文件，即《关于完善产权保护制度依法保护产权的意见》，明确指出："产权制度是社会主义市场经济的基石，保护产权是坚持社会主义基本经济制度的必然要求。有恒产者有恒心，经济主体财产权的有效保障和实现是经济社会持续健康发展的基础。改革开放以来，通过大力推进产权制度改革，我国基本形成了归属清晰、权责明确、保护严格、流转顺畅的现代产权制度和产权保护法律框架，全社会产权保护意识不断增强，保护力度不断加大。同时也要看到，我国产权保护仍然存在一些薄弱环节和问题：国有产权由于所有者和代理人关系不够清晰，存在内部人控制、关联交易等导致国有资产流失的问题；利用公权力侵害私有产权、违法查封扣押冻结民营企业财产等现象时有发生；知识产权保护不力，侵权易发多发。解决这些问题，必须加快完善产权保护制度，依法有效保护各种所有制经济组织和公民财产权，增强人民群众财产财富安全感，增强社会信心，形成良好预期，增强各类经济主体创业创新动力，维护社会公平正义，保持经济社会持续健康发展和国家长治久安。"据此，中共中央、国务院进一步强调，加强产权保护，根本之策是全面推进依法治国。在原则上应坚持平等保护、全面保护、依法保护、共同参与、标本兼治；在措施上则要做到：加强各种所有制经济产权保护；完善平等保护产权的法律制度；妥善处理历史形成的产权案件；严格规范涉案财产处置的法律程序；审慎把握处理产权和经济纠纷的司法政策；完善政府守信践诺机制；完善财产征收征用制度；加大知识产权保护力度；健全增加城乡居民财产性收入的各项制度；营造全社会重视和支持产权保护的良好环境。而显然，对于最高人民法院来说，再审张文中案无疑正是贯彻落实这一意见的绝佳举措。由此，2017 年 12 月 27 日，最高人民法院也就作出了（2017）最高法刑申 683 号再审决定，启动了对张文中案的再审。也正如张文中自己所言："我这个案子的纠正确实赶上了这样一个历史性的好时代、新的时代。我是经历了一系列挫折的，在中级人民法院、高级人民法院，两审都被驳回。2016 年 10 月，我又鼓足勇气向最高人民法院申诉，赶上了好时候，中央 2016 年 11 月份颁发了这样一个文件。"[①] 这样，后来也就有了本文开篇所提及的那一结果：2018 年 5 月 13 日，最高人民法院对其再审的张文中案作出了公开宣判，改判三被告张文中、张伟春以及物美集团无罪。

这一判决是最高人民法院为贯彻落实中央产权保护意见的直接产物，我

①参见严学锋：《张文中案启示》，载《董事会》，2018 年第 8 期。

们可以相信，一个关于企业家产权保障的时代正在开启。当然，更为重要的一点是，在法律上，张文中究竟为何无罪，或者说，张文中案一审判决与二审判决的错误之处到底在哪？只有明确了这一点，我们才能说，张文中案再审无罪判决的作出确实是理性、公正的。

二、一审与二审判决的逻辑

（一）一审判决

1. 事实认定部分

河北省衡水市中级人民法院一审判决对张文中案的事实认定为：①

（1）诈骗罪

2002 年初，被告人张文中得知国家对重点企业、重点项目实行国债贴息补贴政策，遂与被告人张伟春、物美集团副总裁张某 1 等人商议此事，并委派张伟春到原国家经贸委等部门进行了咨询。在得知该批国债技改贴息资金主要用于支持国有企业技术改造项目、物美集团作为民营企业不属于国债技改贴息资金支持范围的情况下，张文中与张伟春商量后决定以中国诚通控股集团有限公司（国有企业，以下简称诚通公司）下属企业的名义进行申报。为此，张文中与诚通公司董事长田某 1 多次联系，田某 1 答应了张文中的要求。在张文中指使下，张伟春等人以虚假资料编制了物美集团技改项目可行性研究报告，以诚通公司下属企业名义上报原国家经贸委。物流项目获得审批后，物美集团既未实施，也未向银行申请贷款；物美集团以信息化项目为名，以与其关联公司北京和康友联技术有限公司（以下简称和康友联公司）签订虚假设备采购合同和开具虚假发票为手段，获得 1.3 亿元贷款，用于公司日常经营，未实施信息化项目。2003 年 10 月 29 日，财政部将 3190 万元国债技改贴息资金拨付到诚通公司，后诚通公司将该款汇入物美集团账户，物美集团将该款用于偿还公司贷款。案发后，已追缴赃款 3190 万元。

①摘自中华人民共和国最高人民法院刑事判决书（2018）最高法刑再 3 号。

（2）单位行贿罪

2002 年，在被告单位物美集团收购中国国际旅行社总社（以下简称国旅总社）持有的泰康人寿保险股份有限公司（以下简称泰康公司）5000 万股股份过程中，被告人张文中向国旅总社总经理办公室主任赵某提出让其提供帮助，并承诺给其一笔好处费。在赵某的积极协调、帮助下，2002 年底，物美集团以其关联公司和康友联公司的名义顺利收购了国旅总社持有的 5000 万股泰康公司股份。张文中遂指派张某 1 给付赵某 30 万元。2003 年 1 月至 2004 年 2 月间，张某 1 通过物美集团的关联公司卡斯特经济评价中心以报销费用的方式向赵某支付了 30 万元。

2002 年，在被告单位物美集团收购广东粤财信托投资公司（以下简称粤财公司）持有的泰康公司 5000 万股股份过程中，被告人张文中向粤财公司总经理梁某承诺事成之后给予梁某个人 500 万元好处费。2003 年底，物美集团以其关联公司华美现代流通发展有限公司（以下简称华美公司）的名义收购了粤财公司持有的 5000 万股泰康公司股份，张文中遂指使张某 1 通过北京敬业和康投资咨询中心（以下简称敬业和康中心）向梁某支付 500 万元。

（3）挪用资金罪

1997 年 3 月，被告人张文中与泰康公司董事长陈某 1 商定挪用泰康公司的 4000 万元资金申购新股谋利。后张文中指使张某 1 从泰康公司转出 4000 万元，具体负责申购新股。张文中、陈某 1 又与中国国际期货有限公司（以下简称中期公司）董事长田某 1 商定，通过中期公司所兼管的河南省国际信托投资公司（以下简称河南国投公司）的途径转款，以掩盖挪用情节，炒股所得盈利由张、田、陈三人按 3 ∶ 3 ∶ 4 比例分配。其间，中国人民银行检查，三人遂于 1997 年 7 月通过河南国投公司，又从泰康公司转出 5000 万元用于归还前次挪用款项。1997 年 8 月 19 日，张某 1 归还泰康公司 4000 万元，同年 9 月 3 日和 9 日又分两次归还了 5000 万元。其间，炒股共盈利 1000 余万元。

2. 法律适用部分

基于上述的事实认定，在该案一审判决的法律适用部分，河北省衡水市中级人民法院认为：被告人张文中、张伟春以非法占有为目的，虚构事实，隐瞒真相，骗取国家贷款贴息，数额特别巨大，其行为均已构成诈骗罪；被告单位物美集团在收购泰康公司股权过程中，给予国家工作人员好处费，其行为已构成单位行贿罪，张文中作为被告单位直接负责的主管人员，应予刑事处罚；张文中伙同他人并利用他人职务上的便利挪用泰康公司资金，归个人使用进行营利活动，数额较大，构成挪用资金罪的共犯，其在追诉期限内又犯新罪，应追究刑事责任。①

（二）二审判决

如前所述，河北省高级人民法院的二审判决基本上完全维持了河北省中级人民法院的一审判决。首先，在事实认定上，二审法院与一审法院完全一致。其次，在法律适用上，二审法院与一审法院，虽然稍有不同，但也保持了基本的一致，其认为：第一，张文中、张伟春以非法占有为目的，将物美集团冒充为国有企业的下属企业，通过申报虚假项目，骗取国债技改贴息资金，数额特别巨大，其行为均已构成诈骗罪。不过，张伟春在诈骗犯罪中，起辅助作用，属从犯，可减轻处罚。而且，本案诈骗数额虽然特别巨大，但在案发后所骗款项已被全部追缴，未给国家造成实际经济损失，同时考虑到诈骗犯罪的目的不是为了个人占有，对张文中、张伟春可酌情予以从轻处罚。因此，一审判决以诈骗罪判处张文中有期徒刑十五年，量刑偏重，应予改判。第二，物美集团在收购泰康公司股权过程中，违反国家规定，给予国家工作人员好处费，其行为已构成单位行贿罪。张文中作为物美集团直接负责的主管人员，应当承担相应的刑事责任。第三，张文中伙同他人，并利用他人职务上的便利，挪用公司资金归个人使用，进行营利活动，数额较大，其行为已构成挪用资金罪。张文中的上述行为虽然发生于1997年，但其在该罪的追诉期限内又犯新罪，应依法应追究刑事责任。②

①摘自中华人民共和国最高人民法院刑事判决书（2018）最高法刑再3号。

②根据中华人民共和国最高人民法院刑事判决书（2018）最高法刑再3号整理。

三、再审无罪判决的逻辑之一：诈骗罪的否定

（一）关于诈骗罪的再审控辩意见

关于诈骗罪，在再审中，原审被告人张文中及其辩护人认为，原判认定张文中犯诈骗罪是错误的，因为：其一，物美集团作为民营企业有资格申报2002年国债技改贴息项目，以诚通公司下属企业名义申报只是上报项目材料的渠道；其二，张文中未参与编制项目《可行性研究报告》，更没有指使张伟春等人以虚假资料编制《可行性研究报告》；其三，物美集团申报的物流项目和信息化项目是真实的，信息化项目的主要内容已经实施并已达到《可行性研究报告》的主要目标，物流项目虽然遇到国家和北京市通州区物流产业园区用地调整等诸多客观障碍，但也通过异地实施的方式实现了当初申报时设定的目标。同样，原审被告人张伟春及其辩护人也认为，张伟春的行为并不构成诈骗罪，因而应当依法改判张伟春无罪。至于理由，除提出与张文中及其辩护人基本相同的辩解及辩护意见外，他们还认为，张伟春受物美集团董事会指派负责物流项目和信息化项目的申报工作是职务行为，因而不具有诈骗犯罪的主观故意。最高人民检察院出庭检察员也认为，原审被告人张文中、张伟春的行为不构成诈骗罪。理由在于：其一，原判认定物美集团不具有申报国债技改贴息资格依据不足；其二，物美集团申报材料中的企业基本情况表和物流项目《可行性研究报告》均有不实内容，但该违规申报行为不是虚构事实、隐瞒真相的诈骗行为，更未因该不实申报行为使国家主管机关陷入错误认识；其三，物美集团将3190万元国债技改贴息资金用于偿还其他贷款，违反了专款专用的规定，但在财务账目上一直将该笔资金列为“应付人民政府款项”，始终没有脱离国家机关的实际管控，物美集团并未非法占有该笔资金。①

（二）关于诈骗罪的再审事实认定

经再审，最高人民法院查明：

---

①根据中华人民共和国最高人民法院刑事判决书（2018）最高法刑再3号整理。

2002年初，原审被告人张文中获悉国债贴息政策及原国家经贸委正在组织申报国债技术改造项目后，即与原审被告人张伟春等人商议决定物美集团进行申报，并委派张伟春具体负责。张伟春到原国家经贸委等部门进行了咨询。为方便快捷，张文中与张伟春商量后决定以诚通公司下属企业的名义申报，并征得时任诚通公司董事长田某1同意。物美集团遂以诚通公司下属企业的名义，向原国家经贸委上报了第三方物流改造和信息现代化建设两个国债技改项目（以下分别简称物流项目、信息化项目），并编制报送了项目《可行性研究报告》等申报材料，其中物流项目《可行性研究报告》所附的土地规划意见书及附图不规范且不具有法定效力。上述两个项目经原国家经贸委等部门审批同意后，物美集团与和康友联公司签订虚假设备采购合同，开具虚假发票，获得信息化项目贷款1.3亿元，后用于公司经营。物流项目因客观原因未能在原计划地点实施，也未申请到贷款。2003年11月，物美集团通过诚通公司取得物流项目和信息化项目的国债技改贴息资金共计3190万元，后用于归还公司其他贷款。案发后，3190万元被追缴。①

（三）关于诈骗罪的再审综合评判

针对原审被告人张文中、张伟春及其辩护人关于诈骗罪的辩解、辩护意见和最高人民检察院出庭检察员的意见，根据再审查明的事实、证据，最高人民法院综合评判认为：

第一，物美集团作为民营企业具有申报国债技改项目的资格，其以诚通公司下属企业名义申报，并未使负责审批的主管部门产生错误认识；第二，物美集团申报的物流项目和信息化项目并非虚构；第三，物美集团违规使用3190万元国债技改贴息资金不属于诈骗行为。因此，原审被告人张文中、张伟春及其辩护人所提物美集团作为民营企业有资格申报2002年国债技改贴息项目，张文中、张伟春没有实施骗取国债技改贴息资金行为，没有诈骗故意，不构成诈骗罪的辩解和辩护意见成立；最高人民检察院出庭检察员所提

①摘自中华人民共和国最高人民法院刑事判决书（2018）最高法刑再3号。

张文中、张伟春的行为不构成诈骗罪的意见成立，本院予以采纳。[①]

若具体而言：[②]

其一，物美集团作为民营企业具有申报国债技改项目的资格，其以诚通公司下属企业名义申报，并未使负责审批的主管部门产生错误认识。

1. 相关政策性文件并未禁止民营企业参与申报国债技改贴息项目，且身为民营企业的物美集团于2002年申报国债技改项目，符合国家当时的国债技改贴息政策。原判认定物美集团作为民营企业不属于国债技改贴息资金支持范围，所依据的是原国家经贸委、原国家发展计划委员会、财政部、中国人民银行于1999年制定的《国家重点技术改造项目管理办法》《国家重点技术改造项目国债专项资金管理办法》等政策性文件，但上述文件均未明确禁止民营企业申报国家重点技改项目以获得国债技改贴息资金支持。2001年12月，我国正式加入了世界贸易组织，由于国有企业三年改革与脱困目标基本实现，国家调整了国债技改项目的投向和重点，在规定的范围、专题内，进一步明确了对各种所有制企业实行同等待遇，同时将物流配送中心建设、连锁企业信息化建设列入了国债贴息项目予以重点支持。原国家经贸委投资与规划司于2002年2月27日下发的《关于组织申报2002年国债技术改造项目的通知》附件《2002年国债技术改造分行业投资重点》，国务院办公厅于2002年9月27日转发的原国务院体改办、原国家经贸委《关于促进连锁经营发展的若干意见》，以及原国家经贸委于2002年10月16日印发执行的《“十五”商品流通行业结构调整规划纲要》等，对此均有明确规定。2002年物美集团申报国债技改项目时，国家对民营企业的政策已发生变化，国债技改贴息政策已有所调整，物美集团所申报的物流项目和信息化项目属于国债技改贴息资金重点支持的项目范围。物美集团作为国内大型流通企业，积极申报以获取国债技改贴息资金对其物流和信息化建设的支持，符合当时国家经济发展形势和产业政策的要求。

①根据中华人民共和国最高人民法院刑事判决书（2018）最高法刑再3号整理。

②摘自中华人民共和国最高人民法院刑事判决书（2018）最高法刑再3号。

2. 有证据证实，民营企业当时具有申报国债技改贴息项目的资格。（1）一审期间，辩护人提交的中国新闻网 2001 年 11 月 16 日报道《中国国债技改贴息将对各所有制一视同仁》载明，时任原国家经贸委负责人公开表示，从 2002 年起，改革国债技改贴息办法，对各种所有制企业均实行同等待遇。（2）证人门某证实，2002 年国家没有禁止国债技改贴息资金支持民营流通企业的规定，当时的第七批、第八批、第九批国家重点技术改造国债贴息项目中，确实有民营企业得到支持并拿到贴息。（3）辩护人提交的《2003 年第二批国债专项资金国家重点技术改造项目投资计划表》和相关企业工商注册登记材料证实，在与物美集团同时获批的企业中，还有数家民营企业获得了国债技改贴息资金。（4）再审期间，证人甘某出具的《关于 2002 年国债技术改造项目相关情况的说明》证实，从 2001 年开始，部分民营企业进入国债技改贴息计划；证人黄某 1 出庭作证称，第八批国债技改贴息对企业的所有制性质没有限制性要求。上述证据足以证实 2002 年民营企业具有申报国债技改贴息项目的资格。

3. 物美集团通过诚通公司以真实企业名称申报国债技改项目，没有隐瞒其民营企业性质，也未使负责审批的主管部门产生错误认识。（1）经查，根据财政部《关于同意中国诚通控股公司财务关系单列的通知》及附件《中国诚通控股公司所属成员单位名单》，物美集团确实不是诚通公司在财政部立户的所属成员单位，但物美集团以诚通公司下属企业名义申报国债技改贴息项目，获得了诚通公司同意，且物美集团在申报材料企业基本情况表中填报的是“北京物美综合超市有限公司”（后经原国家经贸委投资与规划司审批同意，项目承担单位调整为物美集团），其以企业真实名称申报，并未隐瞒。（2）证人黄某 1 的证言及原国内贸易部《关于确定全国第一批连锁经营定点联系企业的函》证实，物美集团是原国内贸易部及原国家经贸委贸易市场局的定点联系企业；证人李某 2 证实，在物美集团申报过程中，其曾听过张文中、张伟春等人的汇报，并考察了物美的超市和物流基地，参与了审批，经审查认为符合国债项目安排原则。可见，作为审批部门的原国家经贸委对物美集团的企业性质是清楚的。张文中、张伟春将物美集团以诚通公司下属企业名义申报国债技改项目，并未使原国家经贸委负责审批工作的相关人员对其企业性质产生错误认识。

其二，物美集团申报的物流项目和信息化项目并非虚构。

1. 物流项目并非虚构，项目获批后未按计划实施及未能贷款系客观原因所致，且已异地实施。（1）物流项目本身并非虚构。2002 年 4 月 18 日，物美集团在申报之后，与北京市通州区政府签署的《合作协议书》证实，物美集团积极参与通州区物流产业园区的建设，通州区政府将提供政策和资源支持，协助物美集团在通州建立大型现代化的物流中心；2002 年 9 月，清华大学环境影响评价室出具的《北京市环保局建设项目环境影响评价报告表》证实，该室受物美集团委托，对其在通州区物流产业园区的物流项目进行了环境评估。可见，物美集团申报的物流项目并非虚构。（2）物流项目未能获得贷款和未按计划实施有其客观原因，且已异地实施。证人王某 1、吴某 1、于某 1、李某 5、许某、张某 2、袁某、王某 2 等人的证言证实：物美集团在北京市通州区的物流项目起初因“非典”疫情推迟，后来在土地出让方式方面，通州区物流产业园区要求购买，而物美集团原计划是租赁土地，因投资成本太高，双方未能达成一致。后物美集团在北京市百子湾等地建了物流中心。证人于某 1 在侦查阶段还证实，因无法提供用地及开工手续，在北京市通州区的物流项目不能取得银行贷款，后按要求办理异地实施项目的变更手续，但因故最终未能落实。可见，物美集团所申报的物流项目没能按计划在原址实施，未能申请到贷款，系因“非典”疫情及通州区物流产业园区土地由租改卖等客观原因造成。（3）物美集团报送的物流项目《可行性研究报告》虽有不实之处，但不足以否定该项目的可行性和真实性。物流项目《可行性研究报告》、北京市通州区规划局出具的规划意见书及证明等书证，证人张某 1、于某 2、孟某、李某 6、张某 2、刘某 2、张某 4 等人的证言，以及原审被告人张伟春的供述等证据证实：物美集团在联系编制物流项目《可行性研究报告》过程中，副总裁张某 1 等人到物流项目所在地北京市通州区物流产业园区考察并要求出具相关土地证明，通州区规划局出具了盖有该局规划管理专用章的规划意见书，同意物美集团在通州区物流产业园区规划建设商业项目，物美集团在规划意见书后附加了拟建项目地理位置图、平面布置图，而非规范的土地地形图。上述规划意见书和附图虽不规范、不具有法定效力，但不能据此否定整个项目的可行性和真实性。

2. 原判认定物美集团申报虚假信息化项目，依据不足。（1）物美集团申报的信息化项目主要内容包括：通过改造各业态店铺和总部计算机硬件以及对其软件系统升级改造，建立快速适应市场变化的经营组织及管理模式和运作方式，实施和完善网络支撑系统、现代物流系统、供需链管理系统、电子商务应用系统及经营决策支持系统等。经查，物美集团日常经营中在这些方面已有大量的资金投入。原判因物美集团将以信息化项目名义申请获得的贷款用于公司日常经营，即得出信息化项目完全没有实施的结论，依据不足。（2）物美集团虽然采用签订虚假合同等手段申请信息化项目贷款，但并不能据此认定信息化项目是虚假的。国家发放国债技改贴息的目的在于支持企业的技术改造项目，而物美集团申报的项目经相关部门审核属于政策支持范围。根据申报流程，物美集团申请银行贷款时，其国债技改贴息项目的申报已经获得审批通过。物美集团在此后采用签订虚假合同等手段申请信息化项目贷款，虽然违规，但并非是为骗取贴息资金而实施的诈骗行为，也不能据此得出信息化项目是虚构的结论。

第三，物美集团违规使用3190万元国债技改贴息资金不属于诈骗行为。

物美集团在获得3190万元国债技改贴息资金后，将该款用于偿还公司其他贷款，但在财务账目上一直将其列为“应付人民政府款项”，并未采用欺骗手段予以隐瞒、侵吞，且物美集团具有随时归还该笔资金的能力。因此，物美集团的行为虽然违反了《国家重点技术改造项目国债专项资金管理办法》中关于国债专项资金应专款专用的规定，属于违规行为，但不应认定为非法占有贴息资金的诈骗行为。

（四）关于诈骗罪的学理分析

在我国，诈骗罪规定于《刑法》第二百六十六条：“诈骗公私财物，数额较大的，处三年以下有期徒刑、拘役或者管制，并处或者单处罚金；数额巨大或者有其他严重情节的，处三年以上十年以下有期徒刑，并处罚金；数额特别巨大或者有其他特别严重情节的，处十年以上有期徒刑或者无期徒刑，并处罚金或者没收财产。本法另有规定的，依照规定。”

而根据我国传统刑法理论对于诈骗罪之概念的理解，诈骗罪是指以非法占有为目的而用虚构事实或者隐瞒真相的手段骗取公私财物数额较大的行为。对于诈骗罪的犯罪构成来说：（1）该罪的保护客体是公私财产的所有权，行为对象则涵盖各种财物，即包括动产与不动产。（2）该罪的客观方面表现为用虚构事实或者隐瞒真相的手段来骗取公私财产的行为；诈骗行为最为突出的特征就在于行为人想方设法地使被害人在认识上产生错误，进而“自觉地”将自己所有的财物交付给行为人；诈骗的具体手段虽然多种多样，但可以概括为虚构事实与隐瞒真相，虚构事实是指编造某种根本不存在或者不可能发生但却足以使他人受蒙蔽的事实，而隐瞒真相则是指隐瞒客观上存在的部分或全部事实。（3）该罪的主体为一般主体，即年满16周岁且具控辩能力的自然人。（4）该罪的主观方面是直接故意且以非法占有为目的。①

可见，要认定诈骗罪的成立，必须存在虚构事实或隐瞒真相的事实；否则，无法认定诈骗罪的成立。因此，最高人民法院指出：“物美集团在申报国债技改贴息项目时，国债技改贴息政策已有所调整，民营企业具有申报资格，且物美集团所申报的物流项目和信息化项目均属于国债技改贴息重点支持对象，符合国家当时的经济发展形势和产业政策。原审被告人张文中、张伟春在物美集团申报项目过程中，虽然存在违规行为，但未实施虚构事实、隐瞒真相以骗取国债技改贴息资金的诈骗行为，并无非法占有3190万元国债技改贴息资金的主观故意，不符合诈骗罪的构成要件。故原判认定张文中、张伟春的行为构成诈骗罪，属于认定事实和适用法律错误，应当依法予以纠正。”②

①高铭暄、马克昌主编：《刑法学》（第7版），第503—504页，北京，北京大学出版社，2016年。

②中华人民共和国最高人民法院刑事判决书（2018）最高法刑再3号。

四、再审无罪判决的逻辑之二：单位行贿罪的否定

（一）关于单位行贿罪的控辩意见

关于单位行贿罪，在再审中，原审被告人张文中及其辩护人认为，原判认定张文中犯单位行贿罪是错误的，因为：其一，涉案的30万元是给赵某的劳务报酬，500万元是给中间人李某3的中介费，且不是物美集团支付；其二，收购国旅总社股权的是和康友联公司，收购粤财公司股权的是华美公司，物美集团在本案中不具备单位行贿罪的主体要件，不构成单位行贿罪。原审被告单位物美集团的诉讼代表人，同意了原审被告人张文中及其辩护人提出的相关辩解和辩护意见，认为物美集团不构成单位行贿罪，因而应当依法改判物美集团无罪。最高人民检察院出庭检察员也认为，原审被告人张文中、原审被告单位物美集团的行为不构成单位行贿罪。理由在于：物美集团是收购泰康公司股份的主体，涉案30万元、500万元系分别给予赵某、梁某的好处费，但物美集团在收购股份过程中未谋取不正当利益，赵某、梁某也没有为物美集团提供不正当帮助。①

（二）关于单位行贿罪的再审事实认定

经再审，最高人民法院认定：②

2002年，原审被告人张文中获悉国旅总社欲转让所持有的5000万股泰康公司股份，即通过国旅总社总经理办公室主任赵某（另案处理）向国旅总社负责人明确表达了原审被告单位物美集团收购该股份的意向。张文中请赵某提供帮助，并表示事成后不会亏待赵。物美集团与国旅总社经多次谈判就收购股份达成一致。2002年6月26日，物美集团以其关联公司和康友联公司的名义与国旅总社签订了股权转让协议。根据张文中的安排，2003年1月至2004年2月间，张某1通过物美集团的关联公司卡斯特经济评价中心以报销费用的方式分三次向赵某支付了30万元。

①根据中华人民共和国最高人民法院刑事判决书（2018）最高法刑再3号整理。

②摘自中华人民共和国最高人民法院刑事判决书（2018）最高法刑再3号。

2002年，粤财公司为缓解经营困难，决定转让所持有的5000万股泰康公司股份。泰康公司董事长陈某1将这一信息告知原审被告人张文中并建议其收购，张文中表示同意。为促成股权转让，陈某1向粤财公司总经理梁某提出，股权转让后给梁500万元好处费，并向张文中提出此要求，张文中表示接受。梁某的校友李某3（广州市华艺广告有限公司和广州市华艺文化有限公司董事长）应陈某1、张文中要求，为帮助原审被告单位物美集团收购股份，也找梁某做工作。之后，物美集团提出以每股1.35元的价格受让粤财公司持有的泰康公司股份，梁某没有同意。经梁某提议，粤财公司按规定委托广州产权交易所挂牌转让，挂牌价为每股1.45元。在无人摘牌的情况下，粤财公司与物美集团经多次谈判，最终以每股1.4元的价格达成一致。2003年3月20日，物美集团以其关联公司华美公司的名义与粤财公司签订了股权转让协议。数月后，李某3在梁某不知情的情况下，通过陈某1向张文中索要500万元。张文中应陈某1的要求，安排张某1将500万元汇至李某3的公司账户。梁某事后得知，明确表示与其无关，并拒绝接受该笔款项，该款一直被李某3的公司占有。

（三）关于单位行贿罪的再审综合评判

针对原审被告人张文中及其辩护人、原审被告单位物美集团诉讼代表人关于单位行贿罪的辩解、辩护意见和最高人民检察院出庭检察员的意见，根据再审查明的事实、证据，最高人民法院综合评判认为：

第一，物美集团实施了给予赵某30万元和向李某3公司支付500万元的行为，换言之，经再审查明，原审被告人及其辩护人、原审被告单位诉讼代表人所提的给予赵某30万元和李某3公司500万元并非物美集团支付的事实，与实际不符；第二，物美集团支付给赵某30万元好处费的行为，依法不构成单位行贿罪；第三，物美集团支付给李某3公司500万元好处费的行为，依法不构成单位行贿罪。因此，原审被告人张文中及其辩护人、原审被告单位物美集团诉讼代表人所提30万元系给赵某的劳务报酬、物美集团不是收购股份及支付款项主体的辩解及辩护意见，与再审查明的事实不符，本院不予采纳；最高人民检察院出庭检察员所提30万元系物美集团给予赵某的好处费，物美集团是收购泰康公司股份主体的意见成立，本院予以采纳；检辩双方所提物美集团、张文中的行为不构成单位行贿罪的意见成立，本院予以采纳。①

若具体而言：②

其一，物美集团实施了给予赵某30万元和向李某3公司支付500万元的行为。

原审被告人及其辩护人、原审被告单位诉讼代表人提出，给予赵某30万元和李某3公司500万元并非物美集团支付，经查与事实不符。

1. 和康友联公司、华美公司、卡斯特经济评价中心、敬业和康中心等均为物美集团的关联公司，由物美集团直接控制。司法会计鉴定意见、物美集团关联公司关系图表、物美集团出具的情况说明，证人张某1、王某1、许某、张某5等人的证言，以及原审被告人张文中的供述等证据证实：张文中在物美集团注册资本中的投资比例为61.78%，且为和康友联公司、华美公司、卡斯特经济评价中心、敬业和康中心等企业的控股股东；物美集团与上述关联公司的资金由财务部在集团内部统一调度；这些关联公司的财务、记账工作均由物美集团财务人员负责兼职管理，并受物美集团主管财务的副总裁张某1直接领导。

2. 以关联公司名义收购股权的行为由物美集团董事会决定，费用由物美集团筹措，股权收购费等费用的支付均由张某1根据原审被告人张文中的安排，亲自或指派集团的财务人员操办。物美集团出具的情况说明、泰康公司章程、转账支票、记账凭证等书证，证人陈某1、张某1、赵某、李某7、梁某、韩某等人的证言，以及张文中的供述等证据证实：国旅总社、粤财公司转让所持泰康公司股权时，是物美集团与国旅总社、粤财公司进行谈判并达成收购意向。因物美集团已持有一定比例泰康公司股份，为不违反泰康公司章程关于单一股东持股不允许超过10%的规定，物美集团董事会遂决定以其

①根据中华人民共和国最高人民法院刑事判决书（2018）最高法刑再3号整理。

②摘自中华人民共和国最高人民法院刑事判决书（2018）最高法刑再3号。

关联公司和康友联公司、华美公司的名义分别与国旅总社、粤财公司签订股权转让协议；收购款由物美集团内部调度给和康友联公司、华美公司支付。物美集团给予赵某的30万元和向李某3公司支付的500万元，分别由物美集团关联公司卡斯特经济评价中心、敬业和康中心支付，其中的500万元系物美集团转至敬业和康中心。

其二，物美集团支付给赵某30万元好处费的行为，依法不构成单位行贿罪。

在案的转账支票、赵某报销会议费及装修材料费的发票等书证，证人赵某、张某1、陈某1、孙某、黄某2、田某2、潘某、刘某3、刘某4等人的证言及原审被告人张文中在侦查阶段的供述等证据相互印证，足以证实物美集团支付给赵某的30万元系好处费而非劳务报酬。张文中的辩护人再审期间向法庭提交新证据，用以证明赵某自2003年4月至2008年作为泰康公司监事、董事为物美集团的关联公司和康友联公司、华美公司提供了劳务。经查，物美集团给付赵某30万元的时间与赵某担任泰康公司监事、董事提供劳务的时间并不相符，二者之间缺乏关联性。

根据《刑法》第三百九十三条规定，单位为谋取不正当利益而行贿，或者违反国家规定，给予国家工作人员以回扣、手续费，情节严重的，构成单位行贿罪。物美集团给予赵某30万元好处费，属于违反国家规定，在经济活动中账外给予国家工作人员手续费的情形。但根据国旅总社转让所持泰康公司股权情况、会议纪要、股权转让分析报告、股权转让协议等书证，证人赵某、李某7等人的证言以及原审被告人张文中的供述等证据，本起事实具有以下情节：（1）国旅总社为缓解资金紧张意欲转让所持泰康公司股份，经泰康公司董事长陈某1沟通联系，物美集团决定收购并与国旅总社多次谈判后就股权转让达成一致，其间没有第三方参与股权收购，不存在排斥其他买家、取得竞争优势的情形，双方的交易没有违背公平原则。（2）在没有第三方参与、双方自愿达成收购意向的情况下，物美集团承诺给予好处费并非为谋取不正当利益。（3）国旅总社将其所持泰康公司股份转让给物美集团以及具体的转让价格等，均系国旅总社党政领导班子联席会议多次讨论研究决定，双方最终成交价格也在国旅总社预先确定的价格范围内，物美集团没有获得不正当利益，国旅总社的利益亦未受到损害。（4）赵某作为国旅总社总经理办公室主任，其在股权交易过程中仅起到沟通联络作用，没有为物美集团谋取不正当利益。综合考虑上述情况，可以认定物美集团的行为尚不属于情节严重，依法不构成单位行贿罪。

其三，物美集团向李某3公司支付500万元的行为，依法不构成单位行贿罪。

1. 在粤财公司意欲转让股份的情况下，陈某1向梁某提出由物美集团收购，并让张文中给梁500万元好处费，后又向张文中提出该要求。因此，股权转让前，给梁某好处费系陈某1提出，张文中只是被动接受了陈某1的要求。

2. 在案证据证实，梁某并没有同意物美集团提出的受让价格，且提议按高于该价格挂牌转让；物美集团与粤财公司最终的股权交易价格，是在粤财公司挂牌转让未果的情况下，经多次谈判而确定的，且高于物美集团提出的受让价格。因此，梁某在股权转让过程中没有为物美集团提供帮助，物美集团也没有因此获取任何不正当利益。

3. 在案证据证实，签订股权转让协议后，物美集团并没有向梁某支付500万元好处费，梁某也未提及此事。直至数月后，在梁某并不知情的情况下，李某3通过陈某1向张文中索要该500万元，张文中才安排张某1将款汇至李某3公司的账户。梁某事后得知，明确表示与其无关，并拒绝接受该笔款项。该款一直被李某3的公司占有。因此，股权转让后，物美集团支付500万元系被李某3索要，并没有为谋取不正当利益而行贿的主观故意。

（四）关于单位行贿罪的学理分析

在我国，单位行贿罪规定于《刑法》第三百九十一条。该条第一款规定："为谋取不正当利益，给予国家机关、国有公司、企业、事业单位、人民团体以财物的，或者在经济往来中，违反国家规定，给予各种名义的回扣、手续费的，处三年以下有期徒刑或者拘役，并处罚金。”[①]第二款规定：“单位犯前款罪的，对单位判处罚金，并对其直接负责的主管人员和其他直接责任人员，依照前款的规定处罚。”

而根据我国传统刑法理论对于单位行贿罪之概念的理解，单位行贿罪是指公司、企业、事业单位、机关、团体为谋取不正当利益而行贿，或者违反国家规定给予国家工作人员以回扣、手续费，情节严重的行为。对于单位行贿罪的犯罪构成来说：（1）该罪的保护客体是国家工作人员的职务廉洁性，行为对象则仅限于国家工作人员。（2）该罪的客观方面表现为单位为谋取不正当利益而行贿，或者违反国家规定给予国家工作人员以回扣、手续费，情节严重的行为。（3）该罪的主体是单位。（4）该罪的主观方面是故意且具有谋取不正当利益的目的。[②]

可见，要认定单位行贿罪的成立，必须存在着谋取不正当利益的目的；否则，无法认定单位行贿罪的成立。因此，最高人民法院最终指出：“原审被告单位物美集团在收购国旅总社所持泰康公司股份后，给予赵某 30 万元好处费的行为，并非为了谋取不正当利益，亦不属于情节严重，不符合单位行贿罪的构成要件；物美集团在收购粤财公司所持泰康公司股份后，向李某 3 公司支付 500 万元系被索要，且不具有为谋取不正当利益而行贿的主观故意，亦不符合单位行贿罪的构成要件，故物美集团的行为不构成单位行贿罪，张文中作为物美集团直接负责的主管人员，对其亦不应以单位行贿罪追究刑事责任。原判认定物美集团及张文中的行为构成单位行贿罪，属于认定事实和适用法律错误，应当依法予以纠正。”

五、再审无罪判决的逻辑之三：挪用资金罪的否定

（一）关于挪用资金罪的控辩意见

关于挪用资金罪，在再审中，原审被告人张文中及其辩护人认为，原判

①该款经《刑法修正案（九）》修正。

②高铭暄、马克昌主编：《刑法学》（第 7 版），第 639 页，北京，北京大学出版社，2016 年。

认定张文中犯挪用资金罪是错误的，因为4000万元资金系卡斯特投资咨询中心从泰康公司借出，属于单位之间的资金拆借行为，不属于挪用资金归个人使用，张文中的行为不构成挪用资金罪。最高人民检察院出庭检察员也认为，原审被告人张文中的行为不构成挪用资金罪。理由在于：张文中与陈某1、田某1共谋从泰康公司挪用4000万元炒股谋利，并非单位行为，张文中的行为构成挪用资金罪，但已超过追诉期限。[①]

（二）关于挪用资金罪的再审事实认定

经再审，最高人民法院认定：[②]

2002年，原审被告人张文中获悉国旅总社欲转让所持有的5000万股泰康公司股份，即通过国旅总社总经理办公室主任赵某（另案处理）向国旅总社负责人明确表达了原审被告单位物美集团收购该股份的意向。张文中请赵某提供帮助，并表示事成后不会亏待赵。物美集团与国旅总社经多次谈判就收购股份达成一致。2002年6月26日，物美集团以其关联公司和康友联公司的名义与国旅总社签订了股权转让协议。根据张文中的安排，2003年1月至2004年2月间，张某1通过物美集团的关联公司卡斯特经济评价中心以报销费用的方式分三次向赵某支付了30万元。

1997年3月，原审被告人张文中与泰康公司董事长陈某1、中期公司董事长田某1商定，用泰康公司的4000万元资金申购新股谋利。同年3月27日，泰康公司的4000万元资金转至物美集团关联公司卡斯特投资咨询中心在国泰证券公司北京方庄营业部开设的股票账户，张某1根据张文中的安排具体负责申购新股。为规避风险，泰康公司计财部与卡斯特投资咨询中心签订了委托投资国债协议及抵押合同。同年7月，因中国人民银行检查，张文中、陈某1与田某1商定，再从泰康公司转出5000万元至中期公司所兼管的河南国投公司。河南国投公司将4000万元转至卡斯特投资咨询中心账户，用于向泰康公司归还前次4000万元款项。同年8月19日，卡斯特投资咨询中

①根据中华人民共和国最高人民法院刑事判决书（2018）最高法刑再3号整理。

②摘自中华人民共和国最高人民法院刑事判决书（2018）最高法刑再3号。

心归还了泰康公司4000万元。同年9月3日、9日，卡斯特投资咨询中心和河南国投公司又分两次共归还泰康公司5000万元。

（三）关于挪用资金罪的再审综合评判

针对原审被告人张文中及其辩护人关于挪用资金罪的辩解、辩护意见和最高人民检察院出庭检察员的意见，根据再审查明的事实、证据，最高人民法院综合评判认为：

原判认定张文中伙同他人共谋挪用泰康公司4000万元资金申购新股谋利，后又用5000万元过账还款予以掩盖的事实清楚，证据确实。但认定张文中伙同陈某1、田某1挪用泰康公司资金归个人使用、为个人谋利的事实不清、证据不足。第一，在案书证显示，涉案资金均系在单位之间流转，反映的是单位之间的资金往来，无充分证据证实归个人使用。第二，无充分证据证实挪用资金为个人谋利。因此，原审被告人张文中及其辩护人所提张文中的行为不属于挪用资金归个人使用，不构成挪用资金罪的辩解和辩护意见成立，本院予以采纳；最高人民检察院出庭检察员所提张文中从泰康公司挪用4000万元炒股为个人谋利构成挪用资金罪，但已过追诉期限的意见不能成立，本院不予采纳。①

具体而言：②

其一，在案书证显示，涉案资金均系在单位之间流转，反映的是单位之间的资金往来，无充分证据证实归个人使用。

1. 相关转账支票、进账单、存取款凭单、记账凭证、资金往来发票等书证证实：涉案4000万元资金于1997年3月27日由泰康公司划转至卡斯特投资咨询中心在北京证券交易中心开设的账户，后转至国泰证券公司北京方庄营业部卡斯特投资咨询中心股票交易账户。同年8月19日，涉案4000万元资金又由国泰证券公司北京方庄营业部卡斯特投资咨询中心股票交易账户，通过北京证券登记有限公司、卡斯特投资咨询中心转回泰康公司。涉案资金始

①根据中华人民共和国最高人民法院刑事判决书（2018）最高法刑再3号整理。

②摘自中华人民共和国最高人民法院刑事判决书（2018）最高法刑再3号。

终在单位之间的账上流转。

2. 在案的委托投资国债协议、抵押合同，也系泰康公司与卡斯特投资咨询中心两个单位之间签订，客观上成为泰康公司将4000万元借给卡斯特投资咨询中心的凭据。中国人民银行对泰康公司进行检查，发现该笔4000万元资金违规后，要求泰康公司尽快终止合同。泰康公司经总裁室研究决定，向卡斯特投资咨询中心出具了《关于终止委托国债投资协议致卡斯特投资咨询中心的函》，该行为亦是单位之间的行为。

3. 为掩盖4000万元资金的违规行为，泰康公司又转出5000万元资金，经河南国投公司过账，用以归还先前挪用的4000万元。该笔资金仍是在单位之间流转。

其二，无充分证据证实挪用资金为个人谋利。

1. 原审被告人张文中及证人陈某1、田某1虽在侦查阶段承认，挪用资金申购新股的盈利由三人按比例分配，但张文中在审查起诉阶段、陈某1在一审阶段均推翻原供证，称申购新股是为了各自公司的利益，并非为个人谋利。供证前后不一。

2. 原判认定张文中等人挪用泰康公司的4000万元资金申购新股共盈利1000余万元与在案书证不符。国泰证券公司北京方庄营业部客户存取款凭单显示，卡斯特投资咨询中心于1997年8月19日支取第一笔4000万元时，余额为9335元，同年9月3日支取第二笔4000万元时，余额为423万余元。由于缺乏卡斯特投资咨询中心股票账户交易记录等证据，上述余额是否为申购新股所得盈利不清，且即便是盈利，也与原判认定的盈利数额存在较大出入。

3. 因无卡斯特投资咨询中心股票账户交易记录等证据在案，该账户上的具体交易情况及资金流向均不清楚，无证据证实张文中等人占有了申购新股所得盈利。

（四）关于挪用资金罪的学理分析

在我国，挪用资金罪规定于《刑法》第二百七十二条第一款："公司、企业或者其他单位的工作人员，利用职务上的便利，挪用本单位资金归个人使用或者借贷给他人，数额较大、超过三个月未还的，或者虽未超过三个月，但数额较大、进行营利活动的，或者进行非法活动的，处三年以下有期徒刑或者拘役；挪用本单位资金数额巨大的，或者数额较大不退还的，处三年以上十年以下有期徒刑。"

而根据我国传统刑法理论对于挪用资金罪之概念的理解，挪用资金罪是指公司、企业或者其他单位的人员，利用职务上的便利，挪用本单位资金归个人使用或者借贷给他人，数额较大、超过三个月未还的，或者虽未超过三个月，但数额较大、进行营利活动的，或者进行非法活动的行为。对于挪用资金罪的犯罪构成来说：（1）本罪的保护客体是公司、企业或其他单位的财产权，具体而言则是单位对财产的占有权、使用权和收益权；行为对象限于本单位的资金。（2）该罪的客观方面表现为利用职务上的便利，挪用单位资金归个人使用或者借贷给他人使用；挪用是指利用职务上的便利非法擅自动用单位资金归本人或者他人使用但准备日后归还的行为；利用职务上的便利是指利用本人在职务上主管、经管或者经受单位资金的方便条件；归个人使用包括"（一）将本单位资金供本人、亲友或者其他自然人使用的；（二）以个人名义将本单位资金供其他单位使用的；（三）个人决定以单位名义将本单位资金供其他单位使用，谋取个人利益的"[①]；至于挪用资金的具体形式，则包括挪用后从事非法活动，或者挪用数额较大且从事营利活动，或者挪用数额较大且超过三个月未还。（3）该罪的主体是特殊主体即公司、企业或者其他单位中从事一定管理性职务的人员。（4）该罪的主观方面是直接故意且具有非法使用单位资金的目的。[②]

可见，要认定挪用资金罪的成立，必须存在着归个人使用的事实；否则，无法认定挪用资金罪的成立。正是因此，最高人民法院最终指出："张文

①2010年最高人民检察院、公安部《关于公安机关管辖的刑事案件立案追诉标准的规定（二）》第八十五条第二款。

②高铭暄、马克昌主编：《刑法学》（第7版），第513—514页，北京，北京大学出版社，2016年。

中与陈某1、田某1共谋，并利用陈某1职务上的便利，将陈某1所在泰康公司4000万元资金转至卡斯特投资咨询中心股票交易账户进行营利活动的事实清楚，证据确实。但原判认定张文中挪用资金归个人使用、为个人谋利的事实不清、证据不足。故原判认定张文中的行为构成挪用资金罪，属于认定事实和适用法律错误，应当依法予以纠正。”[①]

（黄文轩）

① 中华人民共和国最高人民法院刑事判决书（2018）最高法刑再3号。

疫苗之殇

——长春长生疫苗事件

2016 年 3 月，山东警方破获案值 5.7 亿元非法疫苗案，震惊全国，随后的两年里，与该案有关的犯罪人员陆续被侦查起诉，涉案人员上百人，罪名包括非法经营、滥用职权、毁灭伪造证据、贪污、故意泄露国家秘密等 5 项。而在疫苗主管部门加强监管、司法机关严厉制裁、社会媒体聚焦反思山东疫苗案、痛定思痛时。没有人会想到，在长春，一批不符合标准的疫苗已经被生产并全部销往山东省疾病预防控制中心。山东疫苗案在全国引起轩然大波的两年后，又一次引起广泛影响，罚没款高达 91 亿元的疫苗大案再次爆发。

一、案情回顾

（一）事实梳理

本次事件涉及的疫苗指的是由长春长生生物科技有限责任公司（以下简称长春长生公司）生产的疫苗，长春长生公司成立于 1992 年 8 月 27 日，是上市公司长生生物的全资子公司。长春长生公司的疫苗受到全国范围的广泛关注起因于 2018 年 7 月 15 日，国家药品监督管理局发布的一起通告，在通告发出的一周内，长春长生公司以及疫苗安全问题引发了全国范围的广泛讨论，事件时间线索如下：

2018 年 7 月 15 日，国家药品监督管理局发布通告："根据线索，国家药品监督管理局组织对长春长生生物科技有限责任公司开展飞行检查，发现该企业冻干人用狂犬病疫苗生产存在记录造假等严重违反《药品生产质量管理规范》行为。”“吉林省食品药品监督管理局调查组已进驻该企业，对相关违法违规行为立案调查。国家药品监督管理局派出专项督查组，赴吉林督办调查处置工作。本次飞行检查所有涉事批次产品尚未出厂和上市销售，全部产品已得到有效控制。”[①] 本次通告指出，长春长生公司存在一批生产记录造假的冻干人用狂犬病疫苗[②]。根据后续报道，该疫苗是在 2018 年 7 月 5 日的飞行检查[③]中发现的，由国家药品监督管理局会同原吉林省食品药品监督管理局[④]对长春长生公司进行飞行检查，所幸的是该批次疫苗尚未出厂和上市销售，全部产品已得到有效控制。

在国家药品监督管理局发布通告后，长生生物公司与长春长生公司陆续发布公告。2018 年 7 月 16 日，长生生物公司发布公告表示正在对有效期内所有批次的冻干人用狂犬病疫苗全部实施召回。2018 年 7 月 17 日，长春长生公司发表声明，除了再次表态通告中涉及的疫苗尚未出厂销售外，还表示，所有已经上市的人用狂犬病疫苗不存在质量问题。

截至 2018 年 7 月 17 日，疫苗监管部门与长春长生公司均已发布公告，该事件似乎已经告一段落。但随着长春长生公司进入媒体和公众的视线，2018 年 7 月 17 日，已有媒体在报道中指出，在深圳证券交易所 2017 年 11 月 6 日公布的《长生生物关于子公司产品有关情况的公告》中看到：“近日，长生生物科技股份有限公司全资子公司长春长生生物科技有限责任公司生产的批号 201605014–01 的百白破联合疫苗在中国食品药品检定研究院的药品抽样检验中被检出效价指标不符合标准规定。经公司自查，长春长生生产的该批次疫苗共计 252600 支（3 支 / 人份），全部销往山东省疾病预防控制中心。

---

①国家药品监督管理局关于长春长生生物科技有限责任公司违法违规生产冻干人用狂犬病疫苗的通告（2018 年第 60 号）。

②本疫苗免疫接种后，可刺激机体产生抗狂犬病病毒免疫力，用于预防狂犬病。

③飞行检查（Unannounced Inspection），是跟踪检查的一种形式，指事先不通知被检查部门实施的现场检查。飞行检查是国际上产品认证机构对获证后的工厂最常用的一种跟踪检查方法，也是提高工厂检查有效性的重要手段。

④根据机构改革，2018 年 11 月 14 日，吉林省药品监督管理局正式挂牌。

该批次百白破疫苗效价指标不合格，可能影响免疫保护效果，但是对人体安全性没有影响。”通告还表示：“前述该批次252600支百白破疫苗共实现销售收入833825.24元。鉴于百白破联合疫苗在公司销售收入总额中占比较小，因此上述事项对公司目前生产经营无重大影响。”

在关于疫苗事件的各种传闻甚嚣尘上时，2018年7月20日，原吉林省食品药品监督管理局公示的一起行政处罚决定使得本次疫苗事件持续发酵。根据行政处罚决定书，长春长生公司生产的“吸附无细胞百白破联合疫苗”（批号：201605014-01），经中国食品药品检定研究院检验，检验结果[效价测定]项不符合规定，上述药品符合《药品管理法》第四十九条第三款第六项“其他不符合药品标准规定的”规定的情形，应按劣药论处。经查明，该批药品生产数量共253338支，由吉林省药品检验所抽样552支，销售到山东省疾病预防控制中心252600支，现库存186支，销售价格是3.4元/支，该批药品违法所得共858840元，货值金额共861349.2元。[①]行政处罚决定书中所述的违法事实与前述深圳证券交易所披露的事实基本一致，涉及的疫苗为“吸附无细胞百白破联合疫苗”（以下简称百白破疫苗）[②]。

其实，早在2017年11月3日，原国家食品药品监督管理总局[③]发布《百白破疫苗效价指标不合格产品处置情况介绍》，即称在药品抽样检验中检出长春长生公司生产的批号为201605014-01的百白破疫苗效价指标不符合标准规定。而中国疾病预防控制中心于2017年11月5日发布的《效价指标不合格的百白破疫苗相关问题解答》，第一项也指出：“效价指标不合格的百白破疫苗涉及的企业和批号——长春长生生物科技有限公司生产的

①吉食药监药行罚〔2017〕16号。

②百白破疫苗适用于3月龄—18月龄儿童。我国现行的百白破疫苗免疫程序为，无细胞百白破疫苗接种4剂次，分别在儿童3、4、5月龄和18月龄各接种1剂，完成4剂次接种的儿童可得到较好的保护效果。婴幼儿接种百白破疫苗后，免疫效果好，尤其对破伤风和白喉的免疫效果更好，可维持免疫力5—10年。同时可以降低百日咳发病率。

③根据党的十九届三中全会审议通过的《中共中央关于深化党和国家机构改革的决定》、《深化党和国家机构改革方案》和第十三届全国人民代表大会第一次会议批准的《国务院机构改革方案》，设立国家市场监督管理总局（2018年4月10日正式挂牌），同时组建国家药品监督管理局，由国家市场监督管理总局管理。原国家食品药品监督管理总局的职责并入国家市场监督管理总局。

批号为201605014-01、武汉生物制品研究所有限责任公司生产的批号为201607050-2的百白破疫苗效价指标不符合标准规定。”

上述行政处罚决定书显示，长春长生公司生产的存在质量问题的百白破疫苗本次全部流向了山东。2018年7月22日，记者从山东省疾病预防控制中心获悉，长春长生公司生产的问题批次疫苗流向已全部查明，涉及儿童未发现疑似预防接种异常反应增高。长春长生公司销往山东省的不合格百白破疫苗已接种247359支，损耗、封存5241支，涉及儿童215184人，儿童接种信息在预防接种单位均有详细登记。那时已开展补种工作，大部分儿童已补种。[①]

事件到此仍未告一段落，2018年8月15日，根据线索，国务院调查组在对长春长生公司调查中进一步查明，该公司生产的效价不合格百白破疫苗涉及同一批次的201605014-01和201605014-02两个批号的产品[②]，共计49.98万支。这就意味着，长春长生公司存在问题的疫苗不是只有一个批号，此前未被发现的批号为201605014-02百白破疫苗，也存在质量问题，而201605014-02共有247200支，其中销往山东223800支，封存10000余支；销往安徽23400支，损耗、封存3277支。

另一方面，该事件的导火索——冻干人用狂犬病疫苗的调查也在持续进行中，2018年7月27日，国务院调查组基本查清：长春长生公司为掩盖事实、销毁相关证据，狂犬病疫苗由不同批次原液勾兑。10月16日，根据原吉林省食品药品监督管理局行政处罚决定书，指出长春长生公司自2014年1月至2018年7月，违法生产、销售冻干人用狂犬病疫苗共计748批（含亚批），存在八项违法事实：一是将不同批次的原液进行勾兑配制，再对勾兑合批后的原液重新编造生产批号；二是更改部分批次涉案产品的生产批号或实际生产日期；三是使用过期原液生产部分涉案产品；四是未按规定方法对成品制

①《山东查明长春长生公司百白破疫苗流向，将开展后续补种工作》，山东省疾病预防控制中心网站，http://www.sdcdc.cn/art/2018/7/23/art_9761_870990.html，2019年9月28日访问。

②201605014-01和201605014-02属于同一批次，两个批号的产品。一般而言，同批次、不同批号之间疫苗产品质量应一致。

剂进行效价测定；五是生产药品使用的离心机变更未按规定备案；六是销毁生产原始记录，编造虚假的批生产记录；七是通过提交虚假资料骗取生物制品批签发合格证；八是为掩盖违法事实而销毁硬盘等证据。①

综上，长春长生疫苗事件不是一个具体的疫苗事件，而是长春长生公司涉及的存在问题的两起疫苗事件——百白破疫苗与冻干人用狂犬病疫苗。其中百白破疫苗属于同一批号、两个批次——2017 年 11 月被通报的百白破 201605014–01 疫苗（全部流向山东），2018 年 8 月在调查中发现的百白破 201605014–02 疫苗（销往山东与安徽两地）。而涉及该事件的冻干人用狂犬病疫苗，既包括 2018 年 7 月在飞行检查中被发现的冻干人用狂犬病疫苗（未进入流通环节），又包括在后续检查中发现的 2014 年 1 月至 2018 年 7 月，违法生产、销售的共计 748 批（含亚批）疫苗。

（二）各部门回应与处理结果

1. 多方关注

在长春长生疫苗事件爆发后，党中央高度重视。

“2018 年 7 月 23 日，正在国外访问的中共中央总书记、国家主席、中央军委主席习近平对吉林长春长生生物疫苗案件作出重要指示指出，长春长生生物科技有限责任公司违法违规生产疫苗行为，性质恶劣，令人触目惊心。有关地方和部门要高度重视，立即调查事实真相，一查到底，严肃问责，依法从严处理。要及时公布调查进展，切实回应群众关切。

中共中央政治局常委、国务院总理李克强作出批示要求，国务院立刻派出调查组，对所有疫苗生产、销售等全流程全链条进行彻查，尽快查清事实真相，不论涉及哪些企业、哪些人都坚决严惩不贷、绝不姑息。对一切危害人民生命安全的违法犯罪行为坚决重拳打击，对不法分子坚决依法严惩，对监管失职渎职行为坚决严厉问责。尽早还人民群众一个安全、放心、可信任的生活环境。

根据习近平指示和李克强要求，国务院建立专门工作机制，并派出调查

---

①吉食药监药行罚〔2018〕17 号。

组进驻长春长生生物科技有限责任公司进行立案调查。调查组将抓紧完成案件查办、责任追查、风险隐患排查等工作。吉林省成立省市两级案件查处领导小组，配合国务院调查组做好相关工作，并结合此案件全面排查高风险药品企业。吉林省食品药品监督管理局已收回长春长生狂犬病疫苗药品GMP证书，停止该企业狂犬病疫苗生产及销售，暂停该企业所有产品批签发。"①

国务院调查组于2018年7月23日赶赴吉林，调查长春长生公司违法违规生产狂犬病疫苗案件。

2018年8月16日，国务院总理李克强主持召开国务院常务会议，听取吉林长春长生公司问题疫苗案件调查情况汇报并作出相关处置决定。会议指出，按照党中央、国务院部署，国务院调查组已查明吉林长春长生公司违法违规生产狂犬病疫苗案件和生产不合格百白破疫苗的主要事实，涉案企业唯利是图、逐利枉法，情节严重，性质恶劣。这一案件也暴露出相关地方在落实药品安全地方政府负总责、国家和地方监管部门在依法履行监管职责方面严重缺位，特别是存在重大风险隐患信息不报告、应急处置不力等问题，属严重失职失察和不作为。目前公安机关对长春长生案件已侦查终结并依法将犯罪嫌疑人全部移送起诉。有关部门还妥善做好问题疫苗涉外工作。会议确定，一是严惩违法犯罪行为，严肃追究责任。依据《药品管理法》，由相关方面依职权没收长春长生公司所有违法所得并处最高罚款。同时对负有监管责任的地方政府和主管部门相关责任人严厉追责，以儆效尤。二是抓好补种、保障合格疫苗供应、督促企业整改等后续工作。在目前已对全国疫苗生产企业围绕质量安全开展排查基础上，进一步深入细查，发现问题及时公告、及时处理。三是抓紧完善相关法律法规，健全最严格的药品监管体系，完善疫苗全链条监管和电子追溯等制度，堵塞监管漏洞，推动国产疫苗技术升级，

① 《习近平对吉林长春长生生物疫苗案件作出重要指示》，新华网，http://www.xinhuanet.com//politics/2018-07/23/c_1123166080.htm，2019年9月15日访问。

切实保障人民群众用药安全。①

2019年3月5日，十三届全国人民代表大会第二次会议在人民大会堂开幕，听取国务院总理李克强作政府工作报告。在政府工作报告中提出："加强食品药品安全监管，严厉查处长春长生公司等问题疫苗案件。健全国家安全体系。"

同时，针对问题疫苗的观察咨询、补种、赔偿工作也陆续开展。国家卫生健康委员会于2018年8月7日出台《关于做好长春长生公司狂犬病疫苗接种者跟踪观察和咨询服务相关工作的通知》、《关于开展长春长生公司狂犬病疫苗接种者跟踪观察、咨询服务和疫苗补种等相关工作督导检查的通知》，于8月8日出台《关于印发长春长生公司狂犬病疫苗接种者跟踪观察和咨询服务医务人员手册（试行）的通知》、《关于长春长生公司狂犬病疫苗接种者续种补种有关费用问题的通知》，8月9日出台《关于进一步组织好长春长生公司狂犬病疫苗接种者跟踪观察和咨询服务的通知》，8月15日出台《关于做好百白破疫苗接种咨询服务工作的通知》。

国家卫生健康委员会办公厅与原国家食品药品监督管理总局于2019年8月7日共同发布了《关于印发接种长春长生公司狂犬病疫苗续种补种方案的通知》。

2018年10月12日，国家药品监督管理局、国家卫生健康委员会、中国银行保险监督管理委员会、吉林省人民政府共同出台了《关于发布长春长生公司狂犬病问题疫苗赔偿实施方案的公告》。

2. 严肃问责

在本次事件发生后，作为长春长生公司所在地的吉林省，对长春长生公司违法违规生产狂犬病疫苗履行监管职责不力、履行属地管理职责不力、负有直接责任和领导责任的相关人员作出组织处理，共处理13名领导干部。同时，7名省部级官员亦因涉"疫苗案"被问责。

①《李克强主持召开国务院常务会议，听取吉林长春长生公司问题疫苗案件调查情况汇报并作出相关处置决定等》，中华人民共和国中央人民政府网站，http://www.gov.cn/xinwen/2018-08/16/content_5314436.htm，2019年9月15日访问。

3. 行政处罚

2018年7月15日，国家药品监督管理局通告中指出，对于冻干人用狂犬病疫苗，“国家药品监督管理局已要求吉林省食品药品监督管理局收回该企业《药品 GMP 证书》（证书编号：JL20180024），责令停止狂犬疫苗的生产，责成企业严格落实主体责任，全面排查风险隐患，主动采取控制措施，确保公众用药安全。”①

根据原吉林省食品药品监督管理局于 2018 年 7 月 18 日开出行政处罚决定书，针对 201605014-01 疫苗百白破疫苗，原吉林省食品药品监督管理局对长春长生公司生产的不合格百白破疫苗处以 344 万多元行政罚款。②

2018 年 10 月 15 日，国家药品监督管理局发布行政处罚决定书，撤销长春长生公司冻干人用狂犬病疫苗（国药准字 S20120016）药品批准证明文件；撤销涉案产品生物制品批签发合格证，并处罚款 1203 万元。③

2018年10月16日，原吉林省食品药品监督管理局发布行政处罚决定书，吊销长春长生公司《药品生产许可证》；没收违法生产的疫苗、违法所得 18.9 亿元，处违法生产、销售货值金额三倍罚款 72.1 亿元，罚没款共计 91 亿元；此外，对涉案的 14 名直接负责的主管人员和其他直接责任人员作出依法不得从事药品生产经营活动的行政处罚。涉嫌犯罪的，由司法机关依法追究刑事责任。④

4. 刑事处罚

根据长春新区公安分局 2018 年 7 月 23 日的案情通报，长春警方对长春长生违法违规生产狂犬病疫苗立案调查，将主要涉案人员公司董事长和 4 名高管带至公安机关依法审查。

2018 年 7 月 24 日，长春长生公司董事长高某芳等 15 人被刑拘。

---

①国家药品监督管理局关于长春长生生物科技有限责任公司违法违规生产冻干人用狂犬病疫苗的通告（2018 年第 60 号）。

②吉食药监药行罚〔2017〕16 号。

③（国）药监药罚〔2018〕1 号。

④吉食药监药行罚〔2018〕17 号。

2018年7月29日，以涉嫌生产、销售劣药罪，对长生生物科技有限公司董事长高某芳等18名犯罪嫌疑人向检察机关提请批准逮捕。

截至目前，长春长生疫苗案的进一步调查及刑事审判结果尚未公布。

二、法理分析

从上文可以看出，长春长生公司涉及的违法事实主要是两项：一是生产效价指标不符合标准的百白破疫苗，二是长期生产存在造假问题的冻干人用狂犬病疫苗。而根据此前长春警方的案情通报，长春长生公司的18名犯罪嫌疑人被以涉嫌生产、销售劣药罪被批准逮捕。由于该案尚未公布进一步的案件调查情况，下面仅根据目前已掌握的信息对本案涉及的刑事法律问题进行分析。

（一）生产、销售劣药罪与生产、销售假药罪

长春长生疫苗案的涉案人员被批准逮捕的罪名为“生产、销售劣药罪”，首先需要明确，这并不是案件的最终定性，只是根据目前已经掌握的案件情况被批捕的罪名。因为案件本身仍在持续调查阶段，生产、销售劣药案只是警方的初步判断，如果在移送审查起诉过程中发现其他犯罪事实，可能罪名定性会有所不同。最后的定性还要依据更多的案件事实，由法院通过审判确定。我国《刑法》第一百四十二条对“生产、销售劣药罪”的规定为：“生产、销售劣药，对人体健康造成严重危害的，处三年以上十年以下有期徒刑，并处销售金额百分之五十以上二倍以下罚金；后果特别严重的，处十年以上有期徒刑或者无期徒刑，并处销售金额百分之五十以上二倍以下罚金或者没收财产。本条所称劣药，是指依照《中华人民共和国药品管理法》的规定属于劣药的药品。”

在案件发生后，关于本案涉及的存在问题的疫苗属于假药还是劣药的争论也不绝于耳，许多人士提出本案涉及的疫苗不应该是劣药，而是假药。我国《刑法》第一百四十一条对“生产、销售假药罪”的规定为：“生产、销售假药的，处三年以下有期徒刑或者拘役，并处罚金；对人体健康造成严重危害或者有其他严重情节的，处三年以上十年以下有期徒刑，并处罚金；致

人死亡或者有其他特别严重情节的，处十年以上有期徒刑、无期徒刑或者死刑，并处罚金或者没收财产。本条所称假药，是指依照《中华人民共和国药品管理法》的规定属于假药和按假药处理的药品、非药品。”

依据上述法条，假药和劣药的定性要依照《药品管理法》(2018)的规定进行判断。根据我国《药品管理法》(2018)，生产、销售假药的行为包括假药和按假药论处两种情形，劣药也是如此。具体而言：

在生产（包括配置）、销售过程中有下列情形之一的为假药：1. 药品所含成份与国家药品标准规定的成份不符的；2. 以非药品冒充药品或者以他种药品冒充此种药品的。有下列情形之一的药品，按假药论处：1. 国务院药品监督管理部门规定禁止使用的；2. 依照本法必须批准而未经批准生产、进口，或者依照本法必须检验而未经检验即销售的；3. 变质的；4. 被污染的；5. 使用依照本法必须取得批准文号而未取得批准文号的原料药生产的；6. 所标明的适应症或者功能主治超出规定范围的。[①]

在生产（包括配置）、销售过程中，药品成份的含量不符合国家药品标准的，为劣药。有下列情形之一的药品，按劣药论处：1. 未标明有效期或者更改有效期的；2. 不注明或者更改生产批号的；3. 超过有效期的；4. 直接接触药品的包装材料和容器未经批准的；5. 擅自添加着色剂、防腐剂、香料、矫味剂及辅料的；6. 其他不符合药品标准规定的。[②]

针对生产效价指标不符合标准的百白破疫苗这一违法事实，其中效价[③]不合格，根据中国疾病预防控制中心关于《效价指标不合格的百白破疫苗相关问题解答》中指出：“该两批次百白破疫苗效价指标不合格，可能影响免疫保护效果。”关于其安全性“中国食品药品检定研究院对企业报请批签发的疫苗，逐批进行安全性指标检验，经查批签发记录，该两批次疫苗安全性指标

①《药品管理法》(2018)第四十八条。

②《药品管理法》(2018)第四十九条。

③效价，即疫苗对人体保护力大小的指标。效价不合格，意味着疫苗免疫效果全面或部分失效。接种后，疫苗无法对人体产生保护力，或者保护力不足。李歆、王莹、孙晓娈：《从长春长生疫苗事件谈我国假劣药法律界定之完善》，载《南京医科大学学报》，2019 年第 1 期。

符合标准。接种该两批次疫苗安全性风险没有增加。”而根据原吉林省食品药品监督管理局的行政处罚决定书，也已经认定“长春长生公司生产的‘吸附无细胞百白破联合疫苗’（批号：201605014–01），经中国食品药品检定研究院检验，检验结果［效价测定］项不符合规定，上述药品符合《药品管理法》第四十九条第三款第六项“其他不符合药品标准规定的”规定的情形，应按劣药论处。”① 本次涉案百白破疫苗属于劣药，应无异议。但是，由于我国《刑法》对“生产、销售劣药罪”在构成要件中要求“对人体健康造成严重危害”，如果在调查中没有上述危害结果出现，则针对百白破疫苗无法按照“生产、销售劣药罪”进行定罪处罚。

针对长期生产存在造假问题的冻干人用狂犬病疫苗的这一违法事实，争论则较大。根据原吉林省食品药品监督管理局行政处罚决定书，长春长生公司2014年1月至2018年7月之间，违法生产、销售冻干人用狂犬病疫苗共计748批，存在八项违法事实：一是将不同批次的原液进行勾兑配制，再对勾兑合批后的原液重新编造生产批号；二是更改部分批次涉案产品的生产批号或实际生产日期；三是使用过期原液生产部分涉案产品；四是未按规定方法对成品制剂进行效价测定；五是生产药品使用的离心机变更未按规定备案；六是销毁生产原始记录，编造虚假的批生产记录；七是通过提交虚假资料骗取生物制品批签发合格证；八是为掩盖违法事实而销毁硬盘等证据。② 首先，来看上述事实所描述的疫苗是否符合假药的范畴，根据我国《药品管理法》，“药品所含成份与国家药品标准规定的成份不符的”属于假药，“变质的以及被污染的”属于按假药处理，而长春长生公司对不同批次的原液进行勾兑配置、更改生产批号、使用过期原液的行为，如果导致疫苗因此所含成份与国家药品标准规定的成份不符，或者变质、被污染，是有可能存在属于假药的可能，这有待于进一步调查鉴定结果。而“未标明有效期或者更改有效期的以及不注明或者更改生产批号的”行为都属于我国《药品管理法》规定的按

①吉食药监药行罚〔2017〕16号。

②吉食药监药行罚〔2018〕17号。

照劣药论处的情形，违规生产的冻干人用狂犬病疫苗属于劣药并没有疑问。即上述疫苗或者同时属于假药以及劣药，或者至少属于劣药。

那么，是否可以根据上述事实判断该行为构成“生产、销售假药罪”或者“生产、销售劣药罪”呢？首先，结合二者的规定来看，两个罪名之间主要存在两项区别：一是生产、销售假药罪为行为犯[①]，即只要有生产、销售假药的行为即构成犯罪；而生产、销售劣药罪为结果犯，要求对人体健康造成严重危害的，才够成犯罪。二是生产、销售假药罪最高刑为死刑，生产、销售劣药罪最高刑为无期徒刑。从法律规定来看，对于假药的规定比劣药要严格一些，这是出于一般情况下，考虑到假药的危害比劣药要严重，因此对假药规定了较低的入罪门槛。但是这并不意味着具体案件中假药造成的结果就一定比劣药要大，有可能二者造成的结果并无差异，对于疫苗来看，假疫苗或者劣疫苗，被接种到人体后，所产生的结果和影响可能完全是一样的——达不到预防的功效。同时，由于最终的量刑要依照具体的危害来看，假药罪所面临的最终刑罚也不一定比劣药罪重。

二者最大的区别在于“生产、销售假药罪”不要求危害结果即可构成，而结合本案目前公布的调查结果来看，尚没有证据证明存在“对人体健康造成严重危害的”结果，这也是本案关于假药以及劣药争论不断的一个原因。本案中的狂犬病疫苗属于劣药没有疑问，但如果不能证明危害结果的存在，则不能适用“生产、销售劣药罪”进行处罚。而如果可以在后续调查中证明其因对不同批次的原液进行勾兑配置、更改生产批号、使用过期原液等行为，导致疫苗因此所含成份与国家药品标准规定的成份不符，或者变质、被污染，因此属于假药的，不需要再存在“对人体健康造成严重危害”，可按照“生产、销售假药罪”定罪处罚，但如果通过鉴定无法认定为假药，也无法按照“生产、销售假药罪”定罪处罚。

①生产、销售假药罪并非一开始就是行为犯，而是在 2011 年，根据《刑法修正案（八）》第二十三条的修订，由结果犯改为了行为犯。根据 1997 年《刑法》的规定，生产、销售假药罪的规定中，要求“足以严重危害人体健康”，为结果犯。

（二）以危险方法危害公共安全罪

在本次疫苗事件发生后，陆续有人提出应当以“以危险方法危害公共安全罪”对涉案人员进行处罚。由于本次事件所涉及的百白破疫苗为3月龄到18月龄的儿童，同样都是对儿童的生命健康造成损害，也有人将其与当年的三鹿奶粉事件进行类比。从当年三鹿奶粉的审判结果来看，制造三聚氰胺混合液的奶贩和生产者被判处“以危险方法危害公共安全罪”。

我国《刑法》对“以危险方法危害公共安全罪”的规定是第二章危害公共安全罪第一百一十五条，规定：“放火、决水、爆炸以及投放毒害性、放射性、传染病病原体等物质或者以其他危险方法致人重伤、死亡或者使公私财产遭受重大损失的，处十年以上有期徒刑、无期徒刑或者死刑。过失犯前款罪的，处三年以上七年以下有期徒刑；情节较轻的，处三年以下有期徒刑或者拘役。”从本罪的构成要件可以看出，其要求“致人重伤、死亡或者使公私财产遭受重大损失”。当年的三鹿奶粉事件，对受害儿童的健康造成了严重危害，有明显的危害结果出现，也因此相关奶贩被判处“以危险方法危害公共安全罪”。而针对本次事件，暂不考虑违规生产的疫苗是否足以构成危害公共安全，如果在后续调查中没有“致人重伤、死亡或者使公私财产遭受重大损失”的情况出现，则难以按照该罪定罪处罚。

（三）生产、销售伪劣产品罪

如果根据进一步调查，本次疫苗事件既没有造成严重的危害结果，最终对疫苗的定性也不属于假药的范畴，是否就无法定罪处罚？——可以按照“生产、销售伪劣产品罪”定罪处罚。生产、销售伪劣产品罪实际上是该类犯罪的一项兜底性罪名，根据我国《刑法》第一百四十条规定：“生产者、销售者在产品中掺杂、掺假，以假充真，以次充好或者以不合格产品冒充合格产品，销售金额五万元以上不满二十万元的，处二年以下有期徒刑或者拘役，并处或者单处销售金额百分之五十以上二倍以下罚金；销售金额二十万元以上不满五十万元的，处二年以上七年以下有期徒刑，并处销售金额百分之五十以上二倍以下罚金；销售金额五十万元以上不满二百万元的，处七年以上有期徒刑，并处销售金额百分之五十以上二倍以下罚金；销售金额二百万元以上的，处十五年有期徒刑或者无期徒刑，并处销售金额百分之五十以上二倍以下罚金或者没收财产。”

结合本案事实，无论是效价不符合的百白破疫苗，或者存在勾兑行为及生产日期造假的狂犬病疫苗，均符合“掺杂、掺假，以假充真，以次充好或者以不合格产品冒充合格产品”的情况，而根据原国家食品药品监督管理总局、吉林省药品监督管理局的行政处罚决定书来看，销售金额也早已超过二百万元以上，按照“生产、销售伪劣产品罪”来定罪处罚不存在任何问题。并且生产、销售伪劣产品罪虽然是一个兜底性罪名，但其所面临的刑罚可能并不轻微，该罪刑罚最高可判处无期徒刑，同时在财产刑的处罚上，可以最高判处销售金额二倍的罚金或者没收财产。

（四）单位犯罪

根据我国《刑法》的规定，公司实施危害社会的行为，法律规定为单位犯罪的，应当负刑事责任。对于单位犯罪的，对单位判处罚金，并对其直接负责的主管人员和其他直接责任人员判处刑罚。我国关于单位犯罪一般情况下实行双罚制，既对单位进行处罚，也对其直接责任人员进行处罚，对单位的刑罚主要是判处罚金，直接责任人员则包括自由刑和罚金。部分情况下只处罚自然人，不处罚单位。单位犯罪，《刑法》有明确规定的才进行处罚。而根据我国《刑法》第一百五十条的规定，《刑法》第三章破坏社会主义市场经济秩序罪的第一节所包含的生产、销售伪劣商品罪，均有可能构成单位犯罪。单位犯罪要求相关违法犯罪行为是执行单位的集体意志，按照本案的案情来看，认定为单位集体意志，由单位承担责任，并无异议。

具体到单位犯罪财产刑的执行上，鉴于此前针对两项违法犯罪事实的情况，行政处罚均已经对长春长生公司进行了销售额三倍的罚款，而根据《最高人民法院关于适用〈中华人民共和国刑事诉讼法〉的解释》第四百三十九条的规定：“行政机关对被告人就同一事实已经处以罚款的，人民法院判处罚金时应当折抵，扣除行政处罚已执行的部分。”但是上述折抵指的是单位犯罪的财产刑的执行，对于本案中的自然人，如果被判处罚金或者没收财产，则不能从上述罚款中抵扣。

（五）与案件相关的其他罪名

根据山东疫苗案的审判结果，围绕非法经营行为，共百余人各因非法经营、滥用职权、毁灭伪造证据、贪污、故意泄露国家秘密等 5 项罪名获刑。在长春长生疫苗事件中，尤其是对于冻干人用狂犬病疫苗，在后续检查中发现的 2014 年 1 月至 2018 年 7 月，违法生产、销售的共计 748 批疫苗。在长达 4 年半的时间中，持续生产、销售违法疫苗，作为监管部门，可能会涉及包括玩忽职守罪、滥用职权罪、受贿罪、放纵制售伪劣商品犯罪行为罪等罪名。而对于涉事企业和个人，也需查明是否构成单位行贿罪、非国家工作人员受贿罪等罪名。根据裁判文书网的查询结果，长春长生公司过去十年内已经涉入了部分受贿或者行贿案件。例如，该公司销售人员或者地方经销商向当地负责疫苗采购的相关人员提供好处费、推广费、回扣款，以获得疫苗的优先采购或更大的采购份额等。对于本次案件，是否在疫苗生产、销售环节存在上述违法行为，也需加强关注。

三、本案启示

在案件发生后，习近平总书记强调，确保药品安全是各级党委和政府义不容辞之责，要始终把人民群众的身体健康放在首位，以猛药去疴、刮骨疗毒的决心，完善我国疫苗管理体制，坚决守住安全底线，全力保障群众切身利益和社会安全稳定大局。①

长春长生疫苗事件之所以能引发全国范围的关注：一是疫苗安全涉及人的最基本权益——生命健康，容不得半点疏忽，对于接种了无效狂犬疫苗的人而言，结果可能就是致命的。二是百白破疫苗的接种对象为 3 月龄到 18 月龄的儿童，孩子是一个家庭的希望，是国家的未来，除了百白破疫苗外，疫苗作为一种预防性产品，其中很大一部分的使用对象是婴幼儿，他们是社会中最无力的一个群体，不该成为疫苗治理的牺牲品。

① 《习近平对吉林长春长生生物疫苗案件作出重要指示》，新华网，http://www.xinhuanet.com//politics/2018-07/23/c_1123166080.htm，2019 年 9 月 15 日访问。

（一）疫苗治理之变——案件推动疫苗改革

本次疫苗事件全方面敲响了疫苗治理的警钟，所带来的变革也大于以往的历次疫苗事件。

首先，从法制层面来看，本次疫苗事件直接推动了《疫苗管理法》的出台。2019 年 6 月 29 日，《中华人民共和国疫苗管理法》正式发布，2019 年 12 月 1 日开始实施，在该法颁布之前，我国在疫苗方面的最权威文件为《疫苗流通与预防接种管理条例》（2005 年颁布、2016 年修订），主要对疫苗的流通与接种环节等进行了规定，在流通与接种以外的环节，则可参照《药品管理法》，关于疫苗安全的顶层设计存在明显不足。而《疫苗管理法》的出台，则给疫苗的监管打了一剂强心针。在《疫苗管理法（征求意见稿）》的起草说明中，开篇就提到："疫苗关系人民群众生命健康，关系公共卫生安全和国家安全。长春长生问题疫苗案件既暴露出监管不到位等诸多漏洞，也反映出疫苗生产流通使用等方面存在的制度缺陷。"同时，征求意见稿还妥善处理了与药品管理法等法律的关系，明确优先适用疫苗管理法的原则。从一定层面上来讲，长春长生疫苗事件推动了该法的出台。无独有偶，2016 年的山东疫苗案，因为涉及的违法事实主要在流通环节，暴露的是流通环节存在漏洞，因此推动了《疫苗流通与预防接种管理条例》在 2016 年进行修订，可以说，通过一桩桩、一件件轰动的疫苗案件，疫苗治理的深层次问题陆续显现，而我国关于疫苗安全的法律法规也陆续完善。

为了推动《疫苗管理法》的实施与普及，国家药监局于 2019 年 7 月 25 日发布了《关于宣传贯彻〈中华人民共和国疫苗管理法〉的通知》，要求各地药品监督管理局及直属单位充分认识宣传贯彻《疫苗管理法》的重要意义，深刻领会《疫苗管理法》的精神实质和基本内容，加强配套制度和监管能力建设、切实做好《疫苗管理法》实施的准备工作，切实强化疫苗药品监管执法、积极维护人民群众健康权益，加强组织领导、确保《疫苗管理法》贯彻落实。

其次，本次疫苗事件推动了疫苗工作机制的改革。为加强部门间协调配合，进一步提升疫苗管理能力水平，形成权责清晰、运行高效的疫苗管理体系，经国务院同意，建立疫苗管理部际联席会议。国务院办公厅于2019年3月22日发布《国务院办公厅关于同意建立疫苗管理部际联席会议制度的函》，并于当日生效。根据规定，联席会议由市场监管总局、国家卫生健康委、国家药监局、中央宣传部、中央编办、国家发展改革委、科技部、工业和信息化部、公安部、司法部、财政部、人力资源社会保障部、国务院国资委组成，市场监管总局、国家卫生健康委、国家药监局为牵头单位。在联席会议制度下，过去存在的多龙治水、沟通不畅、监管缺位现象可能会大大减少。

（二）疫苗治理之困——治理体系存在漏洞

在看到疫苗治理朝着法治化、专业化方向发展的同时，更应该审视本次案件所暴露的疫苗治理中的问题。

疫苗出现问题不是第一次，近年有2016年的山东非法疫苗案，涉案金额高达5.7亿，百余人获刑。本次的长春长生疫苗案件，虽然在全国引起了轩然大波，但目前尚无明显危害生命、健康的结果出现。

在本次疫苗事件爆发后，除了受害者外，从疫苗监管机构到引进疫苗的疾控中心，似乎都有苦难言——各有各的难。对于疫苗监管机构而言，不可能检查每一批进入销售环节的疫苗。而本次长春长生存在问题的狂犬病疫苗，也是在飞行检查中发现的，但是公众还是推定认为监管机构存在渎职、不作为的情况。对于疫苗引进机构而言，疫苗的鉴定本身是一项技术性工作，要求疫苗引进机构对每一批疫苗的质量进行检测，保证其安全，对于大的引进机构而言，尚存可能性，但对于一般的机构而言，则不太现实。此外，本次疫苗事件还暴露了以下问题：

第一，疫苗监管机构与检测机构间存在信息披露机制不健全等问题。

第二，本次事件也反映出媒体在参与社会治理中的利弊与界限。媒体在本次疫苗事件的传播和监督中无疑发挥了重要作用，推动了事件的发展。但是，有些自媒体为了获得更高的关注度，往往会起一些骇人听闻的标题，同时为了更快地发布信息，往往不经核实就率先发布，这些都会加剧公众恐慌感，甚至部分自媒体将此前接种正常疫苗儿童死亡或受伤的案例与本次疫苗相关联，进一步造成了不良影响。

（三）疫苗治理之路——强化疫苗社会共治

1. 树立社会共治理念

党的十九大报告指出："加强和创新社会治理，打造共建共治共享的社会治理格局。"解决疫苗治理过程中的漏洞，需要树立社会共治理念。对于政府部门、疫苗的监管机构和检测机构而言，树立社会共治理念，需要加强疫苗治理能力建设，在信息公开与披露、加强监管等多方面作出努力，强化各部门之间的监督，形成全链条的监管。对于行业协会而言，要积极参与疫苗安全治理，建立健全行业自律规范，引导和督促疫苗企业依法开展生产经营活动。疫苗企业要强化企业自身的社会责任，增强企业的自律性，推动诚信体系建设，加强企业文化建设。对于媒体而言，作为一种强有力的监督，要加强对疫苗的关注与监督，积极参与疫苗治理。对于公众而言，一方面应积极维护自身权益，参与疫苗的社会治理，另一方面，对于疫苗的认知也需提高，防止陷入恐慌。

2. 坚持预防重于惩治

在疫苗治理过程中，必须要改变"头痛医头，脚痛医脚"的治理模式。因为山东疫苗案中涉及 25 种儿童、成人用的二类疫苗[①]，且疫苗问题发生在流通环节。因此，在事件发生后，国家加强了对二类疫苗的监管，修订的《疫苗流通和预防接种管理条例》也规定接种单位不得向企业直接购进二类疫苗，而是要"由省级疾病预防控制机构组织在省级公共资源交易平台集中采购，由县级疾病预防控制机构向疫苗生产企业采购后供应给本行政区域的接种单位"。

应该看到，刑法不能解决疫苗监管与治理中的根本问题，对于疫苗安全而言，预防比制裁更重要、也更有效。疫苗的治理应重在日常监管，应把握预防重于惩治的理念。疫苗安全事件一方面破坏了人的生命健康权，另一方面破坏了社会主义市场经济秩序，对该类事件的预防要从多方面着手。在疫苗治理方面，行政机关和司法机关应该各司其职。而对于疫苗安全的预防，

①我国疫苗分为两大类：一类疫苗和二类疫苗。一类疫苗是国家免费提供的，所有适龄儿童都应按规定接种；二类疫苗是自费并自愿接种的。

行政机关负有更多的责任，也具有更大的能力。

3. 有效落实《疫苗管理法》

作为疫苗管理的专门性法律，由长春长生案件直接推动出台的《疫苗管理法》虽然不到一年的时间内就正式出台，但却有许多亮点，受到了业内专家的好评与肯定。例如，强调疫苗的公益性、支持疫苗产业发展。《疫苗管理法》第四条规定，国家坚持疫苗产品的战略性和公益性。国家支持疫苗基础研究和应用研究，促进疫苗研制和创新，将预防、控制重大疾病的疫苗研制、生产和储备纳入国家战略。又如，强制信息披露。《疫苗管理法》第七十四条规定，疫苗上市许可持有人应当建立信息公开制度，按照规定在其网站上及时公开疫苗产品信息、说明书和标签、药品相关质量管理规范执行情况、批签发情况、召回情况、接受检查和处罚情况以及投保疫苗责任强制保险情况等信息。再如，明确疫苗损害赔偿责任。《疫苗管理法》第九十六条规定，疫苗质量问题造成受种者损害的，疫苗上市许可持有人应当依法承担赔偿责任。疾病预防控制机构、接种单位因违反预防接种工作规范、免疫程序、疫苗使用指导原则、接种方案，造成受种者损害的，应当依法承担赔偿责任。可以说，长春长生疫苗事件中所暴露的多种问题，《疫苗管理法》均给出了一定的回应，如果该法能有效落实，能够极大提高我国的疫苗治理水平。

依据《疫苗管理法（征求意见稿）》的起草说明，《疫苗管理法》的立法目的十分明确："将分散在多部法律法规中的疫苗研制、生产、流通、预防接种、异常反应监测、保障措施、监督管理、法律责任等规定进行全链条统筹整合，系统谋划思考，提升法律层级，强化法律措施，增强疫苗立法的针对性、实效性和可操作性，有必要制定专门的疫苗管理法。"从上述说明可以看出，立法者对于我国疫苗管理过程中存在的问题有清楚的认识，并希冀于通过"进行全链条统筹整合"来达到管理的目的。而纵观整部《疫苗管理法》，确实已对疫苗管理中可能出现的问题进行了详细的规定。

但是，"法律的生命在于实施"，《疫苗管理法》刚刚出台，作为一部新生的法律，一方面，该法在落实和实施过程中，会陆续出现一些亟待解决的问题；另一方面，因为疫苗事件的风波,《疫苗管理法》被寄予厚望,《疫苗管理法》第三条规定:“国家对疫苗实行最严格的管理制度，坚持安全第一、风险管理、全程管控、科学监管、社会共治。”而对于政府部门、疫苗监管部门、行业协会、媒体等而言，如何根据《疫苗管理法》的精神完善相关监管措施、加强行业自治、发挥监督作用，共同参与、强化疫苗社会共治，应该是未来的发展方向。

四、结语

党的十九大提出“实施健康中国战略”，报告中指出“人民健康是民族昌盛和国家富强的重要标志”。当疫苗主管部门陆续出台规范性文件及补救措施，随着司法机关的介入，伴随着《疫苗管理法》的出台，长春长生疫苗事件渐渐淡出人们的视线。原国家药品监督管理局和原吉林省食品药品监督管理局依法从严对长春长生公司违法违规生产狂犬病疫苗作出行政处罚，罚没款共计91亿元。一切似乎已尘埃落定，但如何防止此类案件再次发生，有关部门和企业必须从中汲取经验和教训，警钟长鸣，法制底线不可逾越!

（孟　珊）

“爱宠生意”的罪与罚

——深圳鹦鹉案

2018年热议的“深圳鹦鹉案”，指的是涉案人王鹏因出售自己饲养的鹦鹉给另一涉案人谢田福，二人双双获罪（非法收购、出售珍贵、濒危野生动物罪）的事件。该案以小小的鹦鹉为导火索，处罚了数千年来习以为常的买卖鹦鹉行为，一时间触动社会大众的神经，引发广泛讨论。对鹦鹉案物议如沸的背后，真正需要思考并且引以为戒的是法院为何如此判决，需要向社会大众传达何种行为规范，以及法院的判决理由是否足够以理服人。惟有剖析判决背后的真正司法精神，才能凸显出鹦鹉案引发社会关注的真正价值。

王鹏、谢田福非法收购、出售珍贵、濒危野生动物案经广东省深圳市宝安区人民法院一审、广东省深圳市中级人民法院二审、最高人民法院复核，现已审理终结。一审判决认定被告人王鹏犯非法出售珍贵、濒危野生动物罪，判处有期徒刑五年，并处罚金人民币三千元；认定被告人谢田福犯非法收购珍贵、濒危野生动物罪，判处有期徒刑一年六个月，缓刑二年，并处罚金人民币三千元。[①]一审宣判后，王鹏提出上诉，二审判决认定上诉人王鹏犯非法收购、出售珍贵、濒危野生动物罪，在法定刑以下判处有期徒刑二年，并处罚金人民币三千元；维持对谢田福的一审判决。[②]最高人民法院对此判决予以核准。该案在一审、二审程序中出现了不少争论点，引人深思。为

①参见广东省深圳市宝安区人民法院（2017）粤0306刑初323号刑事判决书。

②参见广东省深圳市中级人民法院（2017）粤03刑终1098号刑事判决书。

更好地揭示该案背后所蕴含的刑法学意义与社会意义，有必要先审视其基本案情。

一、基本案情

（一）一审

被告人谢田福，男，1988年7月17日出生，甘肃省甘谷县人，2016年6月15日因涉嫌非法收购、出售珍贵、濒危野生动物罪被捕。

被告人王鹏，男，1985年1月10日出生，江西省九江市人，2016年6月15日因涉嫌非法收购、出售珍贵、濒危野生动物罪被捕。

1. 公诉机关指控的事实

深圳市宝安区人民检察院以谢田福、王鹏犯非法收购、出售珍贵、濒危野生动物罪向深圳市宝安区人民法院提起公诉。

公诉机关指控的谢田福犯罪事实主要有：

2016年3月16日，被告人谢田福以4000元从桑琴玲（另案处理）处收购折衷鹦鹉1只，次日以4600元将该鹦鹉卖给彭莉。

2016年3月下旬，被告人谢田福以2800元从网名为"陈记鹦鹉"的人（在逃）处收购4只鹦鹉，分别为1只绿颊锥尾鹦鹉（人工变异种）、1只珍达锥尾鹦鹉、2只大阳锥尾鹦鹉。

2016年4月初，被告人谢田福以3000元从被告人王鹏处购买了6只绿颊锥尾鹦鹉（人工变异种）。

被告人谢田福以11900元从微信名"滴血玫瑰"（在逃）处收购3只金凯鹦鹉，并在支付了全款后约定由卖方通过大巴车将该批鹦鹉运输至深圳。2016年5月11日公安机关在深圳桥社汽车站查获3只鹦鹉，经鉴定该批鹦鹉学名为黑头凯克鹦鹉。

2016年5月10日，公安机关在被告人谢田福经营的水族馆内查获了其收购的10只鹦鹉（即从网名为"陈记鹦鹉"的人那里收购的4只鹦鹉及从被告人王鹏处收购的6只鹦鹉）。

公诉机关指控的王鹏犯罪事实主要有：

2014年5月，被告人王鹏在“58同城”网上以280元购买了1只绿颊锥尾鹦鹉。

2015年2月，被告人王鹏在“58同城”网上以4200元购买了1只非洲灰鹦鹉。

2016年4月初，被告人王鹏将自己孵化的6只绿颊锥尾鹦鹉以每只500元人民币的价格（共3000元人民币）出售给被告人谢田福。

2016年5月17日，公安机关在被告人王鹏家中查获各类珍贵、濒危鹦鹉45只。该45只鹦鹉包括上述犯罪事实中王鹏通过“58同城”网购买的两只鹦鹉。经鉴定分别为绿颊锥尾鹦鹉35只，和尚鹦鹉9只，非洲灰鹦鹉1只。

2. 被告人及其辩护人意见

被告人谢田福承认控罪，但辩称从“陈记鹦鹉”处购买的4只鹦鹉不确定是不是犯法，在其店内被查获的10只鹦鹉没有“陈记鹦鹉”的4只。从“滴血玫瑰”处购买的3只鹦鹉实际没有收到，且公安机关查获的不是其所购买的金凯鹦鹉。其辩护人认为，谢田福转手卖给他人的折衷鹦鹉没有鉴定报告证明为国家重点保护动物；在谢田福处查获的10只鹦鹉，现有证据只能证明其中2只是从王鹏处购买的，其他8只鹦鹉来源不明，不能认定为系被告人谢田福收购所得，不能认定为犯罪情节特别严重；谢田福有立功情节，系初犯。

被告人王鹏承认控罪，但辩称其卖给谢田福的6只鹦鹉只有2只是绿颊锥尾鹦鹉。辩护人对公诉机关指控的非法收购、出售珍贵、濒危野生动物罪罪名不持异议，但对指控的数量有异议，依据现有证据只能认定为2只，未达到情节特别严重的标准。辩护人指出，王鹏系初犯、偶犯，建议从轻处罚。

3. 法院认定的事实及判决

法院认定，2016年4月初，被告人谢田福从被告人王鹏处以每只500元的价格购买了2只绿颊锥尾鹦鹉（人工变异种），经鉴定该鹦鹉已经被列入《濒危野生动植物种国际贸易公约》（以下简称《公约》）附录Ⅱ。2016年5月10日，公安机关在被告人谢田福的店中查获10只鹦鹉（包括上述2只绿颊锥尾鹦鹉）。

至于被告人谢田福与桑琴玲、彭莉之间的买卖鹦鹉行为，由于涉及的1只鹦鹉未被查获，不能确定是被保护的鹦鹉，所以公诉机关对此项事实的指控法院不予支持。关于被告人谢田福从“陈记鹦鹉”处购买4只鹦鹉的事实，由于谢田福当场否认查获的鹦鹉中包含该4只鹦鹉，且出卖方未到案，又无确切付款以及交货方式，因而无法确定该笔交易的真实性，对此部分的指控法院不予支持。关于被告人谢田福在“滴血玫瑰”处购买的3只金凯鹦鹉，由于查获的黑头凯克鹦鹉与被告人购买的鹦鹉品种不一样，且被告人并未当场辨认查获的黑头凯克鹦鹉是否是其购买的鹦鹉，因此对该部分事实的指控法院不予支持。

因此，被告人谢田福构成非法收购珍贵、濒危野生动物罪（2只绿颊锥尾鹦鹉），并无出售行为。

2016年5月17日，公安机关在被告人王鹏的住处查获各类珍贵、濒危鹦鹉45只，经鉴定为绿颊锥尾鹦鹉35只、和尚鹦鹉9只、非洲灰鹦鹉1只，这些鹦鹉已经被列入《公约》附录Ⅱ。该45只鹦鹉应为王鹏自己繁殖孵化而来，王鹏虽辩称其中有他人赠送的，但未提供赠送人的具体身份及赠送的具体数量。关于王鹏在“58同城”网上收购1只绿颊锥尾鹦鹉、1只非洲灰鹦鹉的事实，由于出卖方未予抓获、付款及交货方式不明，无法确认该笔交易的真实性，也无法确认该笔交易的品种、数量，因此对于此项事实的指控法院不予支持，不予认定王鹏具有非法收购珍贵、濒危野生动物的行为。但王鹏出售给谢田福2只绿颊锥尾鹦鹉的事实清楚、证据确凿，构成非法出售珍贵、濒危野生动物罪。在其住处查获的45只珍贵、濒危鹦鹉是待售的，属于犯罪未遂。

（二）二审

1. 上诉理由

二审中，上诉人王鹏承认卖给谢田福2只绿颊锥尾鹦鹉，但认为没有证据证明查获的45只鹦鹉是收购而来或将要出售，且其中13只鹦鹉是朋友寄养和赠送的，故不能认定为犯罪未遂。王鹏称因儿子需要手术治疗而没时间和精力再去喂养鹦鹉幼仔，所以发布过出售鹦鹉幼仔的广告，但广告提及的是幼仔鹦鹉和45只成年鹦鹉品种不同，没有鉴定报告证明广告提及的鹦鹉属于国家保护动物。王鹏认为自己归案后能主动、如实地供述，并提供信息协助公安民警去东莞抓捕犯罪嫌疑人，虽因没能成功抓获而不构成立功，但量刑时希望从宽处罚。

王鹏的辩护人认为：

（1）涉案鹦鹉不属于《最高人民法院关于审理破坏野生动物资源刑事案件具体应用法律若干问题的解释》（以下简称《解释》）中的珍贵、濒危野生动物。《解释》将人工驯养繁殖的物种与野生物种同等对待，超出一般公众的理解认知，其第一条中"驯养繁殖的上述物种"应解释为直接基于野生动物进行驯养繁殖而来的物种，而非对已经被驯养繁殖的物种再进行驯养繁殖的物种。《解释》将《公约》附录I、Ⅱ直接转化为刑法的"珍贵、濒危野生动物"，是超出《刑法》文义范围的扩大解释，违反罪刑法定原则。

最高人民法院研究室《关于收购、运输、出售部分人工驯养繁殖技术成熟的野生动物适用法律问题的复函》（法研〔2016〕23号，以下简称《复函》）明确指出：有关野生动物的数量极大增加，收购、运输、出售这些人工驯养繁殖的野生动物实际已无社会危害性……在修订后司法解释中明确，对某些经人工驯养繁殖、数量已大大增多的野生动物，附表所列的定罪量刑数量标准，仅适用于真正意义上的野生动物，而不包括驯养繁殖的。涉案绿颊锥尾鹦鹉的数量正在极大增加，收购、出售这些人工驯养繁殖的鹦鹉实际已无社会危害性；且该研究室已明确建议修订《解释》，定罪量刑"仅适用于真正意义上的野生动物，而不包括驯养繁殖的"。司法裁判应实现法、理、情的统一，机械适用《解释》会丧失公平、正义。

（2）本案的扣押、辨认、送检、鉴定等程序严重违法且无法补正，无法证明送检的鹦鹉系查获自谢田福及王鹏处，一审据以定案的鉴定报告依法应不予采信，本案定罪证据严重不足。

（3）本案鉴定存在程序违法，不应作为定案依据。

（4）一审以证据不足为由未认定谢田福购买3只黑头凯克鹦鹉（经鉴定

系《公约》附录Ⅱ保护动物）为犯罪，以此标准来认定王鹏的涉案事实，2只绿颊锥尾鹦鹉的买卖也属证据不足。王鹏因喜爱才饲养鹦鹉，并非职业出售鹦鹉的商贩，其行为对野生种群及生态并无损害。现有证据不足以证明王鹏有着手出售45只鹦鹉的行为和目的，交易对象未特定化，不能认定为着手实施出卖行为。即便有出售鹦鹉的意愿，也只能认定有犯罪意图，但尚未转化为具体特定的出售行为，不构成犯罪预备或未遂，应认定无罪。

（5）王鹏在网站上无法明确知道出售某种鹦鹉构成犯罪，更无从知道《解释》将人工饲养繁殖的与纯野生的完全同等对待，都要入刑，其知情的口供系警察诱供，应作为非法证据予以排除。

2. 公诉机关意见

（1）鉴定意见涉及的鹦鹉种类确定，人工变异种的争议不影响拉丁文名称的认定，不影响认定列入国际公约的外来鹦鹉物种。物种的选育在短时间内不能改变物种的生物属性，人工也无法使它变异。

（2）《野生动物保护法》规定了合法人工繁育的条件和买卖行为的限制及即便是合法人工繁育的也禁止非法买卖，若《解释》将人工繁育的野生动物排除在外，就是违法。学术界的通说将野生动物界定为“凡生存在天然自由状态下或来源于天然自由状态的虽已短期驯养但还没产生进化变异的各种动物”。野生动物从科学上只遵从基因和形态等特征，并非单指野外生存的动物。

（3）认定珍贵、濒危野生动物的标准是尚在自然环境中自由生存自由繁衍的野生种群的数量；认定濒危物种的唯一依据就是《公约》，这也被国内法所确认。涉案鹦鹉就属于濒危物种。

（4）王鹏与谢田福交易的是6只绿颊锥尾鹦鹉而非2只。

（5）非洲灰鹦鹉属大型禽鸟，除了购买，其他渠道很难获取。王鹏稳定供述其基于“58同城”网上的广告而以4200元之价非法购买1只非洲灰鹦鹉的事实，该非洲灰鹦鹉从其住处缴获，该事实应予认定。

（6）王鹏的行为分为三类：第一类是买，其发布的广告有大量购买鹦鹉的要约，其聊天记录也包含购买鹦鹉的过程描述；其供述大量收购成鸟、种鸟。第二类是换，其在网上发布的帖子有大量换的要约，其供述有些鹦鹉是换来的。第三类是卖，其发布的广告及其聊天记录、口供，都明确证明贩卖鹦鹉是其主要的犯罪内容。从网络上的言行看，其贩卖鹦鹉并非只针对幼鸟，其供认住处的鹦鹉全都是用于贩卖的，来源上也并非都是自己繁育的，部分是来自于非法购买的。

（7）关于本案的鉴定程序问题：首先，鉴定机构和鉴定人均有鉴定资质。其次，关于委托鉴定时间晚于实际鉴定时间的问题，因野生动物鉴定机构针对活体鉴定还带有及时救助野生动物的义务，往往在第一时间介入案件、查看和固定证据，但接受书面委托却因审批程序等问题而滞后。再次，鉴定程序是法律规定的环节，包括鉴定的方法和过程及分析意见、最后的结论，而不是让鉴定人说明具体基于资料来认定。

（8）关于本案的物证流转问题，森林分局在侦查过程中的物证取证工作确有瑕疵，但本案的鹦鹉并未混同。

（9）关于王鹏的主观故意。王鹏饲养野生动物的专业性很强，曾明确供认其知道涉案鹦鹉是国家禁止买卖的动物，承认自己是基于侥幸心理而犯罪。

（10）对本案的定性分析和量刑意见：王鹏向谢田福出售6只绿颊锥尾鹦鹉是既遂。根据《解释》，王鹏利用44只鹦鹉下蛋再孵化小鹦鹉属于出售且已既遂。1只非洲灰鹦鹉属于购买的既遂；45只鹦鹉不管是非法收购还是非法出售都属于既遂。王鹏非法出售、购买重点保护动物鹦鹉数量很大且时间长，罪行比较严重。鉴于其有相当部分鹦鹉系经过人工选育及上诉不加刑的规定，建议二审维持一审的量刑。

（11）关于非法买卖非法人工繁育的国家重点保护野生动物有无危害性的问题。a.《野生动物保护法》重点保护珍贵、濒危野生动物，其目的是维护生态平衡，而非野生动物的宠物化。该法规定由少量以保护物种为目的科研机构对野生动物（如大熊猫）进行人工繁育，其他人工繁育都要实行许可制并规定诸多限制以确保不伤害野生种源。而非法繁育无法保证不影响到野外种源，所以被规定为非法。该法还明文规定不得为买卖野生动物发布广告，禁止网络平台为野生动物提供交易服务。b. 动物和环境均无国界，动物种群关联到环境利益，环境利益涉及超越国家和政治的人类生存，不能将外域动物视为与我国无关。我国加入《公约》就是认同该理念并要遵守和执行。因此，国内法明文规定了共同保护原则。辩护人提及的为何要为外国物种来刑事处罚本国公民的观点不符合缔约责任。c.《刑事诉讼法》把针对野生动物的犯罪放在环境资源犯罪的章节，更说明针对野生动物犯罪的法益是环境价值，不是为保护某种动物的生命个体而动用刑罚。至于《复函》，它并未确定哪些野生动物属于不再濒危的野生动物，也无明确的法律适用结论；驯养技术成熟的梅花鹿与本案的鹦鹉不同且后者从未被列入商业利用名录；“实际上已不再处于濒危状态的野生动物”是以名录为前提的，所谓的数量极大增加，商业利用已成规模也仅指“合法的商业利用”，不可能涉及无证的非法经营；《复函》最后表述“将一些实际上不再处于濒危状态的野生动物从名录中去除”，而大量珍贵野生动物之所以还留在名录里，说明野外种群的数量还是濒危的。非法买卖这些人工驯养的物种，依然威胁野生种群。d.关于本案鹦鹉的来源。王鹏长时间发布的广告证明其很多种源来自于购买。外来物种的入侵已引发过如萨斯之类的重大生态灾难，这些疫病之源都是动物的传播，其中不乏禽鸟类的传播。

3. 法院判决

法院认为，上诉人王鹏从2014年4月开始非法收购、繁殖珍贵、濒危的鹦鹉并出售牟利。王鹏通过在“58同城”网站和QQ群里以发帖和发广告的方式，非法出售鹦鹉，民警在其房内查到的45只鹦鹉都是其用于出售的。上诉人王鹏非法收购、出售珍贵、濒危的野生鹦鹉，其行为已构成非法收购、出售珍贵、濒危野生动物罪。王鹏非法收购、出售野生动物情节特别严重，论罪应判处十年以上有期徒刑，并处罚金或没收财产。王鹏家中查获的45只鹦鹉系待售，因其意志以外的原因而未得逞，是犯罪未遂，可比照既遂犯从轻或减轻处罚。鉴于多数涉案鹦鹉系人工驯养繁殖，其行为的社会危害性相对小于非法收购、出售纯野外生长、繁殖的鹦鹉，故对王鹏可在法定刑以下量刑，判处有期徒刑二年，并处罚金人民币三千元，依法报请最高人民法院核准。

二、主要问题

王鹏、谢田福非法收购、出售珍贵、濒危野生动物案一审主要争议的是事实认定问题，以及王鹏是否具有非法收购珍贵、濒危野生动物行为的问题。二审过程中，从王鹏的上诉理由与法院的判决理由来看，争议焦点集中于以下四点：

第一，《最高人民法院关于审理破坏野生动物资源刑事案件具体应用法律若干问题的解释》对于野生动物的界定是否有违罪刑法定原则？该《解释》效力如何？

第二，王鹏主观上是否具有犯罪故意？

第三，王鹏人工繁育鹦鹉是否有助于野生动物资源的保护？是否具有法益侵害性？

第四，王鹏家中被查获的45只鹦鹉是否是用于出售的？

以争议的焦点问题为出发点来看法院的裁判理由，可以更加清晰地看出判决所传达的刑法观念。下面本文将按照从事实到规范的顺序将本案的争议问题予以梳理，分析法院的裁判理由。

三、裁判理由

（一）王鹏具有非法收购珍贵、濒危野生动物的行为

1. 一审判决理由

公诉机关一直以非法收购、出售珍贵、濒危野生动物罪的罪名提起公诉，一审法院认为，现有证据难以认定被告人王鹏存在非法收购珍贵、濒危野生动物的行为，故仅认定王鹏构成非法出售珍贵、濒危野生动物罪。对于公诉机关指控的王鹏收购鹦鹉的事实，一审法院不予支持的理由是“出卖方未到案，又无确切付款以及交货方式，因而无法确定该笔交易的真实性”，也无法确定非法收购的鹦鹉种类、数量，因此不能认定王鹏具有非法收购珍贵、濒危野生动物的行为。而王鹏非法出售2只绿颊锥尾鹦鹉的事实，因为有收购方谢田福到案，并且证据确凿充分，因此法院予以支持。关于王鹏所

持有的45只珍贵、濒危鹦鹉，一审法院将其认定为是王鹏自己繁殖孵化而来，至于最初的鹦鹉来源为何，由于并无确切证据证明王鹏一定是非法收购得来，因此法院并未认定王鹏存在非法收购行为。

从一审法院的认定逻辑来分析，针对珍贵、濒危野生动物的非法收购与非法出售行为属于对向犯，即使出售方与收购方不能同时到案，在证据证明上也应做到相互印证。非法收购行为在逻辑上一定是与非法出售行为对应的，非法收购鹦鹉的行为必须有明确的付款、交货方式证据来予以证明，能够证实存在对应的非法出售行为，继而才能够确证涉案鹦鹉系非法收购得来，才能得到法院的支持。

诚然，非法收购珍贵、濒危野生动物罪的成立不依赖于非法出售珍贵、濒危野生动物罪的成立，但是在证据证明上，非法收购行为的确证却可以从证明相应的非法出售行为的角度来补全。一审法院正是沿循这一思路在判断王鹏是否具有非法收购珍贵濒危鹦鹉的行为，而现有证据恰恰不能印证一定存在某个非法出售行为，使得王鹏非法收购得来了其所持有的45只鹦鹉，因此未予支持公诉机关对王鹏犯非法收购珍贵、濒危野生动物罪的指控。

本文认为，一审法院的认定逻辑是合理的。正如一审法院认定王鹏犯非法出售珍贵、濒危野生动物罪的理由一样，因为相应的收购方谢田福从王鹏处购买2只绿颊锥尾鹦鹉的行为是确定的，所以可以充分证明王鹏存在非法出售行为。而王鹏非法收购珍稀鹦鹉的行为，由于缺乏充足的证明存在相应的出售行为，因此得不到证立，故在证据不足的情形下，不能予以认可。事实上，刑法中有许多罪名都是以对向犯的形式存在，有的罪名对应的行为双方都会予以处罚，如《刑法》第三百四十一条的非法出售与非法收购珍贵、濒危野生动物罪；但有的罪名只处罚行为一方，比如《刑法》第三百六十三条规定的贩卖淫秽物品牟利罪，《刑法》只处罚贩卖方，购买淫秽物品的人不会被处罚。对于这些以对向犯形式存在的罪名，在事实认定时，应该注意与其对应的对向行为的证据证明。诚然，即使是对向犯，行为人构成犯罪的评价也是独立的，不依赖于其对向行为人是否受到处罚、是否被抓获归案，事实上部分对向犯的对应行为并不会受到《刑法》处罚。但是，在对对向犯的一方行为进行事实认定时，如果现有证据不能证明存在与其对应的另一方行为，那么该方行为的存在就算存疑的。正如本案王鹏的非法收购行为，现有证据缺乏能够证明王鹏收购鹦鹉的付款、交货方式，也就是说是否存在非法出售给王鹏鹦鹉的行为是不确定的，难以证立王鹏非法收购了什么种类、多少数量的珍稀鹦鹉，因此不能认为王鹏存在非法收购行为。

一审法院在认定王鹏不存在非法收购行为的问题上，遵循的认定逻辑是合理的，值得学习的。但遗憾的是，一审法院的认定逻辑并未得到二审法院的肯定。

2. 二审判决理由

二审法院从另外的角度出发，认定了王鹏具有非法收购珍贵、濒危野生动物的行为。二审法院审理查明的事实是"上诉人王鹏从 2014 年 4 月开始非法收购、繁殖珍贵、濒危的鹦鹉并出售牟利"，但未明确指出王鹏非法收购了多少只鹦鹉、什么种类的鹦鹉。从其认定的各类证据来看，二审法院认定王鹏非法收购了珍稀鹦鹉的证据主要是王鹏在网上发布的求购鹦鹉广告以及王鹏关于自己收购鹦鹉的供述。此外，还有供职于华南野生动物物种鉴定中心的鸟类学研究生苏某的专家证言，该证言指出："王鹏的 45 只鹦鹉属于三个不同物种，绿颊锥尾鹦鹉、和尚鹦鹉、非洲灰鹦鹉之间都具有生殖隔离，不具有繁殖后代的能力。其中 35 只绿颊锥尾鹦鹉中有三种不同的体色，在不明两只亲体的体色是哪一种的情况下，网上所说的用来繁殖的两只绿颊锥尾鹦鹉，在两三年时间内繁育出两种不同羽色个体的可能性极小。否则就违背了生物学的常识。"

从前述这些证据来看，二审法院应该是推定出在王鹏处查获的 45 只珍稀鹦鹉存在非法收购得来的部分。因为在一审法院查明的事实基础上，二审法院并未发现新的能够证明王鹏非法收购珍稀鹦鹉的收购来源、付款、交货方式方面的证据，因此只能是推定王鹏具有非法收购鹦鹉的行为。二审法院作出这样的推定结论，理由应该集中于三点：第一，王鹏一直发布有求购鹦鹉的广告，说明其持续存在收购鹦鹉的行为；第二，在王鹏处查获的 45 只鹦鹉，不可能都是王鹏利用种鸟繁殖而来的，必然存在收购得来的；第三，即使王鹏有利用种鸟繁殖幼鸟的行为，那其种鸟的来源必然也是非法收购得来的。因此，推定王鹏存在非法收购行为。

但在本文看来，得出如此推定结论疑问有三：

第一，王鹏发布求购鹦鹉广告，并不一定证明其实际购得了鹦鹉，目前并未有王鹏利用广告购得鹦鹉的付款、交货方式方面的证据。即使认为王鹏利用广告购得了鹦鹉，那么其购得的鹦鹉种类为何，数量为何，是否属于《刑法》第三百四十一条规定的珍贵、濒危野生动物？这些问题二审法院查明的事实并未予以说明。

第二，在王鹏处查获的45只鹦鹉，由于种类、体色的不同，从生物学知识来看确实不可能是彼此互相繁殖得来的。但即使不是互相繁殖而来的，也并不必然能得出是王鹏非法收购得来的推论，因为无法排除王鹏系因赠予、寄存等方式得来鹦鹉的合理怀疑。

第三，至于王鹏的第一只珍稀鹦鹉是如何得来、何时得来，现有证据并未提供证明，因此并不能当然地以王鹏现在持有珍稀鹦鹉为由，推论其曾经必然非法收购过珍稀鹦鹉。

证明王鹏存在非法收购珍稀鹦鹉行为的核心证据，应该是王鹏涉及购买鹦鹉的付款、交货方式，但现有证据缺失的恰恰是此部分。退一步说，即使认可二审法院的推定结论，王鹏存在非法收购鹦鹉的行为，但是具体收购的鹦鹉数量是多少、种类是什么？二审法院对此事实并未明确说明。比如，在王鹏处查获的45只鹦鹉，哪些是王鹏非法收购的，数量、种类为何？二审法院也认定王鹏具有非法繁育鹦鹉的行为，那么查获的45只鹦鹉繁育的数量、种类有多少？这些事实问题二审法院并未清楚说明，但非法收购的鹦鹉数量、种类涉及到定罪量刑，在事实并不清楚的情况下，难以准确判断王鹏非法收购珍贵、濒危野生动物是属于情节一般，还是情节严重，或是情节特别严重，难以准确定罪量刑。

（二）王鹏家中被查获的45只鹦鹉系用于出售，属犯罪未遂

对于在王鹏家中查获的45只珍稀鹦鹉，一审、二审法院的意见一致，均认为该批鹦鹉系待售鹦鹉，王鹏属于非法出售珍贵、濒危野生动物罪的犯罪未遂。二审判决指出："通过技术手段恢复的短信、微信内容和王鹏的供述均证明，王鹏通过在'58同城'网站和QQ群里以发帖和发广告的方式，非法出售鹦鹉，民警在其房内查到的45只鹦鹉都是其用于出售的。"由此可以看出，法院认为王鹏在网络上发出过出售鹦鹉的要约，足以证明其家中的45只鹦鹉均是用于出售的，并且王鹏发出出售鹦鹉的公告要约说明其已经着手实行犯罪。该批鹦鹉最终被公安机关查获，因此王鹏属于因意志以外的原因而未得逞，是犯罪未遂。

值得思考的是，王鹏及其辩护人一致主张该批鹦鹉并非用于出售，其辩护人指出，即使王鹏具有出售该批鹦鹉的犯罪意图，但是由于交易对象未特定化，王鹏的非法出售行为根本未着手实施，因此不能构成犯罪未遂。而法院并未回应交易对象的特定化对认定非法出售行为的着手实施的影响作用，也未指出犯罪着手实行的真正内涵以及决定性要素，似乎回避了问题的争点。

按照刑法理论界的通说，着手实行犯罪的实质内涵是对保护法益产生了紧迫的侵害危险。按此观点，非法出售珍贵、濒危野生动物罪的实行行为的内涵也应该是对野生动物资源保护产生了紧迫危险。针对本案中被查获的45只鹦鹉来说，即使王鹏果真是欲将其用于出售，但是在被查获之时，王鹏出售鹦鹉的交易对象并未特定化，没有特定的购买人承诺王鹏的出售要约，因此针对野生动物资源保护的侵害危险就未达紧迫程度，如此一来，对于该45只被查获的鹦鹉，认定其为犯罪未遂有提前着手时点的嫌疑。在本文看来，对于该批鹦鹉，至多能认定为犯罪预备。

（三）王鹏主观上具有非法收购、出售珍贵、濒危野生动物罪的犯罪故意

二审法院认为王鹏具有犯罪故意，理由是王鹏明确承认其学过饲养野生动物的专业知识，对于驯养鹦鹉的种类有很强的选择性，知道小太阳鹦鹉（学名绿颊锥尾鹦鹉）、和尚鹦鹉、非洲灰鹦鹉是国家禁止买卖的保护动物，买卖此类鹦鹉需要办理许可证而自己没有办理。王鹏在相关的微信聊天中使用大量的鹦鹉术语，内容涉及国家保护的多种鹦鹉，同时还承认自己是基于侥幸心理而犯罪。

犯罪故意包含认识因素与意志因素，认识因素是对客观构成要件的认识，意志因素是行为人希望或者放任危害社会之结果发生的心理意欲。作为犯罪故意认识对象的客观构成要件要素具体又分为描述性要素与规范性要素，描述性要素由于不掺杂规范评价，行为人是否具有认识比较容易判断。而规范性要素需要进行规范上的价值评价，因此行为人对于规范性要素的认识就需要具体分析。对于本案涉及的非法出售珍贵、濒危野生动物罪来说，王鹏饲养、出售的鹦鹉是否属于刑法上的珍贵、濒危野生动物，需要法官进行规范评价。王鹏对于这一规范性要素的认识，不要求其必然认识到涉案鹦鹉属于《刑法》第三百四十一条规定的野生动物之范围内，而只要其认识到作为珍贵、濒危野生动物这一规范性要素的事实载体（即涉案鹦鹉）属于国家禁止买卖的保护动物即可。王鹏了解饲养鹦鹉的知识，供述自己知道饲养、买卖的鹦鹉属于国家禁止买卖的保护动物，并且承认自己是基于侥幸心理而犯罪，从二审判决认定的事实来看，王鹏主观上具有非法收购、出售珍贵、濒危野生动物罪的犯罪故意是比较明显的。

（四）《最高人民法院关于审理破坏野生动物资源刑事案件具体应用法律若干问题的解释》具有无可争辩的法律效力

《解释》第一条规定：“《刑法》第三百四十一条第一款规定的‘珍贵、濒危野生动物’，包括列入国家重点保护野生动物名录的国家一、二级保护野生动物、列入《濒危野生动植物种国际贸易公约》附录一、附录二的野生动物以及驯养繁殖的上述物种。”依照该解释，王鹏非法收购、出卖的鹦鹉属于《刑法》第三百四十一条的“珍贵、濒危野生动物”。但是王鹏的辩护人在二审的上诉理由中指出，该《解释》违背罪刑法定原则，将驯养繁殖的野生动物解释进《刑法》第三百四十一条规定的珍贵、濒危野生动物之中超出了一般公众的理解认知。据此，王鹏的辩护人主张应将《解释》第一条中的“驯养繁殖的上述物种”限缩解释为直接基于野生动物所驯养繁殖而来的物种，而非对已经被驯养繁殖的物种再进行驯养繁殖的物种。王鹏所涉嫌繁殖、驯养的鹦鹉并非基于野生鹦鹉所驯养繁殖而来的，而是经过多代人工繁殖驯养而来的，因此不属于《刑法》第三百四十一条所规定的野生动物。

此外，辩护人援引《复函》，提出涉案绿颊锥尾鹦鹉的数量正在极大增加，收购、出售这些人工驯养繁殖的鹦鹉实际已无社会危害性；且最高人民法院研究室已明确建议修订《解释》，定罪量刑“仅适用于真正意义上的野生动物，而不包括驯养繁殖的”。

对于辩护人在二审中提出的上诉理由，检察机关认为《复函》内容并不明确，非法买卖这些人工驯养的物种，依然威胁野生种群。

二审法院对于王鹏的辩护人的这一主张不予支持，认为司法解释具有无可争辩的效力，辩护人对该司法解释提出的严重质疑以及“不能机械地适用”该司法解释的要求已明显超越其法定辩护范畴，且违背基本的法治原则。

本文认为，《解释》第一条将驯养繁殖的珍贵、濒危野生动物视作《刑法》第三百四十一条规定的珍贵、濒危野生动物，并未超出刑法文义，也不违反罪刑法定原则，《解释》的效力应予以维持。珍贵、濒危野生动物资源之所以需要动用刑法予以保护，正在于这类野生动物资源数量之少濒临灭绝，且其自身繁衍生息能力不足，若仅靠其物种内部的自行繁衍，难以抵御自然环境的侵袭，因此人类才会帮助其繁衍、生存，进行人工繁殖驯养，以增加其物种数量。因此，即使是破坏人工驯养繁殖的该类野生动物，也是对野生动物资源的侵害，自然也属于《刑法》第三百四十一条的处罚范围之内。而且，将驯养繁殖得来的珍贵、濒危野生动物视作珍贵、濒危野生动物，并未超出“珍贵、濒危野生动物”的语义范围，社会大众知晓珍贵、濒危野生动物的稀缺性，因此对于人工驯养繁殖的该类动物，虽然并非直接来源于野外，但不会影响大众对其作珍贵、濒危野生动物的认知。将《刑法》第三百四十一条的野生动物资源限缩解释为野外生存之野生动物以及直接基于野生动物驯养繁殖出的野生动物，是一种有违该条立法目的的限缩解释，辩护人的主张不合理。

不过，对于部分仍在《解释》附录规定之内的珍贵、濒危野生动物，如果其人工繁殖的技术使得该物种的繁殖不再成为难题，该物种足以存续，那么有选择地允许一部分人工繁殖的该物种进入商业买卖领域，也未尝不可。

事实上，确实有一部分国家保护的野生动物被列入了《商业性经营利用驯养繁殖技术成熟的陆生野生动物名单》以及《人工繁育国家重点保护陆生野生动物名录（第一批）》。但即便如此，要取得商业性利用名录内的动物的饲养许可证有个基本原则，即饲养种群的种源如果还需从野外进行补充的话，是不可能取得许可证的，这也是为了保护珍贵动物种群的可存续性。本案涉及的绿颊锥尾鹦鹉、和尚鹦鹉、非洲灰鹦鹉均未被列入前述商业利用名录，既然其仍存在于《公约》名录中并且未进入商业利用名录，就证明该物种仍是濒危的，因此应遵循《解释》的规定，将这些鹦鹉认定为《刑法》第三百四十一条规定的珍贵、濒危野生动物。王鹏辩护人对《解释》的质疑以及对涉案鹦鹉不属于《刑法》第三百四十一条的行为对象的意见并不合理，二审法院的认定是正确的。

需要指出的是，针对辩护人的辩护意见，二审法院选择维持《解释》的效力，这样的认定并没有问题，但本文认为二审法院真正应予以回应的是针对《刑法》第三百四十一条的"珍贵、濒危野生动物"的范围解释。虽然《解释》将人工驯养繁殖的物种视作"珍贵、濒危野生动物"的做法并不是违反罪刑法定的解释，但是这种解释的合理性并不是因为它是司法解释的观点，而在于这种解释符合《刑法》第三百四十一条的立法目的，并未超出该条的语义范围。而二审法院通过对《解释》效力的维护来证立这种解释，未免给人从司法解释出发来认定犯罪、而不是根据刑法规定来认定犯罪的错觉。

（五）王鹏人工繁育鹦鹉有害于野生动物资源的保护，具有法益侵害性

王鹏的辩护人主张，王鹏通过人工繁育涉案鹦鹉，实际上增加了该物种的数量，并没有破坏野生动物资源，相反，王鹏的行为有益于野生动物资源的保护。

二审法院认为，辩护人的上述意见既与《公约》《野生动物保护法》等法律规范的规定相左，也与专家意见书论证的原理相悖。二审法院之所以作出如此认定，理由有两方面：首先，《公约》《野生动物保护法》等均禁止非法的人工驯养、繁殖鹦鹉行为；其次，根据专家证人提供的意见，驯养野生动物需要取得饲养繁殖许可证，国家对人工驯养行为实施严格的监管，而未取得许可证的非法驯养行为在养殖者的技术、条件等方面均缺乏保障，没有成熟、稳定技术或无法实现生产性养殖的可能无法保持人工养殖的独立性，养殖者不得不从野外持续性获得种源，在养殖过程中也会出现较高的死亡率，对资源造成直接破坏。因此，王鹏的非法驯养行为侵害了野生动物资源法益。

本文认为，《刑法》第三百四十一条规定的非法收购、出售珍贵、濒危野生动物罪规定在《刑法》第六章妨害社会管理秩序罪的第六节破坏环境资源保护罪中，该罪保护的法益是国家对野生动物资源的管理秩序。据此，任何侵犯到国家对野生动物资源的管理秩序的行为，只要情节达到相应程度，符合相应的犯罪构成，便构成犯罪。在《刑法》第三百四十一条中，国家对野生动物资源的管理秩序具体体现在对收购、出售珍贵、濒危野生动物行为的规制，非法收购、出售行为是禁止的。本案涉及的珍稀鹦鹉并未被列入允许商业化养殖的物种名单，这便意味着国家禁止对这些鹦鹉开展商业化养殖。所以，私人非法驯养繁殖该类鹦鹉，继而进行非法买卖的行为就是侵犯了《刑法》第三百四十一条的保护法益。

辩护人以王鹏在驯养繁殖鹦鹉的过程中并未造成鹦鹉的死亡，甚至通过人工繁殖增加了鹦鹉数量为由来主张王鹏的行为并未侵犯《刑法》第三百四十一条的保护法益，是缺乏理由的。辩护人的理解实际上混淆了《刑法》第三百四十一条的保护法益与保护法益的目的。《刑法》第三百四十一条通过对非法收购、出售行为的禁止来保护珍贵、濒危野生动物资源，该条的保护法益是国家对野生动物资源保护的管理秩序，而该法益的目的是保护每一个珍稀野生动物的生命。换言之，该条是通过对国家管理秩序的保护来具体保护珍稀野生动物的生命，侵犯国家管理野生动物资源秩序的行为具有伤害野生动物生命的危险，而只要产生了这种危险就侵犯了《刑法》第三百四十一条的保护法益。因此，王鹏非法出售珍贵、濒危野生动物的行为，虽然并未造成涉案鹦鹉的死亡，甚至其驯养繁殖鹦鹉的行为客观上使得该物种的数量得以增加，但是其破坏国家管理野生动物资源秩序的行为客观上产生了针对野生动物的危险，这种危险不能以客观上某批鹦鹉的未死亡为由予以抹灭，也不能以客观上增加了鹦鹉数量而予以弥补。换言之，《刑法》第三百四十一条的非法收购、出售珍贵、濒危野生动物罪着眼于违背国家管理秩序而对野生动物产生的侵害危险，而非具体涉案动物的存活与数量。

此外，辩护人的意见有偷换概念之嫌，王鹏驯养繁殖鹦鹉的行为可能增加了涉案鹦鹉种群的数量，但是刑法处罚的不是王鹏驯养繁殖鹦鹉的行为，而是其非法收购、出售鹦鹉的行为，其非法收购、出售行为并未增加鹦鹉种群的数量，辩护人偷换了驯养繁殖鹦鹉行为与非法收购、出售鹦鹉行为两个概念，其辩护意见并不合理。

四、判决评析

本案的判决有不少值得肯定之处，从法院的判决结论与裁判理由中可以提炼出不少供类似案件参考的裁判规则，并且判处所传递的刑法观念对社会也具有很强的教育意义，对此应予以关注与强调。与此同时，本案的判决也有一些未尽之意、未及之处，值得反思。

（一）本案可归纳的裁判规则

1. 特殊减轻处罚制度的适用

本案对王鹏的量刑分别适用了《刑法》第六十三条第一款的法定减轻处罚与第二款的特殊减轻处罚。依据二审法院的认定，王鹏非法收购、出售野生动物情节特别严重，论罪应判处十年以上有期徒刑，并处罚金或没收财产。但由于王鹏家中查获的45只鹦鹉系待售，因其意志以外的原因而未得逞，是犯罪未遂，可比照既遂犯从轻或减轻处罚。这便适用了第六十三条的法定减轻处罚规定，在第三百四十一条的第二档法定刑即"五年以上十年以下有期徒刑，并处罚金"内量刑。又鉴于多数涉案鹦鹉系人工驯养繁殖，其行为的社会危害性相对小于非法收购、出售纯野外生长、繁殖的鹦鹉，故对王鹏可在法定刑以下量刑，即在第三百四十一条的第一档法定刑"五年以下有期徒刑或者拘役，并处罚金"内判处刑罚，决定判处有期徒刑二年，并处罚金人民币三千元，依法报请最高人民法院核准。这便是适用第六十三条第二款，即"犯罪分子虽然不具有本法规定的减轻处罚情节，但是根据案件的特殊情况，经最高人民法院核准，也可以在法定刑以下判处刑罚”。

特殊减轻处罚制度由于是在缺乏法定减轻处罚情节的情形下报请最高人民法院核准的减轻处罚，程序较为特殊，且《刑法》第六十三条“案件的特殊情况”内涵较为概括、不够清楚，因此在实务中适用得少。本案中，法院在王鹏缺乏法定减轻处罚情节的情形下，以其行为的社会危害性相对较小为由，认为其属于第六十三条第二款规定的“特殊情况”，故在法定刑以下判处刑罚，将对王鹏的刑罚降至第三百四十一条的最低档法定刑幅度内判处。该案件为特殊减轻处罚制度的适用贡献了一个典型案例，并且从社会危害性的小大角度启发了对“案件的特殊情况”的理解。在本案中，王鹏所非法收购、出售的鹦鹉是人工驯养繁殖的，虽然人工驯养繁殖的与纯野外生长、繁殖的鹦鹉都是《刑法》第三百四十一条的行为对象，不论非法收购、出售哪一种，都是对国家管理野生动物资源秩序的破坏，都构成该条犯罪；但是，人工驯养繁殖的野生动物并非绝对不允许商业化利用，涉案鹦鹉虽然未被列入商业利用名录从而不被允许人工饲养，但是考虑到涉案品种的鹦鹉的人工化繁殖技术在现实化地提升，其物种数量也在现实地增加，而《解释》与《公约》的规定总是会落后于实际生活中鹦鹉种群的生存情况，因此即使人工驯养繁殖的鹦鹉的买卖仍旧为刑法所禁止，但相对于纯野生的鹦鹉，非法收购、出售该类鹦鹉的行为的社会危害性相对较小，故有对行为人王鹏减轻处罚的理由，从而可以认为本案存在《刑法》第六十三条第二款规定的“特殊情况”。

本文认为，二审法院所提及的“社会危害性”相对较小，指的应是对该行为的预防必要性相对较小。如前文所述，不论是何来源的野生动物，非法收购、出售的行为都侵犯了《刑法》第三百四十一条的保护法益，因此本案中涉案鹦鹉的来源不同不会影响王鹏的行为罪责。但是，涉案鹦鹉的来源确会影响对犯罪行为的预防必要性。所有的犯罪都必然是侵害了法益，具有社会危害性。但刑罚目的取向是多元的，兼顾报应与社会预防。侵害了法益的行为，在行为人兼具不法与责任的情形下，其行为罪责便决定了对该行为人所施加的刑罚上限；但考虑到社会预防的需要，在不超过行为人行为罪责的前提下，可以适度调节其刑罚轻重。[①] 本案中王鹏非法收购、出卖的鹦鹉是人工驯养繁殖的，加之现实中该物种的鹦鹉数量在增加且人工繁殖技术在进步，因此对此行为的预防必要性相对非法收购、出卖纯野生鹦鹉而言确实较小，因而可以说该行为的社会危害性较小，可以在法定刑以下判处刑罚。

如果要从本案中提炼出适用特殊减轻处罚制度的裁判规则，本文认为可以如此表述：《刑法》第六十三条第二款规定的"案件的特殊情况"，其实质内涵应该是涉案行为的预防必要性。当案件中的某些情节表明对涉案行为的预防必要性有所降低，那么在缺乏法定减轻处罚事由的情形下，可以考虑适用特殊减轻处罚制度，以避免轻罪重罚。

2. 违法性认识的判断

王鹏的违法性认识在本案的事实认定以及规范判断中其实争议不大，但在本案的社会讨论中却争议颇多，引起了广泛关注。该案最初引发社会关注的理由之一就在于饲养鹦鹉在中国数千年来的传统观念中都不违法，而本案中的王鹏仅因为出卖了几只自己驯养繁殖的鹦鹉就获罪，这便牵动了社会大众的敏感神经。本案的二审判决值得称道的是，其并未受社会舆论的影响，而是保持司法的独立性，从刑法学的犯罪构成出发认定王鹏并不存在违法性认识错误，从而避免了媒介审判。

从法院审理查明的事实来看，王鹏具有较为专业的鹦鹉知识，对鹦鹉的品种十分了解，其行为表现以及个人供述均表明其认识到了涉案鹦鹉属于国家保护的野生动物。王鹏在供述中提到："我知道小太阳鹦鹉和和尚鹦鹉及灰鹦鹉是国家禁止买卖的保护动物，是抱着侥幸心理，觉得只是小范围的买卖不会有大问题，我确实是爱好才冒险边买来养边卖，也可赚点钱。我知道买卖这些鹦鹉需要办证，但很麻烦。我对自己买卖鹦鹉很后悔，不应抱侥幸心理去买卖这些受保护的鹦鹉。"由此可以看出，王鹏认识到了其所出卖的自己驯养繁殖的鹦鹉是受国家保护的野生动物，并且知道这种买卖行为受到法律的禁止。二审法院并未将违法性认识作为一个单独的责任

①林钰雄：《新刑法总则》，第 19 页，台湾，元照出版有限公司，2019 年。

要素予以认定，而是将其融入对王鹏主观故意的判断，认为王鹏认识到自己的行为是违法的，其对于涉案鹦鹉属于国家禁止买卖的珍贵、保护动物这一规范性要素（需要法律评价的规范性要素）具有认识，因此其具有主观故意。

关于违法性认识与犯罪故意的关系问题，刑法理论界是存在争议的。有观点认为违法性认识属于故意的一部分，是故意的认识要素中对法律评价要素的认识；也有观点认为违法性认识独立于犯罪故意，犯罪故意的认定不需要进行违法性认识的判断，而违法性认识的可能性是一种独立的责任要素。[①]本案中法院的做法支持了第一类观点，将违法性认识的判断纳入主观故意判断之中，认为王鹏并不存在违法性认识错误，因而肯定了对其主观故意的判断。对辩护人关于王鹏不可能认识到《刑法》第三百四十一条规定的珍贵、濒危野生动物的具体范围以及王鹏不了解《解释》与《公约》、从而不具有违法性认识的意见，法院未予支持。违法性认识是犯罪故意的认识因素中对规范性构成要件要素涉及法律评价的部分的认识，对于这部分事实的认识，不要求行为人认识到具体的刑法规定内容，只要行为人认识到作为该法律评价要素的载体的基础事实即可。本案二审判决的做法正体现了这一点。

如果要从法院的判决中归纳认定违法性认识的裁判规则，可以如此表述：违法性认识属于犯罪故意的认识要素，是行为人对规范性构成要件要素中的法律评价要素的认识。在违法性认识的判断中，不需要行为人具体认识到其行为违反了刑法规定，只要行为人认识到作为法律评价的基础事实，就应肯定其具有违法性认识，具有犯罪故意。

（二）本案传递出的刑法观念

本案虽然涉及的是小小的鹦鹉，但其所凸显的刑法观念却意义重大，具有社会教化价值。综合全案来看，法院透过判决书向社会传达了以下几项刑法观念：

①张明楷：《刑法学·上》（第5版），第318—320页，北京，法律出版社，2016年。

第一，破坏野生动物资源犯罪的保护法益在于国家对野生动物资源的管理秩序，虽然保护具体的野生动物的生命是这种管理秩序的目的，但却不能够以未伤害野生动物生命为由，合理化破坏国家管理秩序的非法收购、出售行为。本案判决通过对王鹏非法出售行为具有法益侵害性的肯定，正传达出了这样一种刑法观念。《刑法》第六章妨害社会管理秩序罪的保护法益是社会管理秩序，其具体内涵在于"由社会生活所必须遵守的行为准则与国家管理活动所调整的社会模式、结构体系和社会关系的有序性、稳定性与连续性"。[①] 秩序的存在是为了终结人类社会的无序乱象，国家对野生动物资源的管理秩序，目的在于保护野生动物资源的有序稳定以及持续发展，为了达成这一目的，秩序必须借由刑法的强制力规范予以维护。因此，只要是违反了《刑法》第三百四十一条规定的行为规范的行为，即使从某个个案的片面角度来看其并未实际损害野生动物的生命，但其仍旧产生了针对野生动物保护的危险，侵犯了该罪的保护法益，具有可罚性。以本案为例，王鹏非法出售珍稀鹦鹉的行为本身虽然并未害及涉案鹦鹉的生命，但其违反了国家对鹦鹉买卖的禁止性规范，客观上产生了对野生动物资源保护的危险，因而是具有法益侵害性的。而法院借由本案也向社会大众传达出非法买卖珍贵、濒危野生动物的强制性禁止规定，传达了对野生动物非法买卖绝对禁止的刑法观念。

第二，针对野生动物资源的犯罪，缺乏违法性认识并不是一项出罪的万能事由。近年来，涉及野生动物资源犯罪的案件有多发趋势，而在一些比较轰动的案件中，引发社会关注的经常是涉案行为人不知道其行为侵犯的是受国家保护的野生动物。比如，2014 年发生的"河南大学生偷鸟案"，热议的也是被告人闫啸天不知燕隼是国家二级保护动物、从而违法性认识存疑的问题。[②] 而社会舆论总是倾向于批判法律的无情，诸如养鸟、养鹦鹉数千年来都是社会习以为常的合法行为，因而不应被处罚的论调经常甚嚣尘上。但是，

①张明楷：《刑法学·下》（第 5 版），第 1030—1031 页，北京，法律出版社，2016 年。

②参见河南省辉县市人民法院（2014）辉刑初字第 409 号刑事判决书。

具体案件的行为人是否真的不具有违法性认识，并不是由传统社会观念决定的。现今社会强调可持续发展，强调与自然和谐相处，甚至不惜动用刑法手段来保护珍贵、濒危的野生动物资源。这样的社会观念变迁便对传统的养鸟、养鹦鹉行为提出了新的要求，即以往合理、合法的买卖某些野生动物的行为，现在已经受到刑法的禁止。作为一个生活在现代法治社会的公民，理应以现代社会的法治观念来约束自己，而不是援引过时的社会观念来为自己的违法犯罪行为开脱罪责。

诸如深圳鹦鹉案、河南大学生偷鸟案的出现，其实也向社会大众传递出一个刑法信号，即在买卖、猎取某些野生动物时，应先了解该动物是否是国家保护的野生动物，从而规制自身的行为，避免来日身陷囹圄。

（三）本案的未尽之意——司法判决应体现出罪刑法定原则的明确性要求

罪刑法定原则是刑法的基本原则，罪刑法定原则实质面的要求之一是明确性。一般认为罪刑法定的明确性要求是针对立法而言，即刑法条文必须明确具体。但是近年来也有学者提出，罪刑法定原则的明确性也包括对刑事司法的要求，刑事判决书也应符合罪刑法定原则的明确性要求。[①]而本案的二审判决，在体现明确性的层面上，令人有些遗憾。具体而言，二审判决书在以下几个方面未能很好地贯彻罪刑法定原则的明确性要求：

首先，《刑法》第三百四十一条是一个选择性罪名，法院认定王鹏犯非法收购、出售珍贵、濒危野生动物罪，应明确地指出王鹏非法收购了哪些珍稀鹦鹉，又非法出售了哪些珍稀鹦鹉，因为受刑法处罚的分别是非法收购行为与非法出售行为，而不是非法收购、出售行为，换言之非法收购、出售不是一个行为，应分开表述、分开说明。如果笼统地认定王鹏实施了非法收购、出售行为，就有违罪刑法定原则的明确性要求。

其次，二审判决认定王鹏犯非法收购、出售珍贵、濒危野生动物罪，但是却并未明确指出王鹏分别非法收购、出售了什么种类、多少数量的珍贵、

①张明楷：《刑法学·上》（第4版），第52—54页，北京，法律出版社，2016年。

濒危鹦鹉。

针对王鹏的非法收购行为，如前文对裁判理由的分析所言，二审法院没有直接的证据证明被查获的45只鹦鹉是王鹏非法收购而来，只是基于司法推定认定该批鹦鹉存在非法收购得来的部分。但是45只鹦鹉全部是王鹏非法收购得来的吗？二审判决书认定的事实是"上诉人王鹏从2014年4月开始非法收购、繁殖珍贵、濒危的鹦鹉并出售牟利。"因此，法院承认被查获的45只鹦鹉中存在王鹏自行繁殖的部分，那么这批鹦鹉就并非全部都是非法收购而来，接着不禁要问，法院认定的王鹏非法收购的鹦鹉种类是哪几类？有多少只？二审法院认定王鹏非法收购珍贵、濒危野生动物罪属于情节特别严重，根据《解释》的规定，对于鹦鹉科所有种类的珍稀鸟类，涉案数量达到6只为情节严重，达到10只则为情节特别严重。按照二审法院的判决结果，其认定王鹏非法收购、出售的鹦鹉数量应该是在10只以上，那么不禁要问，这10只以上的数量是如何具体确定出来的？遗憾的是，法院的判决并未清晰说明这一问题，并未贯彻罪刑法定原则的明确性要求。

针对王鹏的非法出售行为，现有证据能够直接证明的只有王鹏出售给谢田福的2只绿颊锥尾鹦鹉的事实，因此能够确定的是王鹏非法出售了2只珍贵、濒危野生动物。对此，根据《解释》的量刑标准，尚不构成情节严重，应该在《刑法》第三百四十一条的第一档法定刑"五年以下有期徒刑或者拘役，并处罚金"内判处刑罚。关于在王鹏处查获的45只珍稀鹦鹉，法院认定该批鹦鹉是用于出售的，系犯罪未遂。《刑法》第三百四十一条的保护法益是国家对珍贵、濒危野生动物的买卖的管理秩序，非法持有珍稀鹦鹉不构成该罪。法院认定王鹏非法持有的45只珍稀鹦鹉全部是用于出售的，但是现有证据哪些能够证明王鹏对该45只鹦鹉都着手实施了出售行为，法院并未明确指出。此外，王鹏实施了多次非法出售行为，虽然按照我国通说同种数罪不并罚，但是法院也不能一味地回避同种数罪问题的说明。本案中王鹏的多次非法出售行为，有的既遂完成、有的遭受查获中途未遂，犯罪未遂的从宽处罚情节是适用于王鹏的非法出售行为整体，还是部分呢？这也是在判决时需要明确说明的问题，但二审法院的判决均未涉及。

最后，二审法院并未明确说明是如何具体量刑的。法院认定“王鹏家中查获的45只鹦鹉系待售，因其意志以外的原因而未得逞，是犯罪未遂，可比照既遂犯从轻或减轻处罚。”王鹏的行为只有涉嫌非法出售的部分属于犯罪未遂，那么对于王鹏犯非法出售珍贵、濒危野生动物罪应该减轻处罚在“五年以上十年以下有期徒刑，并处罚金”范围内量刑。但是，王鹏非法收购珍贵、濒危野生动物罪的部分并不存在未遂，按照法院的思路，该部分犯罪属于情节特别严重，应该判处十年以上有期徒刑，并处罚金或者没收财产。王鹏既有非法收购行为又有非法出售行为，二者应该并罚。即使适用《刑法》第六十三条的特殊减轻处罚制度，也应该是在法定量刑幅度的下一个量刑幅度内判处刑罚，而不是在第三百四十一条的最低档法定刑符合内量刑。尽管最高人民法院研究室于2012年5月30日作出《关于如何理解“在法定刑以下判处刑罚”问题的答复》（法研〔2012〕67号，以下简称《答复》），该《答复》提出“鉴于报最高人民法院核准是个特殊程序，为了政治、外交、国防、宗教、统战等国家利益的需要，以及为了实现极特殊个案的公正，确有必要的，也可以下二档处罚。”如果本案是下二档减轻处罚，那法院基于的理由是什么呢？本案如何体现为了政治、外交、国防、宗教、统战等国家利益的需要，或者为了实现个案公正的必要性呢？这些问题，二审判决均未明确回应。

本文认为，二审判决对王鹏的量刑结论是合理的，但在具体罪名的认定以及量刑的明确性问题上，有不合理之处。按照本文的观点，关于王鹏的非法收购行为，一审法院的认定是合理的，即现有证据不足以认定王鹏具有非法收购行为。关于王鹏的非法出售行为，一审法院关于王鹏出售给谢田福2只绿颊锥尾鹦鹉的事实是确定的，因此可以认定王鹏构成非法出售珍贵、濒危野生动物罪（2只），在“五年以下有期徒刑或者拘役，并处罚金”的法定刑幅度内量刑。而在王鹏处查获的45只珍稀鹦鹉，由于交易对象未特定化，不能认定为王鹏已经着手实施了非法出售行为，仅能认定为非法出售珍贵、濒危野生动物罪预备（45只），由于涉案鹦鹉数量较大，因此本文建议比较既遂犯减轻处罚而不能免除处罚。非法出售45只珍稀鹦鹉属于情节特别严重，犯罪预备减轻处罚应在下一档法定刑（即情节严重的法定刑幅度）内判处刑罚，即判处“五年以上十年以下有期徒刑，并处罚金”。如此一来，王鹏涉嫌犯非法出售珍贵、濒危野生动物罪的同种数罪，我国学界通说对同种数罪原则上不并罚，只在法定刑幅度内从重处罚。因此，应在“五年以上十年以下有期徒刑，并处罚金”法定刑幅度内从重处罚。又由于本案涉及的鹦鹉系人工驯养繁殖的，在预防必要性方面其社会危害性小于非法出售纯野生的珍稀鹦鹉，因此在缺乏法定减轻处罚情节时，可以在法定刑以下判处刑罚并报最高人民法院核准。最终，本文认为对王鹏应判处“五年以下有期徒刑或者拘役，并处罚金”，而本案二审法院最终确定的刑罚是有期徒刑二年，并处罚金人民币三千元，这一判决结果是合理的。

（朱晓艳）

二十八年的蒙冤岁月

——吉林刘忠林案

1990 年，吉林省东辽县凌云乡会民村的村民们在田地里挖出一具女尸，而死者正是一年前失踪的本村少女郑某某。令人痛心的是，这场悲剧又引发了另一场悲剧——同村 22 岁的青年刘忠林随即被锁定为本案嫌疑人，命运轨迹就此陡转直下。但在刑讯逼供下被迫认罪的刘忠林没有"认命"，从一审程序到死刑复核阶段，他坚称无罪，在高墙铁窗内，他持续申诉。终于，在 2012 年 3 月 28 日，吉林省高级人民法院对该案启动再审程序。

刘忠林终于在黑暗之中迎来了曙光。根据《刑事诉讼法》的规定，再审程序的审理期限为 6 个月。也就是说，最晚 6 个月后，刘忠林就可能被无罪释放，回归正常人的生活轨道。遗憾的是，6 个月后的吉林省高级人民法院依然"静悄悄"，开庭时间渺无音讯，再审程序毫无进展。刘忠林只能在狱中继续苦等煎熬。

2016 年 1 月 22 日，被羁押 9217 天（约 25 年零 3 个月）的刘忠林刑满释放。重获自由的刘忠林并不快乐，一方面吉林省高级人民法院迟迟没有动静，再审程序处于停滞状态；另一方面，刘忠林对外面的世界倍感陌生，因为扣着"杀人犯"的帽子，找工作屡屡受挫，只能"低眉顺眼"地过日子。

直到 2018 年 4 月 2 日，吉林省高级人民法院再审宣判刘忠林无罪。判决书显示："原判认定原审被告人刘忠林杀死被害人郑某某的事实不清，证据不足，原公诉机关指控的犯罪不能成立，依法应予纠正。刘忠林及其辩护人提出应改判刘忠林无罪的意见成立，本院予以采纳。”①由此，蒙冤28年，失去人身自由超25年，“马拉松式”再审6年后，刘忠林终于摘掉了“杀人犯”的标签。

这是党的十八大以来平反的又一起冤假错案，平冤之路可谓曲折而漫漫。这也是一场典型的“人为错案”，刘忠林被错误定罪的原因也是许多蒙冤者被错判的原因。悲剧已经发生，在对蒙冤者感到痛心的同时，作为法律人，我们要理性反思酿成冤案的原因，也要继续思考怎样才能真正抚慰蒙冤者的创伤。

一、案情回顾

（一）怀孕尸案，两天告破

1989年8月8日晚上，吉林省东辽县凌云乡会民村的郑某某失踪。据目击者郑某梅（郑某某的侄女）反映，她曾“看到郑某某被两个蒙面人拿刀逼着堵上嘴，用自行车带走了”②。随后，郑家人向东辽县警方报案，但并未启动相应的立案程序。

1990年10月28日，村民们在修河坝的过程中发现一具高度腐烂的女尸，其“正脸朝下，肚子是‘挺着’的，衣服还没烂透，左手戴着一只镯子”③。随后，死者被证实是一年前失踪的郑某某且已怀孕。公安机关随即展开侦查。根据东辽县公安局《破案报告》，当时调查的方向是：死者被绑架杀害的可能性小，很有可能是感情问题引发的凶案。而在侦查过程中，侦查人员得到了一条看似“关键”的线索：被害人郑某某经常去一街之隔的邻居、外号“二胖子”的刘忠林家听录音机。于是，侦查人员将可能与被害人存在恋爱关系的刘忠林锁定为本案嫌疑人。

①吉林省高级人民法院（2012）吉刑再字第9号判决书。

②《吉林刘忠林案被害者坟内尸骨已离奇消失，家属：真凶仍是谜团》，澎湃新闻网，https://www.thepaper.cn/newsDetail_forward_2090771，2019年9月23日访问时间。

③《吉林刘忠林案：老实人蒙冤28年50岁获判无罪，人生才刚开始》，百度网，http://baijiahao.baidu.com/s？ id=1598850796157241474&wfr=spider&for=pc，2019年10月7日访问。

1990年10月29日晚9点，刘忠林因涉嫌杀害郑某某而被东辽县公安局拘传，而他在此次讯问中坚称自己与本案无关。10月30日，刘忠林首次作出有罪供述——承认与被害人发生性关系，并致其怀孕，因担心事情泄露、郑家人找他算账而起意杀人。《破案报告》显示，讯问人员讲政策，宣传法律，采取迂回包抄的策略，最后迫使刘忠林开始供认与郑某某处对象，及发生两性关系，致死者怀孕的经过。这段事实是刘一口气交代的，交代之后，便一口咬定郑某某不是他杀的。警方继续讯问，刘忠林最终认罪，交代了杀人动机和作案经过。[①]当天，刘忠林被收容审查；11月8日，被批准逮捕。在此期间，刘忠林一共作出了16次供述[②]，其中10次为有罪供述，且这些供述在作案动机、作案地点、作案时间、作案工具等多方面存在矛盾。据刘忠林陈述，他曾在侦查阶段遭受刑讯逼供，因无法忍受而被迫承认有罪；至于有罪供述之间的矛盾乃根据侦查机关调查的进展情况而不断改供，以此使得嫌疑人有罪供述与客观证据具有较为一致的"外观"。

（二）一审获罪，二审"错过"

1991年1月，辽源市人民检察院（以下简称辽源市检）以"证据不足"和"被告人口供不稳"将本案退回东辽县公安局。在补充侦查阶段，刘忠林两次被提审，均明确表示自己没有杀害过郑某某。同年6月11日，辽源市检在侦查人员未补充任何有力证据的情况下，以刘忠林犯故意杀人罪向吉林省辽源市中级人民法院（以下简称辽源中院）提起公诉。

1994年6月21日，辽源中院不公开开庭审理本案。审判过程中，被告人当庭翻供，否认杀害被害人。根据刘忠林的说法，他之所以在侦查阶段承认有罪，是因为"讯问人员用竹签刺他十指，用电热扇烤手，用铁棒砸他的脚。他忍受不了，承认杀人"[③]。遗憾的是，法庭并未采纳其无罪辩护意见。

①《关押26年、申诉17年、再审6年 刘忠林杀人案宣判无罪》，搜狐网：http://www.sohu.com/a/228884434_663389，2019年10月15日访问。

②媒体报道本案时，多称刘忠林在侦查阶段共作出了15次供述，而吉林省高级人民法院（2012）吉刑再字第9号判决书显示"刘忠林在侦查阶段共有16次有罪供述"。本文以后者为准。

③《真相惊人！刘忠林申请赔偿 老实人入狱25年 50岁改判无罪》，舜网：http://news.e23.cn/redian/2018-05-24/2018052400081.html，2019年10月7日访问。

同年7月11日，辽源中院对本案作出一审判决："被告人刘忠林犯故意杀人罪，手段残忍，后果严重，应予严惩，但鉴于本案具体情节，可予从轻判处"①，故判处被告人刘忠林死刑，缓期两年执行，剥夺政治权利终身。根据判决书，一审认定刘忠林犯故意杀人罪的证据包括：（1）周某、王某、常某、郑某臣、江某等提供的证人证言；（2）尸体鉴定结论（2012年《刑事诉讼法》将"鉴定结论"修改为"鉴定意见"）；（3）被告人有罪供述。值得注意的是，本案一审期间，并无辩护人为被告人提供法律帮助。

判决送达后，刘忠林在法定期间口头提出上诉。根据1979年《刑事诉讼法》第一百二十九条第一款的规定："当事人或者他们的法定代理人，不服地方各级人民法院第一审的判决、裁定，有权用书状或者口头向上一级人民法院上诉。"据此规定，刘忠林口头上诉是具有法律效力的，吉林省高级人民法院（以下简称吉林高院）应依法启动第二审程序。但是，吉林高院以刘忠林未提交书面上诉状为由，没有为本案分配案号审理，事实上拒绝了刘忠林的上诉请求。由此，刘忠林"错过"了二审程序，其上诉权被违法剥夺。

随后，吉林高院依法启动本案死缓复核程序，1995年8月8日，吉林高院裁定维持本案一审判决，核准死缓，而据以作出裁定的事实、证据与一审判决基本一致。由此，刘忠林从看守所转入监狱服刑，正式开始了他的"牢狱生活"。遗憾的是，刘忠林在高院核准死缓期间，依然没有得到辩护律师的法律帮助。

（三）狱中申诉，迎来转机

入狱服刑后，刘忠林没有"认命"，而是以各种方式表达自己对判决书的不服。服刑前期，刘忠林以不参加劳动的方式表达自己无罪（他觉得干活就等于认罪），其付出的代价就是彻底丧失人身自由——狱警因此将其关进禁闭室，少则三天，多则十天八天，有次竟长达半年。后来，在狱友的劝诫下，刘忠林开始积极参加劳动、遵守规章制度，以此换取减刑待遇，期待早日出狱申诉冤屈。另外，文化程度不高的刘忠林在狱中自学法律知识、文化

① 《刘忠林"故意杀人罪"改判无罪：羁押25年，再审历时6年》，澎湃新闻网：https://www.thepaper.cn/newsDetail_forward_2086434，2019年9月24日访问。

知识，撰写了数不清的申诉状。

与此同时，他的家人特别是表姐夫王贵贞也在积极为其奔波申诉。2010年，高中文化的王贵贞撰写了一份刑事申诉书交给吉林高院。其4条申诉理由为："其一，办案人员涉嫌对刘忠林刑讯逼供。其二，有证据证明办案人员刑讯逼供致残。其三，原审法院程序严重违法。法院没有为其指定律师，剥夺了他的辩护权。其四，没有足够证据证明刘忠林杀害郑殿荣。"据了解，很少有申诉人像王贵贞一样，严格按照法律程序，没去上访，没去闹事，也没打过横幅。可即使这样"平静地"申诉，王贵贞也常接到威胁的电话，恐吓他放弃申诉。他没退缩，没就此放弃，只是加强了防备。2015年，张宇鹏律师接手本案，第一次会见刘忠林时，令他十分震惊：刘忠林的双手指甲均已变形、坏死，"原本指甲的位置像被用大力剥落的皲裂树皮，泛着深浅不一的褐黄"，而右脚大拇指被截肢。另外，根据刘忠林的陈述，本案没有犯罪现场、没有作案工具，只有矛盾重重的言词证据。①

在王贵贞及家人、律师的不断申诉下，终于，在刘忠林服刑18年后，案件迎来了转机——2012年3月28日，吉林高院作出（2011）吉刑监字第108号再审决定书，决定对刘忠林故意杀人案启动再审程序。

（四）漫漫再审，获赔百万

本以为再审之门已经打开，案件很快就会有新的结论，而就在这时，一件离奇的事情发生了。2012年7月，吉林省高院委托辽源中院协调警方进行DNA鉴定，要求找到被害人的尸骨、腹中的胎骨，再进一步与刘忠林血样作比对，以确定该胎儿与刘忠林是否具有亲子关系。辽源中院协调本案原办案单位东辽县公安局来落实。2012年8月，东辽县公安人员挖开被害人郑某某坟墓，却发现尸骨、胎骨、衣物均已"不翼而飞"，墓中只有已腐烂的棺材。郑某臣（被害人的二哥）此后想起，家中三弟曾说过有三个自称公安局的人，曾经来挖过郑某某的坟墓。他怀疑，正是其三弟所说的三个人拿走了郑某某的尸骨。对于郑某臣的这一说法，警方表示从来没有派有关人员对郑某某坟

①《关押26年、申诉17年、再审6年 刘忠林杀人案宣判无罪》，搜狐网：http: //www.sohu.com/a/228884434_663389，2019年10月7日访问。

墓进行挖掘。另外，侦查人员当年提取的用作鉴定的被害人尸骨和胎骨也在原审判决生效十年后，被全部销毁。

再审程序就此搁浅。在此期间，浙江张氏叔侄案、福建念斌案、内蒙古呼格吉勒图案、海南陈满案、河北聂树斌案相继通过审判监督程序得以“平反”。这些迟到的正义既给刘忠林及其家人带来希望，也让他们变得更加焦虑。

2016 年 1 月 22 日，被羁押 9217 天的刘忠林刑满释放。根据公开报道，刘忠林是近年来再审宣判无罪案件中被羁押时间最长的人。获得自由的刘忠林并不快乐，一方面，高墙外的世界已经发生了翻天覆地的变化，但刘忠林的认知依然停留在 25 年前的黑白电视时代。另一方面，“杀人犯”的帽子让他无法抬头挺胸，找工作也屡屡碰壁，而再审开庭、再审宣判更是渺无音讯。

2016 年 4 月 25 日，距吉林高院作出再审决定 4 年后，本案再审第一次不公开开庭。令人意外的是，本次开庭后，再审程序再次停滞。直到 2018 年 4 月 20 日，吉林高院终于宣判：原审认定刘忠林杀死被害人郑某某事实不清，证据不足，原公诉机关指控的故意杀人罪不能成立；撤销吉林省高院（1995）吉刑核字第 52 号刑事裁定和辽源中院（1994）辽刑初字第 18 号刑事判决；宣告刘忠林无罪。遗憾的是，“再审判决没有认定刑讯逼供，有没有对长达 6 年的马拉松式再审作一句解释”。[①]

2018 年 11 月 7 日，刘忠林和委托代理人以辽源中院为赔偿义务机关正式递交再审无罪国家赔偿申请，请求该院赔偿共计 16674199.96 元；同时要求其通过媒体向其公开道歉并为其消除影响、恢复名誉。2019 年 1 月 7 日，吉林省辽源市中院作出赔偿决定，刘忠林获得国家赔偿 460 万元。

①《“刘忠林杀人案”：法官不能故意拖正义的后腿》，搜狐网，http: //www.sohu.com/a/229673144_665455，2019 年 9 月 24 日访问。

二、法理研判

（一）判决缘何错

本案是党的十八大以来平反的又一起冤假错案。笔者认为，刘忠林被错误定罪的原因，可以概括为以下两个中心：

第一，以侦查为中心的诉讼构造，此乃本案错判的根本原因。所谓“以侦查为中心的诉讼构造”（又称“侦查中心主义”），是指相对于审查起诉程序、审判程序而言，侦查程序在整个刑事诉讼流程中居于主导地位和中心地位，侦查机关所收集的证据、所认定的事实、所得出的结论成为影响公诉机关是否提起公诉和审判机关作出何种裁判的主导因素。①这样的诉讼构造存在严重的缺陷：其一，有违诉讼原理。毋庸置疑，裁判结果的得出应遵循“控辩对抗、判者中立”的原则，但在侦查中心主义下，常常由侦查机关在无辩护律师参与、无审判机关制约的情况下得出侦查结论，继而该结论经过检察院和法院的形式化审查成为最终的裁判结论。一言以蔽之，在侦查中心主义下，检察机关和审判机关成为侦查结论的背书机关，侦查机关事实上成为定罪主体。其二，辩方诉讼权利落空。当前，我国刑事诉讼尚未实现侦查阶段辩护律师的实质化、常态化参与，在没有辩护律师提供法律帮助的情况下，犯罪嫌疑人，特别是被限制、剥夺人身自由的犯罪嫌疑人处于十分弱势的地位，常常不敢也不知如何行使自己的诉讼权利。其三，“人权保障状况恶化”。如前所述，在侦查中心主义下，侦查机关拥有超强的决定权和自主权，而司法机关特别是法院则处于相对弱势的地位，由此，侦查机关对犯罪嫌疑人施加刑讯、逼取口供的行为变得愈发“肆无忌惮”，严重侵犯了犯罪嫌疑人的人权。②

在本案的一审判决书中，有句话格外醒目：“被告人刘忠林在公安机关审理时对上述事实供认，但在本院开庭审理时否认杀人的事实”③。在刑事诉讼

---

①参见陈瑞华：《论侦查中心主义》，载《政法论坛》，2017 年第 2 期。

②参见叶青：《以审判为中心的诉讼制度改革之若干思考》，载《法学》，2015 年第 7 期。

③吉林省辽源市中级人民法院（1994）辽刑初字第 18 号判决书。

的语境下，履行审理职能的唯一合法主体便是法院，公安机关则通常行使侦查职能。但根据一审判决书的表述，辽源中院似乎将自己的审理权“拱手相让”，公安机关和法院并行成为“审理权”的主体，这从侧面体现了当时的侦查程序在刑事诉讼进程中的主导地位以及公安机关在刑事诉讼构造中的强势地位。由此，一审法院选择性地采纳了刘忠林在侦查阶段作出的有罪供述，而对其无罪辩解视而不见，冤假错案就此酿成。

第二，以口供为中心的证据体系，此乃本案错判的直接原因。几乎每个刑事错案中都有刑讯逼供的影子。有学者对50起新闻媒体披露的刑事错案进行了统计，发现“其中存在‘被告人虚假口供’的同时也肯定或可能存在‘刑讯逼供’的案件占94%”①；也有学者对2006年之前发生的20起震惊全国的刑事冤案进行了剖析，发现只有1起案件不存在刑讯逼供的情况，而2010年之后的10起重大错案中，全部存在刑讯逼供②。由此观之，刑讯逼供与冤假错案之间存在着密切关联。事实上，刑讯逼供是一种“害人害己”的侦查手段，对于被刑讯的犯罪嫌疑人、被告人而言，刑讯逼供可能会使他们“屈打成招”，被迫扣上“罪犯”的帽子，即使确实犯罪，也会严重侵犯他们的人身权利和人格尊严；对于被害人及其家属而言，刑讯逼供反而可能放纵真凶，如此不正义、不真实的案件结果难以抚慰其创伤；对于侦查人员而言，案件看似告破，但在审查起诉阶段、审判阶段是无法经得起法律检验的，而且有可能承担相应的刑事责任。

事实上，刑讯只是侦查人员获取“理想口供”的手段之一，即刑讯逼供的背后是公安机关对“犯罪嫌疑人供述”（司法实践中常称为“口供”）这一证据种类的偏爱。与物证、书证等客观证据相比，犯罪嫌疑人供述具有天然的优势：其一，口供可以单独、直接证明案件的主要事实，而物证、书证等客观证据通常为间接证据，需要结合其他证据才能证明案件的主要事实。其二，与其他客观证据相比，口供的伪造难度小。换言之，在侦查人员的刑讯

①参见何家弘：《当前我国刑事司法的十大误区》，载《清华法学》，2014年第2期。

②陈永生：《刑事冤案研究》，第15—34页，北京，北京大学出版社，2018年。

逼供下，难以忍受的犯罪嫌疑人会根据侦查人员的指示作出虚假供述，从而实现“供证一致”，形成看似完整的证据体系。需要说明的是，不仅公安机关带有浓厚的“口供情结”，检察院和法院亦如此，审查起诉和法庭审判多是围绕犯罪嫌疑人供述而展开，并将犯罪嫌疑人供述作为提起公诉、定罪量刑的主要依据，形成了口供中心主义的证据体系。①

本案中，刘忠林出狱时，双手十指指甲“面目全非”，右脚大拇指被截肢。据刘忠林陈述，他曾在侦查阶段遭到刑讯逼供——公安人员采用三班倒的方式，用竹签扎遍他的十指，导致其指甲变形、坏死；还用铁棒殴打他，导致其右脚趾骨折，最终发展为骨髓炎而被截肢。正是在这种难以忍受的刑讯逼供下，刘忠林听从了侦查机关的“指示”，多次根据侦查机关的调查情况更改供述，并最终作出了10次矛盾重重的有罪供述。东辽县公安局第一次移送审查起诉时，辽源市检曾以“证据不足”和“被告人口供不稳”将案件退回补侦。随后，辽源市检在东辽县公安局未补充任何有力证据的情况下，以刘忠林犯故意杀人罪提起公诉。而法院则在审判阶段对刘忠林的无罪辩解和当庭翻供“视而不见”，片面性地采纳了其有罪供述，亦即侦查结论，且未在判决书中说明排除无罪辩解和采纳有罪供述的理由。由此，口供中心主义使得本案从侦查至审查起诉，再至审判“一错到底”。

（二）再审缘何难

从2013年到2018年，各地法院按照审判监督程序依法纠正重大冤假错案49件②，这一方面折射了我国刑事司法的进步，另一方面也暴露了我国刑事诉讼在立法、实践方面的诸多问题，再审启动难、再审审期长、再审改判难便是其中的突出问题。本案中，刘忠林在狱中坚持申诉17年，终于等来了吉林高院的再审决定；然而，从决定再审到宣判无罪，吉林高院整整用了6年。本案漫长的再审历程被媒体称为“马拉松式”再审，凸显了我国刑事诉讼“再审难”的司法现状。

---

①参见闫召华：《口供中心主义评析》，载《证据科学》，2013年第4期。

②数据来源：2018年《最高人民法院工作报告》；2019年《关于最高人民法院工作的报告》。

实际上，本案“申诉难”的情况并非个例。例如，在聂树斌案中，从一审、二审、死刑复核直至执行死刑，聂树斌及其亲属从未收到过判决书，聂家多次向河北省高级人民法院和最高人民法院提起的申诉，也因没有判决书而被拒，再审申诉一度陷入僵局。2007年，聂母和代理律师从被害人父亲处“求得”判决书后，最高人民法院接收了其刑事申诉书，但在2014年12月方宣布由山东省高级人民法院异地复查此案，并于2016年6月作出再审提审决定。①另外，在中国案例法学研究会、中国政法大学法律援助中心与清华大学出版社联合发布的2016年度十大无罪辩护经典案例中，蒙冤者申诉的总时长超过百年，平均每起案件申诉时间超过10年。②本案当事人刘忠林也是持续申诉17年才等来吉林高院的再审决定，前述事实无一不凸显了司法实践中的“申诉难题”，这也成为制约刑事再审程序发挥其救济、纠错功能的重要因素。

另外，有记者对党的十八大以来平反的26个代表性错案梳理后发现：首先，大多数案件都遵守了刑事诉讼法关于再审程序审理期限的规定，但陈满案（9个月）、乐平案（7个月）、张云案（15个月）、周远案（12个月）、李锦莲案（11个月）等5个案件略微超过法定期限，而徐辉案（6年）、刘忠林案（6年）、廖海军案（9年）等案件则严重超限，李玉前案、张志超案在严重超期的情况下至今还未审结。其次，从2013年到2019年，重大冤假错案的再审审理期限逐渐拉长，从普遍的一两个月宣判，到6个月内宣判，再到略微超期，再到本案中的严重超期。此外，同一法院对不同冤假错案的再审期限差距甚大，例如金哲红案从2018年3月36日作出再审决定到同年11月30日宣判无罪历时8个月，③而同样在吉林高院进行再审的本案却历时6年。

笔者认为，本案再审启动难、审期长、改判难的原因有下述几点：

---

①《聂树斌案申诉难：法院拒给判决书 从被害人家属处求得》，腾讯新闻网，https: //news.qq.com/a/20161202/014949.htm，2019年10月9日访问。

②《去年十无罪辩护案例受关注，专家：提高辩护率是防冤错案关键》，澎湃新闻网：http: //m.thepaper.cn/newsDetail_forward_1601264，2019年10月12日访问。

③参见李蒙：《再审案件：审期为何越来越长》，载《民主与法制周刊》，2019年第34期。

其一，“控辩失衡”的启动规则设计。根据《刑事诉讼法》的规定，检察院可通过抗诉权的行使直接启动再审程序，而当事人及其法定代理人、近亲属享有的申诉权并不具有必然启动再审程序的效力。申言之，在启动再审程序方面，检察院属于直接启动主体，而辩方属于间接启动主体，这种差异设置，导致控辩双方在启动再审上的严重失衡，显然有违控辩原则。本案中，检察院对再审程序启动及改判的态度是不明朗的，这势必导致吉林高院对于启动再审程序及作出判决持谨慎态度。

其二，查明案件事实的客观难度大。1979 年《刑事诉讼法》并未规定再审程序的期限，1996 年修法时增加了相关规定，其意在“促进人民法院及时审结按照审判监督程序重新审判的案件。同时，考虑到人民法院按照审判监督程序重新审判的案件，一般情况比较复杂，且往往距案发时间较久远，查证困难，本条对其审理期限作了比一审、二审期限较长的规定。”①的确，与一审、二审程序相比，再审程序距离犯罪事实的发生相隔久远，本案再审程序与案发之时间隔超二十年，关键证据灭失、关键证人去世进一步加大了“翻案”的难度。

其三，“疑罪从无”的诉讼理念尚未深入实践层面。党的十八大以来平反的冤假错案中，多起案件的原审判决书出现了“鉴于本案的具体情况，可以判处死刑，但不立即执行”或类似表述。②本案一审判决书中同样出现了“被告人刘忠林犯故意杀人罪，手段残忍，后果严重，应予严惩，但鉴于本案具体情节，可予从轻判处”③的类似表述，这无疑体现了当时办案机关“疑罪从轻”的观念。根据 2012 年最高人民法院《关于适用〈中华人民共和国刑事诉讼法〉的解释》第三百八十九条第二款规定，对于“原判决、裁定事实不清或者证据不足，经审理事实已经查清的，应当根据查清的事实依法裁判；

①王爱立主编：《中华人民共和国刑事诉讼法释义》，第 544 页，北京，法律出版社，2018 年版。

②例如海南陈满案、江西乐平四被告人故意杀人案、福建许金龙等 4 人案等。《去年十无罪辩护案例受关注，专家：提高辩护率是防冤错案关键》，澎湃新闻网，http：//m.thepaper.cn/newsDetail_forward_1601264，2019 年 10 月 12 日访问。

③吉林省辽源市中级人民法院（1994）辽刑初字第 18 号判决书。

事实仍无法查清，证据不足，不能认定被告人有罪的，应当撤销原判决、裁定，判决宣告被告人无罪”。但在司法实践中，刑事案件，特别是重大“命案”在真凶未现或者亡者未归的情况下，再审法院坚守疑罪从无，改判原“留有余地”的判决是受到多重掣肘的，从可能会因此承担责任的原办案机关①到情绪激烈的被害人及其家属②乃至铺天盖地的社会舆论，等等。一言以蔽之，“人民法院对重大的刑事案件，对证据不足而宣告无罪的案件，都要承担诸如‘放纵罪犯’、‘打击犯罪不力’、‘影响社会稳定’、‘枉法裁判’等风险和责问，致使人民法院不能充分行使‘存疑无罪判决’权力”③。本案中，原审法院认定刘忠林犯故意杀人罪的证据主要有：

表 1　原审判决证据目录④

序号	证据名称及种类	证据内容
1	周某证人证言	被告人托孙某介绍对象，让被害人嫁给他
2	王某、常某证人证言	被害人失踪当天，刘忠林没去证人家（否定性证据内容 vs 肯定性证明对象）
3	郑某臣证人证言	曾听到被害人与被告人之间的对话；被害人失踪前，被告人常来被害人家
4	江某证人证言	被告人曾言，被害人已经怀孕，被告人打算带其去做引产
5	被害人尸体鉴定意见	（1）杀人凶器为钝器类；（2）被害人死因系重度颅脑损伤、机械性窒息；（3）被害人怀孕 20 周—21 周；（4）被害人未穿短裤
6	被告人有罪供述	

①此处的“原办案机关”是广义的，不仅包括在个案中直接发挥职能的公检法机关，而且包括可能介入的政法委、“三长会”等。

②例如在河南李怀亮案中，李怀亮被羁押长达 12 年，严重超期，但因为被害人情绪激烈，导致法官既不敢判，也不敢放人。参见郑磊、陈对：《冤错案平反中的救济权实现状况分析——以新一轮司法改革中 23 起冤错案为样本》，载《浙江大学学报（人文社会科学版）》，2016 年第 6 期。

③杨凯、黄怡：《论刑事司法理念的发展与刑事冤错案防范机制建构——以 175 件再审改判发挥案件法律文书的实证分析为视角》，载《法律适用》，2016 年第 1 期。

④参见吉林省辽源市中级人民法院（1994）辽刑初字第 18 号判决书。

事实上，刘忠林在侦查阶段共有16次供述，其中10次为有罪供述，且这些有罪供述之间存在多处显而易见的矛盾和不一致。例如，在作案动机方面，刘忠林先后交代了怕名誉不好听、因被害人不同意打掉孩子怕其家人找麻烦、因认识了别人不想和被害人继续交往等三种情况；在作案地点方面，先后有邱家沟采石场、揣恩厚家地头、自己家三种供述；在作案时间方面，存在1989年8月8日晚和8月11日两种供述；在作案工具方面，包括石头和木棒两种。最后，一审判决书认定了被告人作案动机为前述第二种；作案地点为揣恩厚家地头；作案时间为1989年8月8日晚；作案工具为石头。遗憾的是，该判决书并未说明作出上述认定的理由、证据，我们也无从得知法院究竟是仅采纳了某一份有罪供述，还是拼凑多份有罪供述得出的结论。但是，被告人供述反复不一、前后矛盾的事实却很明显。另外，支撑原审判决的诸多间接证据均与原审被告人杀害郑某某的“事实”关联性较弱，基本无相关证明力。周某、郑某臣证言仅能证明被害人生前曾与被告人有接触；王某、常某证言仅能证明被告人当日未去证人家[①]；尸体鉴定意见仅能证明被害人死因及其生前已怀孕的事实；江某证言仅能证明被告人知晓被害人已经怀孕，且胎儿生父可能为被告人。可见，一审判决的证据链条是断裂式和跳跃式的。需要说明的是，22年后已经无法核实的证据包括：（1）江某证人证言。江某已于再审前离世。（2）尸体鉴定意见。2012年8月，东辽县公安局受托挖开被害人坟墓，发现尸骨、胎骨、衣物均已“不翼而飞”，而“警方当年提取的部分尸骨和胎骨也在原审判决生效十年后，被全部销毁”[②]。因此，再审法院既无法核实原尸体鉴定意见，也无法利用DNA鉴定技术查验刘忠林是否与被害人腹中胎儿存在父子关系。但是，即使略过前述无法核实的证据，我们依然可以得出原审定罪量刑的证据不确实、不充分，而且证明案件

① 一审法院认为，该单一证据能证实被告人有作案时间。笔者对此表示质疑，被告人未去二位证人家中并不代表被告人未去他处或忙于他事，以单个否定性证据内容证实肯定性证明对象的证明逻辑显然不严谨、不合理。

② 《二十八年“马拉松”终点：刘忠林冤案平反》，百度网，http://baijiahao.baidu.com/s？id=1598421157655524001&wfr=spider&for=pc，2019年10月10日访问。

事实的主要证据之间存在矛盾的结论，本案显然属于“证据不足”需要改判的情况。

（三）赔偿缘何高

本案再审宣判后，刘忠林委托代理律师向吉林高院递交了《国家赔偿申请书》，要求辽源中院：（1）支付人身自由赔偿金7874199.96元；（2）在多个国家级和省级媒体上赔礼道歉、消除影响，并支付精神损害抚慰金800万元;（4）赔偿交通费、住宿费、资料费、律师费、误工费等50万元;（5）赔偿后期治疗费30万元等。前述各项费用合计1667万余元。随后，在自愿协商的基础上，辽源中院与申请人刘忠林达成国家赔偿协议，即由辽源中院向刘忠林支付国家赔偿金460万元，其中包括人身自由赔偿金2624448.58元（约262.4万元）和精神损害抚慰金1975551.42元（约197.6万元），而刘忠林放弃了其他请求。[①]

无论是当事人申请的高额赔偿，还是辽源中院确定的赔偿数额，都引发了学界和社会的热议。460万元的国家赔偿和其中197.6万元的精神损害抚慰金，在当时创下了平反冤案国家赔偿的最高数额。那么，辽源中院确定的赔偿金额是否“畸高”呢？

笔者认为，辽源中院确定的赔偿金额是符合法理和情理的。首先，辽源中院确定的人身自由赔偿金是于法有据的。我国《国家赔偿法》第三十三条规定：“侵犯公民人身自由的，每日赔偿金按照国家上年度职工日平均工资计算。”最高人民法院、最高人民检察院《关于办理刑事赔偿案件适用法律若干问题的解释》（以下简称《刑事赔偿解释》）第二十一条规定：“国家赔偿法第三十三条、第三十四条规定的上年度，是指赔偿义务机关作出赔偿决定时的上一年度；复议机关或者人民法院赔偿委员会改变原赔偿决定，按照新作出决定时的上一年度国家职工平均工资标准计算人身自由赔偿金。作出赔偿决定、复议决定时国家上一年度职工平均工资尚未公布的，以已经公布的最近年度职工平均工资为准。”本案中，辽源中院作出决定时，上一年度即2018

①参见辽源市中级人民法院（2018）吉04法赔6号国家赔偿决定书。

年度职工平均工资尚未公布，因此应以 2017 年度平均工资 284.74 元 / 天为准计算刘忠林的人身自由赔偿金，即：284.74（元 / 天）× 9217（天）=2624448.58（元）。

其次，辽源中院给出的高额精神损害抚慰金是具有示范意义和进步意义的。2010 年，《国家赔偿法》首次修改，一大进步便是增加了有关精神损害抚慰金的规定，实现了国家赔偿制度特别是刑事赔偿制度的重大发展。该法第三十五条规定："有本法……第十七条[①]规定情形之一，致人精神损害……造成严重后果的，应当支付相应的精神损害抚慰金。"遗憾的是，本次修法并未明确如何计算、确定精神损害赔偿数额，导致本条规范在实践中操作性不强，适用混乱。随后，最高人民法院出台的《关于人民法院赔偿委员会审理国家赔偿案件适用精神损害赔偿若干问题的意见》（以下简称《精神损害赔偿意见》）列举了确定精神损害抚慰数额的具体考量因素，同时强调数额的确定应当注意法律规定的"抚慰"性质。原则上不超过人身自由赔偿金的百分之三十五。"惩罚犯罪，保护人民"虽然是刑事诉讼法的目的，但"尊重和保障人权"亦是刑事诉讼法的任务。换言之，惩罚犯罪不能以侵犯人权为代价。本案中，公安机关采取刑讯手段获取了嫌疑人的有罪供述，检察机关虽觉不妥，退回补侦后，依然对刘忠林以故意杀人罪提起公诉，而法院面对矛盾的供述、脆弱的证据构造，依然认定刘忠林犯故意杀人罪，三机关可谓是"接力式"侵犯嫌疑人、被告人的人权。但是，在付出如此昂贵代价的情况下，刑事诉讼法"惩罚犯罪"的目的依然没有实现，杀害郑某某的真凶依然逍遥法外。有鉴于此，辽源中院确定的"超额"精神损害抚慰金是具有进步意义的，折射出我国人权保障事业的进步。

① 《国家赔偿法》第 17 条规定："行使侦查、检察、审判职权的机关以及看守所、监狱管理机关及其工作人员在行使职权时有下列侵犯人身权情形之一的，受害人有取得赔偿的权利：（一）违反刑事诉讼法的规定对公民采取拘留措施的，或者依照刑事诉讼法规定的条件和程序对公民采取拘留措施，但是拘留时间超过刑事诉讼法规定的时限，其后决定撤销案件、不起诉或者判决宣告无罪终止追究刑事责任的；（二）对公民采取逮捕措施后，决定撤销案件、不起诉或者判决宣告无罪终止追究刑事责任的；（三）依照审判监督程序再审改判无罪，原判刑罚已经执行的；（四）刑讯逼供或者以殴打、虐待等行为或者唆使、放纵他人以殴打、虐待等行为造成公民身体伤害或者死亡的；（五）违法使用武器、警械造成公民身体伤害或者死亡的。"结合本案案情，本案至少符合该条第三项情形。

最后，关于刘忠林在《国家赔偿申请书》中提出的“交通费、住宿费、资料费、律师费、误工费等50万元”和“后期治疗费30万元”等，并不属于法定赔偿范围，而且刘忠林在与辽源中院协商后自愿放弃了其他请求。因此，辽源中院的赔偿决定是合情合法的。

值得注意的是，当事人申请的赔偿金额与最后确定的赔偿金额相差甚大，这恰恰暴露了我国刑事赔偿制度存在的突出问题：

第一，人身自由赔偿金的法定标准较低。根据《国家赔偿法》的规定，侵犯公民人身自由的，赔偿金为国家上年度职工日平均工资的1倍，而侵犯公民身体健康权造成损害的情况下，误工费最高可达国家上年度职工平均工资的5倍。这样的区别对待显然是不合理的，人身自由权和身体健康权同属于人格权的范围，至少应具有同等的价值位阶。

第二，精神损害抚慰金的计算标准模糊。《精神赔偿意见》指出，“应该综合考虑以下因素确定精神损害抚慰金的具体数额：精神损害事实和严重后果的具体情况；侵权机关及其工作人员的违法、过错程度；侵权的手段、方式等具体情节；罪名、刑罚的轻重；纠错的环节及过程；赔偿请求人住所地或者经常居住地平均生活水平；赔偿义务机关所在地平均生活水平；其他应当考虑的因素”。前述规定进一步细化了《国家赔偿法》中“相应的精神损害抚慰金”的考虑因素，看似全面细致，但法院在个案中仍难以适用而作出合理的赔偿决定，易造成同案不同赔。例如，在河南李怀亮案和浙江张氏叔侄案中，蒙冤者无罪羁押均长达10年。但是，李怀亮得到了20万元精神损害抚慰金，而张氏叔侄则分别得到了45万元精神损害抚慰金。这样明显的差别显然会引起蒙冤者的不满情绪，不利于社会公正的实现。

第三，关于精神损害抚慰金的比例限制不合理。本案中，刘忠林“被迫”失去人身自由9217天。在此期间，狱警多次把他关进禁闭室，少则三天，多则十天，最长的一次长达半年。无论是侦查期间遭受的刑讯逼供，还是铜墙铁壁中的漫漫长夜，这些经历都给刘忠林留下了挥之不去的阴影。出狱后，刘忠林被诊断为“重度抑郁症”。如此看来，197.5万元并不足以抚慰刘忠林的精神创伤，勿论262.4万元的35%。另外，近年来平反的多例重大错案，在精神赔偿损害抚慰金方面均突破了35%的比例限制，这也从侧面反映了这一比例限制的不合理。

三、反思与启示

（一）坚持审判中心，破除口供中心

“我国冤假错案被告人在侦查中几乎都因遭到刑讯逼供‘认罪’，这可谓是造成冤假错案的主因。一旦侦查中曾经‘认罪’，检察机关和法院往往认为被告人之所以‘翻供’就是为了逃避惩罚，由此对‘翻供’不予理睬，而盲目地采信侦讯‘口供’。”[①] 本案中，刘忠林多次翻供，辽源中院和吉林高院均对此“视而不见”，片面采信其有罪供述，一概排除其无罪辩解和其他无罪证据，导致案件“一错到底”，刘忠林蒙冤长达28年。

由此观之，在“侦查中心主义”的格局下，很难期待法院在审判过程中纠正侦查偏差。近年来披露的一系列冤假错案均表明，“如果审判的制约机制能够有效发挥作用，即使侦查结论错误，也不至于最终导致冤假错案的发生”。[②] 因此，党的十八届四中全会提出“以审判为中心的诉讼制度改革”乃历史结论和必然选择。

“以审判为中心”包括以下几方面的内涵：其一，只有审判职能才能发挥定罪量刑的作用；其二，侦查、起诉程序乃审判的准备程序；其三，法院乃审判职能的唯一合宪主体；其四，必须以诉讼化的方式发挥审判职能。[③] 这就要求审判活动特别是庭审活动不能流于形式，而要做到“事实证据调查在法庭、定罪量刑辩护在法庭、裁判结果形成于法庭”，[④] 以此来纠正侦查阶段

①参见刘计划：《刑事冤假错案的程序法分析——以聂树斌案为例》，载《比较法研究》，2017年第3期。

②参见魏晓娜：《以审判为中心的刑事诉讼制度改革》，载《法学研究》，2015年第4期。

③参见陈卫东：《以审判为中心：当代中国刑事司法改革的基点》，载《法学家》，2016年第4期。

④参见叶青：《以审判为中心的诉讼制度改革之若干思考》，载《法学》，2015年第7期。

可能出现的错误，防止“一错到底”。另外，可以通过协同推进“刑事裁判合法性重塑”和“口供治理”的方式，逐渐解决中国刑事司法实践中“依赖口供”“迷信口供”的问题。①

（二）改革再审制度，发挥救济功能

“如果说司法是实现社会公正的最后一道防线，那么作为特殊救济程序的再审程序则是维护司法公正的最后一道防线”②。由此观之，“特殊救济”乃刑事再审程序的基础功能，此乃改革和完善再审程序的基本出发点。

第一，就诉讼理念而言，应贯彻疑罪从无，杜绝疑罪从轻。审判作为刑事诉讼的中心环节，承担着审查侦查结论、检验起诉决定的重任；而再审作为审判环节的最后一道非必须程序，承担着最后把关、特殊救济的责任。因此，在贯彻落实疑罪从无规则的问题上，再审法院是责无旁贷的，应勇担落实疑罪从无的重任，③改判原审“留有余地的判决”。具体而言，对于明显“带病”进入再审程序的案件，再审法院应依法排除非法证据，有效发挥审判对侦查、起诉的制约作用，强化再审对一审、二审乃至死刑复核程序的监督和救济功能；而对于“证据状况发生重大变化、证据缺失、证据链无法形成或证据体系存在瑕疵等情况”④的案件，再审法院应依法作出证据不足，宣告无罪的“疑罪从无”判决。

第二，就启动再审而言，应落实控辩对等，明确法院义务。“中国再审制度所具有的特点和缺陷，是与所谓‘实事求是’‘不枉不纵’‘有错必纠’的诉讼理念有着直接关系的。”⑤正是在这些理念的影响下，检察院和法院成为可以直接启动再审程序的主体，而原审被告人只能通过申诉被动等待法院作

①参见李训虎：《口供治理与中国刑事司法裁判》，载《中国社会科学》，2015年第1期。

②陈光中主编：《刑事再审程序与人权保障》，第199页，北京，北京大学出版社，2005年。

③参见沈德咏：《论疑罪从无》，载《中国法学》，2013年第5期。

④参见郑磊、陈对：《冤错案平反中的救济权实现状况分析——以新一轮司法改革中23起冤错案为样本》，载《浙江大学学报（人文社会科学版）》，2016年第6期。

⑤参见陈瑞华：《刑事再审程序研究》，载《政法论坛》，2000年第6期。

出再审决定，实践中出现的“无限申诉”“多地上访”实乃其无奈之举。但是，法院直接启动再审程序的制度设置无疑违背了“不告不理”的诉讼原理，而检察院与原审被告人在启动再审程序方面的差别对待显然有违“控辩平等”原则。前文已述，再审程序应以实现特殊救济为“已任”，其救济的对象应为案件当事人，特别是与个案裁判结果有直接利害关系的原审被告人。因此，应当赋予检察院和原审被告人同等的申请启动再审权，同时应进一步明确法院对诉讼双方再审申请的立案、受理程序及期限，强化对申请启动再审权的保障。赋予检察院和原审被告人同等的申请启动再审权（关于再审程序的启动主体）。

第三，就再审运行而言，应明确超期后果，防止严重超期。1996 年《刑事诉讼法》新增再审审理期限规定时，已考虑到再审程序可能面临的难题，故规定了较一审、二审更长的审限。此外，法院根据当事人及其法定代理人、近亲属的申诉决定再审时，已经确定该案至少符合 2018 年《刑事诉讼法》第二百五十三条[①] 规定的其中某项情形；而对于经检察院抗诉或者法院依职权启动再审，须以“发现确有错误”为前提。换言之，法院在启动再审之前已经过较为细致的立案复查程序，为正式审判提供了较为充足的准备，证据缺失、审理难度大等不构成再审超期的充分理由。前文已述，现行刑事司法实践中“再审超期”的情况存在从少数向多数蔓延的不良趋势，其主要原因在于法院超期审理再审案件无需承担任何法律后果。申言之，再审审限制度的刚性缺失。为有效防止再审案件的超期审理，可考虑建立针对超期审理再审案件的程序性制裁措施。

---

① 《刑事诉讼法》第二百五十三条规定：“当事人及其法定代理人、近亲属的申诉符合下列情形之一的，人民法院应当重新审判：（一）有新的证据证明原判决、裁定认定的事实确有错误，可能影响定罪量刑的；（二）据以定罪量刑的证据不确实、不充分、依法应当予以排除，或者证明案件事实的主要证据之间存在矛盾的；（三）原判决、裁定适用法律确有错误的；（四）违反法律规定的诉讼程序，可能影响公正审判的；（五）审判人员在审理该案件的时候，有贪污受贿，徇私舞弊，枉法裁判行为的。

（三）完善赔偿制度，构建合理标准

针对本案暴露出的刑事赔偿问题，笔者认为可从以下几个方面加以解决：第一，提高人身自由赔偿金的计算标准。本案中，刘忠林及其代理律师曾申请辽源中院按照三倍法定标准支付人身自由赔偿金。无独有偶，近年来平反的江西李锦莲案、吉林金哲红案、河北廖海军案等，蒙冤者均提出了这样的“三倍赔偿申请”。其理由在于，蒙冤者失去的人身自由是每日 24 小时，而职工日平均工资一般以每日 8 小时为计算标准，如此一来，两者显然是不对等的。因此，考虑到我国仍是发展中国家的基本国情，笔者建议应适度提高人身自由赔偿金的法定标准，至少以国家上年度职工日平均工资的 3 倍为“底限”。

第二，明确精神损害抚慰金的计算规则。有论者指出：“精神损害不同于财产减损，本质上系受害人的主观感受，损害的有无及程度因人而异，难以准确量化，精神损害赔偿问题成为理论和实务中的难点，主要依靠法官行使自由裁量权来酌定解决。”① 而域外各国在具体计算精神抚慰金时也采取了不一的方法：（1）酌定赔偿法，即法律不制定统一的赔偿标准，而是由法官根据具体案情自由裁量；（2）固定赔偿法，即制定固定的抚慰金赔偿表，就不同性质的精神损害规定抚慰金的最高赔偿限额和最低赔偿标准，代表国家是英国；（3）最高限额赔偿法，即对精神损害赔偿的数额限制最高标准，代表国家是美国、瑞典、捷克；（4）医疗费比例赔偿法，即精神损害的赔偿金额根据受害人医疗费的一定比例加以确定，代表国家是秘鲁；（5）日标准赔偿方法，即确定每日的赔偿标准，总额按日标准计算，代表国家是丹麦。② 另外，鉴于《国家赔偿法》和《精神赔偿意见》规定的精神损害抚慰金计算规则难以操作，有地方法院通过会议纪要的形式对此加以细化，“明确精神损害抚慰金的数额一般以人身自由权、生命健康权等国家赔偿总额的 50% 为基准，

①参见最高人民法院案例指导工作办公室：《〈朱红蔚申请无罪逮捕赔偿案〉的理解与参照——侵犯公民人身权造成严重精神损害后果的，应当给予精神损害赔偿》，载《人民司法》2016 年第 20 期。

②参见马怀德、张红：《论国家侵权精神损害赔偿》，载《天津行政学院学报》，2005 年第 1 期。

再根据案件具体情况适当增减，以其总额的 100% 为上限，在这一空间内确定具体数额”[①]。笔者认为，该地方法院的精神损害抚慰金计算规则可行性较高，不仅操作简单，而且在限度范围内给予了法官对金额的自由裁量权，可资借鉴和推广。

第三，取消关于精神损害抚慰金的比例限制。前文已述，本案及实践中有多例冤假错案的国家赔偿都没有执行 35% 的比例限制，这也从侧面论证了这一限制的不合理性。通说认为，现阶段我国国家赔偿中精神抚慰金的基本性质乃“抚慰性”而非“赔偿性”，这与我国是发展中国家的国情息息相关。但是，严格的比例限制及过低的抚慰金额显然无法抚慰申请人遭受的精神损害，也无法调和公权力与公民权之间的矛盾。因此，笔者建议取消这一比例限制。

第四，将“申冤费用”纳入国家赔偿范围。本案中，刘忠林在无过错的情形下，被迫进入刑事诉讼程序，被迫遭受刑讯逼供，被迫成为真凶的“替罪羔羊”而被羁押 9217 天，其和家人在申诉、申冤过程中支出的费用理应由国家加以弥补和赔偿。

四、结语

刘忠林案虽是个案，却也折射了我国刑事司法实践中长期存在的诸多问题和困惑：以侦查为中心的诉讼构造和以口供为中心的证据体系是许多冤假错案的共同成因；再审程序启动难、审期长、改判难等问题也日益凸显；如何确定合理的国家赔偿金额特别是精神损害抚慰金一直是赔偿机关面临的困境。

辽源中院“留有余地”“疑罪从轻”的判决让刘忠林可以亲眼看到平反昭雪的再审判决书，可以以一个无罪人的身份重新生活。但是，经受过长期牢狱之灾的刘忠林，出狱后又陷入了新的困境——世界翻天覆地的变化令他

①江勇：《从“张氏叔侄强奸赔偿案”谈国家赔偿制度完善》，载《中国审判》，2014 年第 95 期。

百般不适，获得的国家赔偿金反而让他和家人、朋友产生隔阂。刘忠林只能终日在家形单影只，他甚至觉得，用国家赔偿金买的新房子“像个棺材，自己就是在等死。如果没有 25 年的牢狱，我现在应该有个大家庭，早就当爷爷了”。

冤案可以被平反，但蒙冤者因此失去的人身自由、遭受的精神损害却是难以弥补的，只能略加抚慰。换言之，冤案昭雪并不是平反的终点，如何帮助蒙冤者走上正常的生活轨道，以及防止再出现新的冤案亦是值得我们深思的问题。

（郭丰璐）

错案必究

——安徽涡阳"五周"案

2018年元旦过罢，安徽省涡阳县迎来了入冬以来的第一场暴雪，周继坤回到了阔别21年的村子。"我回来那天漫天白雪纷纷扬扬，家人说大雪是好兆头，冤案马上就要沉冤昭雪。"51岁的周继坤身陷囹圄21年，家属也为他申冤上访了21年，包括他曾经担任镇政法委书记的父亲。自1997年周继坤被抓，始终相信儿子清白的父亲就开始了漫漫上访路。为了躲避截访，他在外躲避两年多，睡在河堤旁的桥洞里，靠捡垃圾为生，风餐露宿，积下了病根，最终没能等到儿子刑满释放，在2017年8月再审开庭两个多月后病逝。临终前，他依旧念念不忘狱中的儿子，叮嘱家人冤案平反之后，一定要到他的坟前烧纸告诉他。[①]

周继坤和父亲感情深厚，因此家人一直没敢把父亲病故的消息告诉他，直到刑满释放那一天，周继坤在家人的搀扶下坐上了回家的车。车子驶到村口，弟弟周继锋默默地说了句"先给父亲上个坟吧"。周继坤一阵愣神，"哇"的一声哭了出来。茫茫大雪中，在父亲坟前，他哭得痛彻心扉，几近昏厥。没有人能够体会到这些泪水和哭喊中包含了多少辛酸、无奈、愧疚与痛苦，它久久地萦绕在人们心头，宛如冬日的阴云，不肯散去。

改变周继坤命运的是一桩二十多年前的命案，而事实上，不幸的并非只有他一人。当年，与周继坤一同蒙冤入狱的还有同村的周家华、周在春、周

①参见萧辉：《阜阳"五周"案冤案逻辑》，载《财新周刊》，2018年第15期。

正国、周在化四人（以下简称“五周”）。周在化、周正国已于2008年1月和2月刑满释放，周家华、周在春也在2015年和2016年年初走出了监狱。曾经被判处死缓的周继坤是五人之中服刑最久、出狱最晚的，案发时他正值壮年，而如今已经年过半百。虽已重获自由，但五个人的命运早已发生了翻天覆地的改变，五个家庭也已人事全非、支离破碎，年复一年的申诉更是迟迟没有结果，煎熬着众人的心。

直到2018年4月11日，坐落在包公故里的安徽省高级人民法院终于作出了本案的再审判决：周继坤、周家华、周在春、周正国、周在化等五人犯故意杀人罪的事实不清、证据不足，指控的犯罪不能成立，依法应予改判无罪。等到无罪判决的那一刻，五名被告人痛哭流涕，不能自已。至此，五名被告人终于得以平反。那么，曾经究竟是什么原因导致五名被告人统统都被定罪判刑、锒铛入狱？又是为何，这起案件在没有“真凶再现”“亡者归来”的情况下终于迎来了再审改判？姗姗来迟的正义是不是真的足以告慰人心？下面，就让我们一同走近这起轰动一时的“8·25安徽涡阳杀人案”。

一、案情回顾

（一）疑点重重，一审拟判无罪

1996年8月25日，安徽省阜阳市涡阳县大周村发生了一起命案，村民周继鼎一家五口深夜在家遭人砍杀。周继鼎及其妻刘素英、其次女周春华三人重伤，其子周保华轻伤，其长女周素华当场死亡。案发后，县公安局组成专案组，经过三个多月的调查摸排，先后抓获同村村民周继坤、周家华、周在春、周正国、周在化等五名犯罪嫌疑人。

经过两次退回补充侦查，检方提起公诉，该案于1998年10月6日第一次开庭审理。五名被告人当庭否认杀人事实，指出侦查阶段存在刑讯逼供并当庭展示伤情。此外，所有控方证人均当庭翻证，否认庭前证言并指出侦查机关存在暴力取证行为，而声称在案发当晚看到了被告人的周春华（本案被害人之一）不仅无法在法庭上准确指认，其陈述亦存在诸多矛盾、反复之处。[①]综合全案，控方的证据体系几乎全部建立在主观的言词证据之上，未能提供任何关键有力的客观证据。公安机关既没有组织被告人指认现场，也没有从犯罪现场提取到毛发、皮屑、足迹等证据，更没有发现凶器、血衣等物证的下落。

面对如此粗糙的侦查、薄弱的指控，当年负责本案一审的审判长巫继成清楚地回忆道："案件是1998年10月6日第一次开庭审理的，第二天合议庭就进行了评议。矛盾点多，事实不清，证据不足，疑罪从无，合议庭拿出一个无罪意见，提交审委会讨论。"而阜阳市中级人民法院（以下简称阜阳市中院）审委会于10月15日组织了会议出于慎重考虑，同时邀请了阜阳市人民检察院（以下简称阜阳市检察院）派员列席讨论。据悉，阜阳市检察院派了三人参加此次审委会讨论，分别是该院一位副检察长、起诉处处长和本案公诉人于月刚。[②]巫继成接受采访时回忆："第一次审判委员会一直从中午开到了下午六点多，天都快黑了。当天除了审判委员会的固定成员，还邀请了阜阳市检察院的三名检察官。审判委员会的意见是一致的，应该宣判五名被告人无罪，列席的检察官也没有表示不同意见。"[③]也就是说，对于"五周"案，面对重重疑点，原本一审法院经过讨论形成了无罪意见，并不认为检察机关指控的故意杀人罪成立。那么，究竟发生了什么，使得一审法院的无罪判决"胎死腹中"，五名被告人的命运被彻底改写呢？

（二）惊天逆转，无罪竟变死刑

在审判委员会开过的第二天，也就是1998年10月16日，巫继成照例早早地来到单位上班。大约早上8点30分，被害人周继鼎忽然冲到巫继成的办公室，质问他是不是打算宣判被告人无罪。巫继成反问他是怎么知道的。或许正是这句话使得周继鼎肯定了自己内心的想法，于是他从兜里掏出准备好

①张亮：《一个百科全书式的冤案切片——安徽周继坤等五人故意杀人案平冤记》，载于中国政法大学刑事辩护研究中心微信公众号，2018年4月13日推送。

②《安徽司法恶例：被害人父亲法院自尽，被告无罪变死刑》，澎湃新闻网，https://www.thepaper.cn/newsDetail_forward_1256495，2019年10月10日访问。

③萧辉：《阜阳"五周"案冤案逻辑》，载《财新周刊》，2018年第15期。

的农药，还没等巫继成反应过来，就已经喝了下去。巫继成冲上前去打掉农药瓶子，立即派人把周继鼎送去医院。但还是太迟了，三天后，也就是10月19日，周继鼎抢救无效死亡。周继鼎服毒自杀——这一事件成了五名被告人命运的拐点，也彻底地影响了事态的发展，改变了案件的走向。

时过境迁，当年许多事情的具体细节我们已经无从知晓，但可以知道的是，直到涡阳县委县政府与周继鼎的家属达成书面协议之后，周继鼎的遗体才于10月21日上午在阜阳殡仪馆火化。随后，阜阳市中院以“案情复杂”为由向安徽省高级人民法院申请延长办案期限，并在申请文书中提到了本案审委会讨论后的结论以及周继鼎服毒自杀的事实。① 就这样，案件一时难以下判，审限的延长一天天地煎熬着被告人的心，时间也从1998年底来到了1999年初。

1999年3月29日，一审法院终于就本案作出了判决。但令人意外的是，这样一起看似理应疑罪从无的案件并没有在漫长的研究和反复的讨论之后理所当然地得出一个无罪判决。一审法院（阜阳市中院）自行推翻了此前合议庭和审委会讨论得出的无罪意见，在没有任何新证据的情况下，180度大逆转地作出了有罪判决。至今，被告人仍清楚地记得，当年的“（1998）阜中刑初字第164号”刑事附带民事判决书上写着：“被告人周继坤、周家华、周在春、周正国、周在化无视国法，为泄私愤报复杀人，造成一死四伤的严重后果，其行为均已构成故意杀人罪，并判处周继坤、周家华死刑，周在春无期徒刑，周正国、周在化有期徒刑十五年。”面对这个惊人的噩耗，五名被告人自知蒙受了天大的冤屈，均表示不服，提起上诉。

（三）一波三折，终是徒劳无功

1999年7月6日，安徽省高级人民法院以“一审判决事实不清、证据不足”为由裁定将案件发回重审。本案在重审过程中并未发现新的证据，控方的证据体系一如一审最初的情形，但此番重审，阜阳中院并没能自查自省、严守刑事诉讼法“疑罪从无”的要求，而是一如既往地“疑罪从轻”，作出了

① 张亮：《一个百科全书式的冤案切片——安徽周继坤等五人故意杀人案平冤记》，载于中国政法大学刑事辩护研究中心微信公众号，2018年4月13日推送。

留有余地的判决。2000年2月23日，阜阳中院重审后认定被告人周继坤等五人均构成故意杀人罪，并对周继坤、周家华处以死缓，周在春被判处无期徒刑，周正国、周在化则被判处有期徒刑十五年。可见，除了周继坤、周家华的刑罚从死刑立即执行降为了死刑缓期两年执行，有机会保住性命之外，其他被告人的刑罚均与本案一审判处一致。按照一审审判长巫继成接受媒体采访时的说法，"审判委员会也明白这是个冤案，但迫于上级指示作出了有罪判决。有人认为应该留住被告人的命，留待将来，因此把死刑改为死缓"[①]。但所谓的"降格处理"并不能息事宁人，蒙受不白之冤的被告人依旧不服，再次上诉。

2000年10月8日，安徽省高级人民法院对历经重审后的再次上诉作出了终审裁定，"（2000）皖刑终字第252号"刑事附带民事裁定书维持了阜阳中院的重审判决。至此，本案经过了"一审—上诉—二审—发回重审—重审—再次上诉—再次二审"之后，依旧认定五名被告人构成故意杀人罪，并分别处以死缓、无期徒刑和有期徒刑十五年的刑罚。在得到最终的生效裁判前，被告人可谓不遗余力、竭尽所能地在对抗这场无妄之灾，也几乎穷尽了刑事诉讼法规定的各种程序，然而现实无比残酷，最终五名被告人也未能扭转乾坤，躲开这场本不该经历的牢狱之灾。拿到终审判决后，周继坤等人一边服刑一边申诉，家属也不断地设法上访，希望有朝一日能够沉冤得雪、真相大白。可这条申冤之路一走就是二十几年，五名被告人和他们的家人都为之付出了常人难以想象的代价和艰辛。平反成了他们活不好的魔咒，却也是他们活下去的信念。

（四）以死相逼，领导强力干预

我国民间一直流传着一种说法，"人死为大，入土为安"。被害人周继鼎在法院服毒自杀，这是导致"五周"案事态升级的直接原因，也使得这起轰动一时的大案彻底成为社会热点事件。即使当年的通讯远不如今日发达，但媒体的报导、群众的关注、领导的重视已然使得一审法院无力招架，案件处

① 参见萧辉：《阜阳"五周"案冤案逻辑》，载《财新周刊》，2018年第15期。

理发生了180度的转变。我们当然可以指责法院的软弱，但在此之前或许更应该理清楚几个问题，解开心中的疑惑。周继鼎是如何获悉审判委员会的讨论意见的？又是如何在第一时间从大周村赶到了阜阳中院的？针对此案究竟是什么人作出了怎样的批示？

1. 鬼使神差，周继鼎空降法院

从涡阳县大周村到阜阳市中院，时至今日仍然没有可以直达的公共交通，按照本案再审辩护人的估算，绕道亳州全程有百余公里，就算是在今天，即使不考虑公共交通的运行时段，至少也需要花费5个多小时的时间。那么，在通讯和运输都还十分落后的1998年，从10月15日傍晚审委会作出决议到10月16日清晨周继坤出现在巫继成的办公室，短短一夜，他是如何完成了从大周村到市中院的“空降”的？

对此，巫继成在接受记者采访时曾说：“后来听说是检察院内部的人把审判委员会讨论的结果透露给被害人家属的，但具体是谁透露的，当年没有查。”① 而本案再审辩护人在办案过程中也了解到了一些与之类似并且更为细致的情况：根据某内部知情人士透露，周继鼎之所以能够提前获得消息并连夜赶到阜阳市中院以死相逼，可以说完全是阜阳市检察院和涡阳县公安局一手促成的。该知情人士透露，1998年10月15日，阜阳市检察院副检察长、公诉处处长、本案主诉检察官于月刚等人列席参加了阜阳市中院审委会对“五周”案的讨论。他们在获悉审委会形成了无罪意见后，立即电话通知涡阳县公安局，县公安局则直接派人驱车赶往大周村，告知周继鼎这一消息并动员他前往中院闹事。②随后，周继鼎决定动身，县公安局有关人员连夜开车把他送到了阜阳中院，周继鼎这才鬼使神差般地在10月16日一大早就出现在了巫继成的办公室，也就发生了悲剧性的一幕——服毒自杀，命丧黄泉。

2. 事态紧张，领导纷纷作出批示

被害人在法院喝了农药，又出了一条人命——自此，舆论哗然，事态紧

---

①参见萧辉：《阜阳“五周”案冤案逻辑》，载《财新周刊》，2018年第15期。

②张亮：《一个百科全书式的冤案切片——安徽周继坤等五人故意杀人案平冤记》，载于中国政法大学刑事辩护研究中心微信公众号，2018年4月13日推送。

张。各级领导和司法机关开始了一系列请示、汇报、批示的流程。根据再审辩护人了解到的情况，有关领导曾就本案作出过批示，要求政法委各部门之间加强协调，并指示阜阳市中院尽快审结案件，认真总结经验教训。

多年后，巫继成坦言："这个案子受到案外因素干扰，现在再审宣判无罪是在情理之中的。"言外之意，当年的有罪判决并非严格依法裁判的结果，外界压力的影响不容小觑，甚至可以说是酿成这起冤案的重要原因。

事实上，在司法政绩观和"命案必破"思维的影响下，早在侦查阶段有关部门的领导就已经针对案件作出了重要指示。一家五口一死三重伤一轻伤，这样的事实使得县公安局一开始便把这起案件定为了"8·25"特大杀人案，并成立专案组全力侦破。但是，经过三个多月的摸排调查，结果并不理想，侦查工作甚至一度陷入僵局。直到1996年底，涡阳县有关领导听了案情汇报后，觉得此案就此一放，可能会产生更为严重的社会影响。他责成公安局迅速组成新的专案组，请检察院批捕科和起诉科提前介入，全力侦破案件。

几个月后，新专案组借由一条所谓的"重大线索"，重新将作案嫌疑锁定在周继坤等人身上，并从胆小内向的周在春入手，开始逐个突破。最终，正如我们在警方的媒体资料中看到的那样——经过两天一夜的政策攻心，周在春终于交代了五人喝酒后杀人的罪行。随后警方又对周家华进行了三天三夜的突审，对周正国进行了五天四夜的攻心，对周继坤更是进行了不厌其烦的"巧设讯问"，最终五人全部招供，[①] 专案组不负众望，成功破案。

（五）匪夷所思，刑讯求取证供

1. 刑讯逼供

我们或多或少还是能够从上述这些委婉含蓄的字眼中捕捉到一些非法讯问的影子——"两天一夜""三天三夜""五天四夜"，一个个鲜活的数字让人不禁联想到"车轮战""疲劳讯问"。我们不禁疑惑，被告人究竟是在怎样的精神状态下作出的有罪供述？究竟是真实可信的自白，还是神志不清的

①《安徽五周杀人案5被告改判无罪：案发夜5人分处3地》，新京报网，http://news.sina.com.cn/s/2018-04-11/doc-ifyzeyqa5923171.shtml，2019年10月12日访问。

呓语？

事实上，五名被告人所遭受的远不止疲劳讯问这么简单。就在本案一审开庭时，被告人周继坤等人当庭展示了身上的伤痕：被老虎钳拔掉的大拇指指甲盖，腿部被螺丝刀刺的洞，腹部、腰部被老虎钳拧的伤痕等。

2. 暴力取证

刑讯逼供似乎总是与冤案形影相随，但本案牵连人数之多、范围之广却足以令人瞠目结舌。当年，和周继坤等五名被告人一起蒙受冤案之苦的还有18名向警方提供定案证言但在庭审中翻证的证人。

在一审、二审判决中，时年16岁的周杰在接受公安机关问询时的证言是一份十分关键的证据，但是他在一审作证后竟然消失了近两年——因涉嫌伪证罪被关进看守所。当年还是个孩子的他，果真了解案情而又故意作出了虚假证明吗？一审判决书采纳的证据显示：证人周杰证明，案发当夜其在周继坤家看见五名被告人一起喝酒，周继坤提出摆治摆治周继鼎，并看见周家华等人拿有斧头、菜刀等凶器。2018年，38岁的周杰在接受记者采访时回忆道：当年他正在大李中学上初二，1997年3月的一天，两名警察从课堂上把他用手铐带走，拉到涡阳闸北派出所。警察问他是否看到周家华、周在春等四人在周继坤家吃饭，他如实回答说“没有看到”。于是，警察吃过晚饭后，用绳子把他绑起来，要他跪在地上，两名警察对他拳打脚踢，其中一位穿着尖头皮鞋踹他的腰和背，他被打得实在受不了了，就按警察的要求在证词上签字按手印了。

但一审开庭时，周杰出庭作证，当庭推翻了此前在公安机关的书面证言，声称遭到了刑讯才被迫作出虚假陈述，实际情况是他没有在周继鼎家里看到五人密谋杀人。周杰称，一审宣判后不久（一审判决时间为1999年3月29日），涡阳县警方就把他关押到楚店派出所，第二天送到了涡阳看守所，三个月后，涡阳县人民检察院才以涉嫌伪证罪签发了逮捕令。而直到2000年7月22日，周杰才被取保候审，涡阳县人民检察院作出了不起诉的决定。不起诉决定书写道，依据卷中材料，没有证据证明周继坤等五人吃饭喝酒密谋杀害周继鼎时周杰在现场，卷中事实不清，该案经过两次退回补充侦查，仍然不能认定作伪证的行为，故决定不对周杰提起公诉。

而在周杰被羁押期间，“五周”案发回重审再次开庭，周杰作为辩方证人出庭作证。出庭前，他被从涡阳县看守所转移到阜宁县看守所，但仍然难逃一路追来的涡阳县警方的威胁，要求他按照警方的口径作证。周杰点头，但是在法庭上他再次坚持说出实情。然而，自始至终坚持在法庭上实话实说的周杰却受到了报复性的追诉，在被关押了将近两年后才被释放。“那时候我还是个孩子，无缘无故被关押了近两年，没有任何人告诉我到底发生了什么，没有任何人给我个说法。”周杰曾对记者说。他至今都不后悔作证说出实情：“我看到什么就应该说什么，没看到的不能瞎说，做人要对得起良心。”但同时他也为自己感到冤屈，“因为说实话，被关了两年，出来没有书读了，想参军，政审也被卡住了，我的一生算是被这件事情毁了。”

按照刘静洁律师[①]的统计，一审第一次开庭，辩方申请了18位证人出庭作证，而这18个人后来都受到了不同程度的骚扰、威胁、利诱、殴打，甚至非法拘禁，其中明确被刑事拘留的有7人，证人张侠（周继坤的妻子）、周杰、周在荣、周开慧四人因涉嫌包庇和伪证罪多次被刑事拘留，关押接近两年，最终均未被起诉或检察院撤诉；周继锋（周继坤的弟弟）以涉嫌奸淫幼女罪被关押一年多，后经涡阳县人民法院判决无罪释放；证人张广玉、张广杰被行政拘留15天后改为刑事拘留，直到按照警方指定的说法供述，才被取保候审。刘静洁律师曾说，这起案件“打击报复证人人数之多、手段之残忍，是建国以来罕见的”[②]。本案再审辩护人亦对此进行了梳理，发现该案在侦查期间先后有近20名证人被公安机关抓捕，有40余名村民曾被采取强制措施，创下了新中国历史上单一案件抓捕证人的数量之最。

正是办案人员如此知法犯法，一手刑讯逼供，一手暴力取证，才制造出了看似“印证”的定案证据，断送了五名被告人的人生和五个家庭的幸福，也使得大周村没有了往日的平静。很长一段时间村民们都如惊弓之鸟，听不

①刘静洁律师从1997年起即以法律援助律师的身份参与此案。

②参见萧辉：《阜阳“五周”案冤案逻辑》，载《财新周刊》，2018年第15期。

得警车的声响，生活在莫名的恐惧之中。

（六）机缘巧合，再审出现转机

自从安徽省高级人民法院作出终审裁定后，五名被告人始终坚持申诉，家人也不断为此上访，但是多年来一直没有结果。后来，周继坤等人均获得减刑，先后刑满释放。在此期间，同样发生在阜阳的另一起杀人案启动再审并成为舆论的焦点。

这起案件发生在1996年6月初，也就是“五周”案发生前两个多月，阜阳市颍泉区王庄村发生了一起命案（以下简称阜阳五青年案），17岁女青年刘某遇害。警方通过侦查，认定同村村民张云、张虎、吴敬新、张达发、许文海五人是凶手。此后四年间，该案经过三次一审和三次二审，最终在2002年9月8日认定五名被告人构成故意杀人罪，并判处首犯张云无期徒刑，张虎有期徒刑十五年，吴敬新、张达发、许文海有期徒刑十年。张云等五名被告人同样不服并不断申诉。相较于周继坤等人而言，张云他们是“幸运”的，因为曾经担任安徽省阜阳市人大代表的陶晓侠女士，从2001年就开始关注、声援此案，并在此后的十几年间四处奔波，牵线全国各地的人大代表帮助张云等人申冤。[①]终于，2015年7月，安徽省高级人民法院宣判张云等五人故意杀人罪不成立。

受“阜阳五青年案”再审的影响，同样是由阜阳市公安局侦破、阜阳市检察院起诉、阜阳市中院一审的“五周”案重新回到了公众的视野。这两起案件存在惊人的相似之处，不仅负责侦查、公诉的是同一拨人，甚至连审判长都是同一个人。[②]正是这样的机缘巧合使得周继坤等人漫长而绝望的申诉出现了一丝曙光。2014年7月22日，澎湃新闻独家报道《安徽司法恶例：被害人父亲法院自尽，被告无罪变死刑》。媒体的关注成为了最后的“助推剂”。当天傍晚，也就是2014年7月22日17时19分，安徽省高级人民法院通过

①《安徽阜阳五青年案平反背后：人大代表13年接力帮助伸冤》，澎湃新闻网，https://www.thepaper.cn/newsDetail_forward_1353844，2019年10月12日访问。

②《一个百科全书式的冤案切片——安徽周继坤等五人故意杀人案平冤记》，载于中国政法大学刑事辩护研究中心微信公众号，2018年4月13日推送。

官方微博作出了回应："因该案发生已近20年，现已责成相关部门立即调取该案全部卷宗，组织专门人员认真进行审查，相关审查结果出来后，将及时向社会公布。"经过再审审查，2016年12月24日，安徽省高级人民法院决定再审"五周"案。2017年8月2日至3日，该案再审开庭，直到2018年4月11日，周继坤等五人被宣判无罪。[①]至此，二十余年的平反之路终于艰难地画上了一个句号，周继坤、周家华、周在春、周正国、周在化最终拿到了那份二十多年前失之交臂的无罪判决！

二、法理研判

（一）重言词证据，轻实物证据

从媒体公布的资料来看，"五周"案存在一个非常突出的问题——完全依靠言词证据，几乎没有实物证据。其实，一审合议庭和审委会在最初的合议和讨论之后，之所以能够得出无罪意见，很大程度上也是因为全案证据过于薄弱。资料显示，该案在侦查阶段，警方并没有从案发现场提取血迹、指纹、足迹等痕迹物证，也没有找到杀人时的血衣和作案工具，从五名被告人家中搜出的衣物上也没有检验出人血。在仅有言词证据，没有其他客观证据的情况下，案件就被移送到了检察院，后被检方以故意杀人罪提起公诉。[②]在法院庭审过程中，被告人均当庭翻供，出庭作证的证人也都否定了庭前的书面证言，指出警方存在刑讯逼供和暴力取证的行为。对于公诉人当庭出示的"凶器"菜刀，法庭则认为系在案发后很久才提取的，且没有对菜刀进行检验，因此不能认定为凶器。

可见，本案几乎没有任何实物证据能够将周继坤等五名被告人与行凶杀人的犯罪事实联系起来，换言之，没有任何实物证据能够将犯罪嫌疑指向五名被告人。如此，法院若想作出有罪判决则只能依靠被告人的庭前供述和证人的书面证言，无视庭审时众人翻供、翻证的事实。即使当时的司法解释尚

①参见萧辉：《阜阳"五周"案冤案逻辑》，载《财新周刊》，2018年第15期。

②参见樊崇义：《一瓶农药与司法公正》，载《人民法治》，2018年第5期。

没有对被告人翻供、证人翻证后证据的采信问题作出具体、明确的规定，但法官对庭审中出现的刑讯逼供线索和改变证言的情形直接视而不见，显然也是有问题的。更进一步地，法院处在刑事诉讼程序的最末端，在审判阶段才能接触到案件，面对这样一个漏洞百出的“葫芦案”一定程度上可能也无可奈何。而处在办案一线的公安机关，其侦查工作之所以会如此粗疏，则和长期以来的工作习惯、办案理念有着莫大的关系——重言词证据，轻实物证据。

一直以来，口供因其特殊性，在我国都有着非常重要的地位，甚至一度被奉为“证据之王”。我国古代便长期采取“无供不录案，罪从供定”“断狱必取输服供词”的办案模式，现代社会中“以供破案”“依供找证”在很大程度上也仍然是办理刑事案件的基本路径。办案人员往往将口供作为突破口，取得犯罪嫌疑人口供后再“按图索骥”，收集其他证据。口供本是一种重要的证据，但轻信口供，过于依赖口供，则是办案的大忌。特别是以非法方法甚至刑讯逼供获取的口供，在口供反复、口供与其他证据存在矛盾或者其他有罪证据不充分时，主要依赖口供作出有罪判决，极易导致冤假错案的发生。[①]

本案中，公安机关虽然对现场进行了勘查，但勘查笔录中除了记载案发现场的布局情况、血迹所在之处以及死者姿态外，并没有记录任何可疑迹象，也没有提取任何有价值的生物证据、痕迹证据。这种对实物证据的忽视，极大地影响了案件的侦破，也进一步加重了办案机关对口供等言词证据的依赖。因此，一方面是“命案必破”的压力，另一方面是有力物证的欠缺，办案人员便自然而然地滑向了非法取证的边缘——动用刑讯逼供手段，通过极其残忍的方式得到了五名被告人的有罪供述，并多次使用暴力、威胁，甚至非法拘禁、报复性追诉等方式获取对控方有利的证人证言，以防被告人供述沦为孤证，无法顺利实现定罪。最终，执法者弃公平正义于不顾，一手酿成了这起冤假错案。

---

①参见卞建林、白思敏：《坚守证据底线，防止冤假错案》，载《法律适用》，2013 年第 9 期。

（二）“疑罪从无”与“疑罪从轻”

1996年8月“五周”案发生时，第八届全国人大四次会议修改的《刑事诉讼法》已经向社会公布，并于1997年1月1日起开始实施。[①]作为对1979年《刑事诉讼法》的第一次修改，1996年《刑事诉讼法》的一大亮点就在于确立了“疑罪从无”的原则。其第一百六十二条第三款规定，“证据不足，不能认定被告人有罪的，应当作出证据不足、指控的犯罪不能成立的无罪判决”。按照当时学者们的评价，这一规定弥补了原《刑事诉讼法》在此方面的空白，进一步完善了刑事诉讼的审判制度，对于保护被告人的权利，防止出现有罪推定，以及充分调动控辩双方的积极性都具有十分重要的意义。[②]

“五周”案从发生到审判跨越了1997年刑事法体系转型和国家法层面的“依法治国”决断，可谓是发生在中国法治转型关键期的一起典型刑事案件。如果法院能够严守刑事诉讼法的证明标准，贯彻“疑罪从无”的裁判逻辑，当年那份“胎死腹中”的无罪判决或许早已成为了一份载入史册的标志性判决。然而令人遗憾的是，一审法院认定“本案有证人证言、现场勘查笔录及照片、法医鉴定结论等证据证实，五名被告人亦曾作过供述，基本事实清楚，证据确实，可以认定”。这一裁判结论用语十分微妙，“曾作过供述”“基本事实清楚”似乎在避重就轻，难以让人心服口服，而作为一起命案，裁判结论竟然对作案工具只字未提，亦实属罕见。种种迹象表明，法院作出这份有罪判决的底气并不充足，全案证据并没有达到法定的最高证明标准。

刘静洁律师在辩护期间也明确指出了本案存在的种种疑点。比如，本案发生在8月25日，是夏天最热的时候，但是死者周素华在夜间却身穿牛仔裤和长袖衣服睡觉；死者系头部严重损伤导致死亡，但其上衣却没有血迹；死者腿部未受伤，但右小腿裤子上却有大片血迹。此外，周继鼎家附近有多家住户，案发当晚却没有任何人听到异响或叫喊声。四个伤者被砍时竟然无人感到疼痛而叫喊、挣扎，连只有鼻子上有一处划伤的周保华竟然也昏迷不

①1996年《刑事诉讼法》于1996年3月17日向社会公布。

②参见叶青：《刑诉法修改笔谈（二）：浅析疑罪从无原则》，载《法学杂志》，1996年第7期。

醒。[①] 然而，辩护律师提出的种种疑点并没有引起法院的重视，或者说尽管法院心有疑惑但依旧作出了有罪判决，只不过在二审发回后采取了“疑罪从轻”的裁判方式。

和许多冤假错案一样，本案同样存在侦查人员刑讯逼供、违法取证的行为，同样被二审法院认定为事实不清、证据不足因而发回重审，更因为被害人服毒自杀而受到各级领导的关注和批示。最终，即使尚不够定罪条件，法院也还是作出了有罪判决，但为了避免“错杀”没有选择死刑立即执行，而是降格判处死缓。这就是中国式冤案中常见的——“留有余地”的判决。这种判决具有三个鲜明的特征：第一，案件在被告人是否构成犯罪的问题上形成了“疑案”或者“疑罪”；第二，“疑罪从有”，也就是对事实不清、证据不足，定罪尚未达到法定证明标准的案件，降低证明标准的要求，违心地作出有罪判决；第三，“疑罪从轻”，亦即考虑到案件存在合理的疑点，对被告人定罪多少有些牵强，为避免冤杀无辜，在量刑上不选择最高刑，对于本应判处死刑立即执行的案件，改判死缓、无期徒刑或者其他自由刑。[②] 这种“留有余地”的裁判方式被一些司法工作者认为是“最好的”处理方式，是一种中国式的“妥协的正义”，甚至认为对这种裁判方式的质疑和批评是一种对司法制度的苛求。然而，这种“疑罪从有”“疑罪从轻”的做法实际上却是一种对刑事诉讼法“疑罪从无”原则的直接否定，必将架空法定最高证明标准的作用，具有极大的现实危害性。回顾历年来平反的冤假错案，我们不难发现，恰恰是因为法院不敢在证据不足、事实不清、合理怀疑无法排除的情况下按照“疑罪从无”的裁判逻辑作出无罪判决，出于种种“社会效果”“政治效果”的考量作出让步，才牺牲了最应该重视的“法律效果”，突破了依法裁判的底线，最终导致被告人被错误定罪，蒙受冤屈，也使得司法公信力严重受创。诚如陈瑞华教授所言，“在这种裁判方式的影响下，中国法院不可能成

① 《安徽司法恶例：被害人父亲法院自尽，被告无罪变死刑》，澎湃新闻网，https://www.thepaper.cn/newsDetail_forward_1256495，2019 年 10 月 10 日访问。

② 参见陈瑞华：《留有余地的判决——一种值得反思的司法裁判方式》，载《法学论坛》，2010 年第 4 期。

为司法正义的维护者，而只能基于现实主义的司法理念，通过妥协和委曲求全来获得生存。只要这一裁判方式继续存在，那么，法院司法裁判的公信力就不可能树立起来，刑事司法制度也难以发生实质性的变革"[①]。

（三）审判独立与法外干预

"五周"案中，法院之所以难以作出无罪判决，其实不是一个纯粹的"疑罪从无"的理解与适用问题。由于刑事诉讼程序具有相继推进的特点，相较于处于后续环节的检察院和法院，公安机关在重大命案的侦破上压力最大。而基于特定的司法政绩观和司法伦理，我国各地司法实践中往往会将"重大命案"予以挂号，列入重点侦破范围。这在"司法为民"或者"司法正义"的意义上本是没有问题的，但问题恰恰也由此而生。

"政治化"的命案侦破逻辑、军令状式的"命案必破"口号传递给具体办案人员的信号和压力最终极有可能诱发"逆向选择"的道德风险。亦即，为了实现大案侦破的"快准狠"，按时甚至提前完成领导交办的任务，侦查人员可能会在主要证据不足的情况下，人为制造有利于顺利结案的证据，比如本案中侦查人员进行的刑讯逼供和暴力取证。而一旦公安机关宣布"破案"，在媒体上宣扬"战功"，处在后续环节的检察院、法院就会陷入一种十分被动的境地——案件已成"铁案"，有关侦查人员甚至已经得到嘉奖、升迁，检察院怎么能够"不起诉"？法院怎么能够"不定罪"？由此，就形成了我国刑事诉讼司法实践中长期存在的"侦查中心主义"，亦即决定被追诉人命运的不是最终的法庭审判，而是最初的刑事侦查。也正是因此，我们看到本案中在一审法院讨论得出无罪意见后，检察机关、公安机关主动将消息透露给被害人周继鼎并帮助他连夜赶到阜阳中院。这种"心系被害人"的做法背后实际上是一种共同利益的纠葛，是对法院无罪判决的联合抵制，也是对部门利益和工作绩效的精心维护。

而被害人周继鼎在法院服毒自杀，这种行为往往会被普通民众解读为"重大冤屈"的自我证明，从而起到凝聚民意、形成压力的作用。这种传统

①参见陈瑞华：《留有余地的判决——一种值得反思的司法裁判方式》，载《法学论坛》，2010年第4期。

的以死相逼的维权压力，直接成为压死骆驼的最后一根稻草，使得当年的阜阳中院再难坚持最初的无罪意见。如果说之前"命案必破"逻辑下公安机关制造证据、草草结案还只是一种例行公事，将最终的裁判责任推给了法院，那么被害人周继鼎的自杀行为就彻底打破了刑事诉讼各机关间脆弱的制衡关系，而要求整体性的司法机关同样按照"司法为民"的逻辑单方面地给被害人一方主持正义。这种"民意压力"进而转化为各级领导的"政治压力"，最终各种指导、批示纷纷下达，要求阜阳中院妥善审结此案，杜绝恶性事件再次发生。

正如法国律师勒内·弗洛里奥在《错案》一书中所提到的，一些司法误伤与错误往往并非参与者故意为之，而是司法程序的复杂性和人性的种种缺陷所致，比如法官的自由心证并非真正自由，而是受到内在道德动机和外在政治、民意压力的具体影响与塑造，从而扭曲证据解释、事实重构和法律适用。① 当然，我们在此提出这种"复杂性"并非是为法院开脱，而是现实如此。错误司法裁判的直接责任者可能是法官，但是导致错误裁判的法外因素同样不可忽视，有关人员的责任理应一并追究。只有这样，才能够彻底理清刑事诉讼各机关之间的关系，明晰办案机关与其他部门、各级领导之间的关系，从而在根本上为"审理者裁判，裁判者负责"创造条件。

三、反思与启示

"五周"案发生在上个世纪 90 年代，而此案平反之时已经是 21 世纪了，这场跨越世纪的审判同时也见证了我国刑事司法制度的发展。我们无法弥补周继坤等人蒙冤入狱的岁月，也无法偿还他们家人为此付出的沉重代价，但至少我们应当深刻地反思本案的诉讼进程，认真剖析酿成错案的种种原因，以期在未来的执法过程中依法打击犯罪，充分保障人权。

（一）坚持证据裁判

证据是刑事司法的基石。"五周"案之所以会酿成冤错，很大程度上是因

①参见田飞龙：《"疑罪从无"难题的出路——安徽司法奇案》，载《财经》，2014 年第 21 期。

为侦查人员从主观臆测的犯罪动机出发，在“有罪推定”的心态下枉顾合理怀疑，忽视客观证据，片面收集证据，降低证明标准，从而导致了最终的悲剧。基于本案的沉痛教训，未来的刑事司法实践首先应当贯彻落实“证据裁判原则”。

证据裁判原则不是自古以来就有的，而是司法制度发展到一定历史阶段的产物。从世界范围来看，证明方式的演化进程可以划分为神明裁判、口供裁判和证据裁判三个阶段，这三个阶段也是人类对诉讼的认识由非理性走向理性的过程。[①] 我国刑事诉讼法很早就确立了“以事实为根据，以法律为准绳”的原则，[②]但是这一政治性较强的原则并没有回答事实从哪里来、没有证据如何认定事实、证据应当具备怎样的法律资格等方面的问题。2012 年《最高人民法院关于适用〈中华人民共和国刑事诉讼法〉的解释》第六十一条明确规定，“认定案件事实，必须以证据为根据”，据此，我国刑事证据法正式确立了证据裁判原则。

这一原则的核心要义是指司法人员认定案件事实必须依靠证据，具体而言包括四个要素：第一，认定案件事实只能以证据为依据；第二，认定案件事实只能以具备证据资格的证据为依据；第三，证据只有经过法庭调查程序，才能作为裁判的根据；第四，全案证据只有达到确实、充分的程度，才能认定被告人的犯罪事实。[③] 结合“五周”案来看，首先，办案人员并没有坚持“根据证据认定案件事实”这个基本的出发点，而是根据以往的办案经验，在排除了情杀可能性之后，认定本案极有可能是仇杀，进而在了解到周继坤、周家华两家曾因计划生育问题与周继鼎（在计生办工作）存有积怨后，心中形成了“有罪推定”并在此基础上设法获取被告人口供、证人证言。其次，在本案的法庭调查过程中，被告人提出的刑讯逼供问题以及证人提出的

①参见陈光中：《证据裁判原则若干问题之探讨》，载《中共浙江省委党校学报》，2014 年第 6 期。

②1969 年《刑事诉讼法》第四条规定：“人民法院、人民检察院和公安机关进行刑事诉讼，必须依靠群众，必须以事实为根据，以法律为准绳。对于一切公民，在适用法律上一律平等，在法律面前，不允许有任何特权。”

③陈瑞华：《刑事证据法（第三版）》，第 49 页，北京，北京大学出版社，2018 年。

暴力取证问题都没有得到法庭应有的重视，据以定案的被告人供述、证人证言的证据资格值得怀疑。最后，全案证据并未达到确实、充分的程度，欠缺重要有力的实物证据证明被告人行凶杀人的犯罪构成要件事实，更难以得出周继坤等人就是杀人凶手的唯一性、排他性结论。因此，未来要预防类似的冤案，执法者必须首先树立起以证据裁判为原则的法治意识，全面贯彻相关证据规则，严格依法收集、固定、保存、审查、运用证据，从而确保侦查、审查起诉的案件事实证据经得起法律的检验。

（二）注重全面取证

在“五周”案中，五名被告人的辩解和多位证人作证时曾表示，案发当晚五名被告人分别处在三个不同的地方，根本没有聚在一起喝酒，更加无从谈起密谋杀害周继鼎一家。[①]但是，警方不仅没有主动收集这些无罪证据，反而动用非法手段制造虚假的有罪证据。这种片面取证方式正是众多冤假错案得以形成的根源所在。

有学者曾对我国媒体公开报导的137起错案进行了分析，研究发现几乎每一起都可以看到这种先入为主、片面取证的情况。实践中，一些侦查人员主观地认为抓到的犯罪嫌疑人就是实施该犯罪行为的人，所以只去收集能够证明该犯罪嫌疑人有罪的证据，而不去收集能够证明该犯罪嫌疑人无罪的证据，甚至对已经发现或者由犯罪嫌疑人提供的无罪证据也有意无意地忽视。最终，侦查人员提交的证据就成了“清一色”的有罪证据。

这种诉讼证据所呈现出的片面性很大程度上是由我国刑事诉讼证据制度所确立的单轨制模式导致的。也就是说，证据基本上是由诉讼一方单方面收集提供的。换言之，在单轨制下，查明案情和收集证据是一种以警察和检察官为代表展开的官方活动。与之相对的是双轨制证据调查模式，亦即证据调查活动是由诉讼双方的证据调查人员分别进行的，官方的证据调查服务于公诉方，私人或者民间的证据调查服务于辩护方。[②]在我国，虽

①参见萧辉：《阜阳“五周”案冤案逻辑》，载《财新周刊》，2018年第15期。

②参见何家弘：《冤假错案是怎样酿成的》，载《中国改革》，2015年第1期。

然刑事诉讼法赋予了辩护律师调查取证的权利，但是，由于这种权利不具有强制性而且受到诸多限制，需要被取证者自愿配合，甚至检察机关许可，再加上律师取证的现实风险较大，因此在司法实践中我们很难看到辩护方提供的证据，最终进入诉讼程序的几乎都是控方提供的有罪证据。

未来，为了更好地预防冤假错案的发生，第一，需要强化侦查人员全面取证的意识。既要收集有罪证据，又不能忽视无罪证据；既要收集言词证据，也要重视实物证据。第二，需要加强检察机关的侦查监督作用，对于重大疑难复杂案件，建立检察机关提前介入机制。司法实践表明，审查起诉时发现证据不足而退回补充侦查的，由于时过境迁，一般很难取得良好的效果，这也是造成一些重大疑难复杂案件久拖不决的重要原因，特别是一些命案，最终往往会陷入要么死罪，要么无罪的极端、被动境地。如果侦查监督的重心前移，则能够更加有效地监督侦查、引导取证，及时发现和纠正侦查中的违法行为，引导侦查人员依法全面收集、固定、完善证据，防止隐匿、伪造证据。[①]第三，应当强化辩护方的调查取证权。具体而言，应当废除不必要的限制条件并确立证人、证据持有人的协助义务，即律师在依法调查取证时，有关单位和个人负有配合义务，除非提供证据将导致自我归罪，不得拒绝提供证言或者证据。对于无正当理由拒不提供证据的单位和个人，除辩护律师有权申请人民检察院调取证据外，应当根据具体情形，对其给予适当的处罚等。[②]只有充分强化辩护方的取证能力，才有可能切实促进控辩平等对抗，以防案件审理者偏听偏信，错误定案。

（三）严禁刑讯逼供

以刑讯逼供或者变相刑讯逼供等非法方法获取犯罪嫌疑人、被告人供述是形成冤假错案的直接原因，也是与现代司法理念和司法制度相对抗的一种顽症。这种顽症至今仍然没有消除。无论是近年来相继平反的冤假错案，还

①参见朱孝清：《冤假错案的原因和对策》，载《中国刑事法杂志》，2014 年第 2 期。

②参见张中：《论侦查阶段的有效辩护》，载《当代法学》，2017 年第 6 期。

是仍然在不断生成的新的冤假错案，绝大部分都存在非法取证的问题。为什么刑讯逼供屡禁不止？对此有人指出，遏制刑讯逼供之所以难以奏效，最主要的原因并不是无计可施，而是决心不强。[①]2012 年《刑事诉讼法》在吸收以往司法解释和实践经验的基础上，对刑讯逼供作出了更加严格的限制，但是，由于规范本身不够严谨并且缺少必要的救济条款，因此并未收到明显的规范效果。2017 年，最高人民法院、最高人民检察院、公安部、国家安全部、司法部联合发布了《关于办理刑事案件严格排除非法证据若干问题的规定》，对非法证据排除作出了更为细致的规定，但实质性的创新和进步较少。如果说“五周”案发生时间较早，当时的法治环境尚不健全，因此被告人提出的排除非法证据的诉求才没能得到法院的重视，那么时至今日，如果我们在审前程序中依然不能有效遏制刑讯逼供，在审判阶段依然不敢严格依法排除非法证据，那么预防冤假错案就只能流于空谈。

（四）贯彻疑罪从无

正如前文所述，和许多冤假错案一样，“五周”案最终作出的同样是一种“留有余地”的判决。面对现实中“入罪”“出罪”两难的境地，在刑事诉讼各个阶段坚决贯彻疑罪从无，可以说是预防冤假错案的唯一选择。刑事诉讼证明的目的是发现和揭示案件真相，但是由于主客观方面存在种种限制，并非每一次证明活动都能够达到这个目的。对于不能充分证明作案嫌疑、无法排除合理怀疑的“疑案”应当如何处理，这是所有诉讼制度都必然会面临的难题。

有人主张，对疑案既不能疑罪从有，也不能疑罪从无，而要坚持实事求是。然而，疑案之所以成为疑案，就是因为事实不实。既无“实事”，何以“求是”？如果一味强调实事求是，则会导致实践中常见的“疑罪从挂”现象，致使案件久拖不决，被追诉人受到长期羁押甚至超期羁押。这种案件处理方式名义上是为了“求是”，实质上则是一种“有罪推定”的办案逻辑，对

① 参见田文昌：《冤假错案的五大成因》，载《中外法学》，2015 年第 3 期。

法治建设和人权保障有着极大的危害。

从相继曝光的一系列冤假错案来看，其中绝大多数案件都存在疑点，有的甚至有很多疑点或者很大的疑点，但是，由于裁判者没能下定决心作疑罪从无的判决，转而采取了疑罪从轻的处理方式，最终导致案件难以经得起时间的考验，在真凶再现、亡者归来之后疑点变为现实，彻底损害了法治的尊严和权威。这样的经验教训告诫我们，在现代法治条件下，对疑案采取疑罪从无的处理方式，即使不是最佳选择，也的确是唯一可取的办法。[①]如果裁判者不能严守“疑罪从无”的证明标准，就难以守住司法正义的最后一条底线，刑事法治将很难发生实质性进步。反之，如果裁判者能够严守疑罪从无，不畏法外干预，坚持依法裁判，则不仅能够减少冤案发生，而且能够倒逼侦查机关提高办案质量，审查起诉机关牢固证据基础，最终促进刑事法治的发展与进步。

（五）完善责任机制

在“五周”案中我们看到，侦查人员存在刑讯逼供和暴力取证的嫌疑，列席审委会的检察人员存在擅自泄露审委会讨论意见的可能，被害人自杀后各级领导更是纷纷对案件作出批示……然而，上述种种行为并没有受到任何调查，相关人员的责任追究更是无从谈起。2018年4月11日，五名被告人在拿到无罪判决时曾表示：“我们不要国家赔偿，一分钱也不要，只要求依法惩戒当年的办案人员，这是我们最大的心愿，也是必须要完成的目标。”然而，时至今日，本案似乎依旧没有启动错案责任追究。单单一份无罪判决是否足以告慰人心？又是否足以警示未来，减少冤狱？

为了更好地贯彻落实司法责任制，减少刑事冤假错案的发生，我们至少应当：第一，重新审视检察机关法律监督权的行使方式，完善检察官职业群体的纪律规定。有学者指出，检察长列席审判委员会会议制度是特定历史条件下的产物，该制度并不符合正在全面推进的司法改革的精神，不利于人民

①参见沈德咏：《论疑罪从无》，载《中国法学》，2013年第5期。

法院、人民检察院依法独立行使审判权、检察权，不利于推进以审判为中心的刑事诉讼制度改革，不利于建立并落实司法责任制，也不利于人民检察院依法独立行使法律监督权，因此建议取消这一制度。[①]但遗憾的是，2018 年新修订的《人民法院组织法》第三十八条依旧规定，“审判委员会举行会议时，同级人民检察院检察长或者检察长委托的副检察长可以列席”。在这一制度尚未退出历史舞台之前，我们应当继续研究检察机关通过列席审委会会议行使法律监督权的合理性问题，同时应当制定和完善有关检察人员的职业规范和工作纪律，以免再次出现检察人员擅自泄露审委会意见，给法院制造裁判压力的情形。第二，应当严格贯彻落实“审理者裁判，裁判者负责”的司法责任制改革，杜绝领导干部不当干预司法、影响公正审判的情形。具体而言，一方面，在执法办案中，党政领导干部可以依法依程序批转，但是不能提出倾向性意见，更不能替办案人员拍板定案。另一方面，对违法干预政法的，应当一律给予党纪政纪处分，造成冤假错案或者其他严重后果的，应当一律依法追究刑事责任。[②]以实现领导干部保证执法、支持司法、带头守法，把权力关进制度的笼子，使各个机关及其工作人员能够各司其职，各负其责。

四、结语

安徽涡阳“五周”案得以酿成冤错的原因是多方面的，侦查工作中存在刑讯逼供、暴力取证；案件事实不清，证据不足；发回重审后原审法院作出了“留有余地”的判决；被害人自杀引起舆论压力；领导干部干预司法导致法院难以疑罪从无……这起案件似乎包罗了诸多冤假错案的典型成因。如今，纵然案件已经平反，五名被告人也已重获自由，但是本案带给我们的冲击和震撼使得我们复杂的心情始终难以平复，本案中所反映出的各种问题更

①参见顾永忠:《检察长列席审委会会议制度应当取消——写在〈人民法院组织法〉修改之际》，载《甘肃政法学院学报》，2017 年第 4 期。

②《中共中央关于全面推进依法治国若干重大问题的决定》（2014 年 10 月 3 日）。

加值得所有执法人员以及有关领导干部深刻反思、认真总结。衷心地希望，在未来的刑事司法中，不再发生类似的悲剧，执法者能够坚守底线，捍卫正义。

（李雪松）

四颗毒奶糖改变的人生

——李锦莲案

1998年10月9日，江西省遂川县横岭乡茂园村（今属雩田镇）发生了一场四颗毒奶糖引发的悲剧。村民肖某某两个儿子——分别为11岁的李某林和10岁的李某红在家附近的石壁上捡到四颗桂花奶糖，后因奶糖含有的剧毒成分毒鼠强，在送医途中毒发身亡。10月10日下午3点，县公安局刑警大队到达现场，下午4点开始进行现场勘查，仅用了一小时便匆匆结束。当地警方从现场获取的三张桂花奶糖包装纸上检出毒鼠强成分，认定该案系投毒案，村民李锦莲被认为有重大作案嫌疑，被警方带走。此案先后经过一审、二审、再审、二次再审，2018年6月1日，江西省高级人民法院对李锦莲一案作出二次再审判决，认定其无罪，当庭释放。

一、案情回顾：四颗毒奶糖，两家人的悲剧

本案当事人李锦莲，是江西省遂川县横岭乡茂园村村民。1998年，李锦莲被控投放四颗含有毒鼠强的桂花奶糖致使同村两名孩童死亡，被以故意杀人罪判处死刑缓期执行。此后19年，李锦莲和女儿李春兰开始了漫长的申诉之路。在狱中服刑18年11个月后，2018年6月1日，江西省高级人民法院再审认定李锦莲故意杀人的事实不清，证据不足，决定撤销原审判决，判决李锦莲无罪。

（一）一审

1. 事实认定

1998年10月9日，江西省遂川县横岭乡茂园村村民肖某某回家后发现两个儿子在家附近的石壁上捡到四颗桂花奶糖，未阻止二人食用，致使两人食用奶糖后毒发身亡。在案件侦查阶段，两名被害人母亲肖某某向公安机关证实，其与李锦莲存在不正当男女关系，因其想与李锦莲脱离关系，李锦莲不同意，基于报复杀害其两个儿子李某林、李某红。同年10月10日，李锦莲被侦查机关带走并进行四天五夜的讯问，因不堪忍受疲劳讯问和担心自己被冤枉，李锦莲在当月14日凌晨两三点，趁两个值班刑警睡着后逃走，并在山上躲藏了二十多天，李锦莲妻子在接受侦查机关询问后第21天突然死亡，家中突遭变故，李锦莲女儿闻讯赶回家中，在山上找到李锦莲，因为不相信公安机关会为自己主持正义，李锦莲女儿与检察院取得联系，希望通过检察院将事情说清楚，未承想检察院又将案件交还给公安机关。

一审法院审理后认定被告人李锦莲与同村肖某某有多年的两性关系，因1994年两人的奸情被肖某某丈夫的弟弟发现，1998年3月肖某某提出与李锦莲断绝两性关系，李锦莲对此不满。同年9月27日，李锦莲在遂川县城罗某咏的店里买了四包“速杀神”鼠药，10月6日又在遂川县城一杂货店买了十颗桂花奶糖，10月9日上午李锦莲去陈某家做客前，将部分鼠药放入桂花奶糖中重新包好，放进一个红色食品塑料袋中带在身上，接着带儿子李某平（7岁）去陈家做客，当天下午4点多钟，李锦莲与儿子做客返回，约下午6点钟经过被害人家必经路口时，李锦莲以解小便之名要其儿子在路口旁等待，将事先准备好的四颗毒奶糖放置在离被害人家不远的石壁处，两个小孩捡拾桂花奶糖食用后中毒，因地处偏僻，道路难行，送医途中经过了近三个小时，被送至医院时已经身亡。

一审法院认定事实依据的证据[①]包括：

证人证言包括：被害人母亲肖某某证明，李锦莲与自己存在不正当男女

① 《江西省高级人民法院刑事判决书》（2018）赣刑再2号。

关系，李锦莲因肖某某不愿继续二人不正当关系，基于报复心理故意投放四颗含有毒鼠强的桂花奶糖，致使两被害人捡拾食用后死亡；证人罗某咏证明1998年9月27日李锦莲在他店里购买了“速杀神”鼠药；日杂店店主龙某生、谢某玲夫妇证实，1998年10月6日李锦莲在他们店里只购买了白糖和面条，否认李锦莲在其店内买了桂花奶糖；证人袁头仔在第一次陈述时并未提到李锦莲曾走到撒落桂花奶糖的石壁处，第二次作证时证明，1998年10月9日下午案发前，在本村三岔路口听见李锦莲对其儿子李某平讲去解小便后，曾到过撒落奶糖的石壁处；李锦莲儿子李某平证实李锦莲曾到过案发奶糖撒落处。后经证实，李锦莲年仅7岁的儿子李某平在案发两个月后即1998年12月8日被公安机关带到横岭乡政府，侦查人员故意不让其姐姐在场的情况下，让其婶婶郭某香陪同，对林某平进行了长达两日的询问，其间，侦查人员更对李某平威逼利诱、哄骗恐吓、限制休息，在李某平一再否认李锦莲在三岔路口停步、解小便后，仍反复询问，不承认就不让回家，最后由郭某香按侦查人员的要求做李某平工作，李某平这才按侦查人员的意思说。[①]一审采纳了李锦莲的儿子李某平的口供，证实1998年10月9日下午从坛前村做客回本村三岔路口时，李锦莲说“去解小便”离开过。

犯罪嫌疑人供述：李锦莲承认与肖某某存在不正当关系，但二人已经于4年前和平分手，否认对肖某某继续纠缠；李锦莲在公安机关侦查阶段就本案事实前后共有11份有罪供述，其中还有其本人自书的犯罪情况交代。

鉴定意见：经江西省公安厅技术鉴定，送检的从李锦莲家查获的“速杀神”鼠药系毒鼠强，从案发现场获取的3张桂花奶糖包装纸上检出毒鼠强成分，以及被害人李某林、李某红系毒鼠强中毒死亡的事实。[②]

2. 一审判决

尽管一审中仍有证人证明李锦莲不存在杀人的时间，且证人袁头仔的证言存在报复的可能性，现有证据不能证明李锦莲购买了投毒所用的桂花奶

①《易延友：李锦莲故意杀人案申诉状》，刑事观察，http: //www.bianhuren.net.cn/wei.php/guancha/read/id/6040，2018年10月10日访问。

②《江西省高级人民法院刑事判决书》（2018）赣刑再2号。

糖，李锦莲11份有罪供述也在被宣布逮捕后被他本人全部否定，但一审法院依然认定犯罪过程：

李锦莲在县城购买了奶糖和鼠药，在家中用火柴杆将鼠药挑入四颗桂花奶糖中，将奶糖重新包好后放进一个红色食品塑料袋中带在身上，出去办事返回村里后，将装有四颗毒糖的塑料袋放在肖某某家附近的石壁上。不久，肖某某两个儿子捡到四颗毒糖，食后均中毒死亡。并认定在讯问过程中没有刑讯逼供行为，李锦莲所述装奶糖的红色塑料袋口子的打结方法与案发现场获取的物证的打结方法一致，李锦莲在庭审中没有提出刑讯逼供的事实，在关押期间与同监人犯交谈时也承认过投毒杀害被害人的犯罪事实。因此，判决李锦莲的行为构成故意杀人罪，且犯罪情节、后果特别严重，并判处李锦莲死刑，缓期二年执行，剥夺政治权利终身。[①]

（二）二审存疑，依然判决有罪

李锦莲不服一审判决上诉。江西省高级人民法院不开庭审理了本案，二审裁定认为，李锦莲目无国法，因不满肖某某提出断绝两性关系，以及怀疑肖某某的小叔子李锦某毒死其家的牲畜，竟投放毒糖杀死肖某某的两个儿子李某林、李某红，其行为已构成了故意杀人罪，且后果特别严重，依法应予惩处。原审判决认定事实，适用法律正确，量刑适当，审判程序合法。裁定驳回上诉，维持原判。

对二审的裁定结果，李锦莲案辩护律师章一鹏认为，法院二审事实认定上存在心虚的情况，案件的几个核心证据都存在很大问题。首先，作案工具即掺了老鼠药的桂花奶糖来源不明。案卷材料显示，警方曾调查了遂川县一对店主夫妻龙某平、谢某玲，二人在接受公安机关询问时，谢某玲称只能确定李锦莲在其店里购买了白糖和面条，对于是否购买了桂花奶糖，不能确定；龙某称李锦莲在其店里只购买了白糖和面条，并没有买其他东西。那么，桂花糖从何而来？其次，关键证人的证言是孤证。在李锦莲案件中，能直接证明李锦莲犯罪的一份证言来自村民袁头仔。对于这份证据，章一鹏律

① 《江西省高级人民法院刑事判决书》（2018）赣刑再2号。

师认为疑点重重。因为袁头仔与李锦莲在村里素来有矛盾，因此她的证言很可能对李锦莲不利；而袁头仔的证词是唯一的证词，没有其他证据印证，属于孤证，不能定案。且从二审判决结果上看，在如此严重的案件当中，没有法定的从轻减轻情形，而法院却没有判决李锦莲死刑，实际上说明二审法院对其犯罪事实也存疑。①

（三）再审，希望破灭

此后，李锦莲及家人企图通过再审改变原生效判决的结果，并向江西省高级人民法院提出第一次申诉。2002年9月6日，江西高院驳回申诉通知书。李锦莲及家人继续向最高人民法院申诉，最高人民法院转江西省高级人民法院审查，江西省高级人民法院于2011年2月24日作出再审决定，决定对本案由该院另行组成合议庭进行再审。2011年9月14日，江西省高级人民法院公开开庭审理了本案。

1. 再审控方意见

再审中，江西省人民检察院也发现了本案可能存在问题，在证据方面也存在瑕疵，李锦莲可能并非本案的真凶，因此检察院的出庭意见论述了李锦莲构罪的证据不足。江西省人民检察院称，本案存在以下瑕疵②：

证明李锦莲犯罪的证据有不足和薄弱之处，本案的直接证据只有李锦莲的有罪供述，桂花奶糖的来源不能从谢某玲夫妇处得到证实。证人谢某玲证实李锦莲在他们的店中只购买了面条和白糖，并没有提出李锦莲在其处买过桂花奶糖。

江西省人民检察院还指出，本案证据存在矛盾。证人肖某某转述的被害人在死亡前说的“捡糖时卜辛香在大门口站”的证言，与证人自称的证言存在矛盾。

不能排除侦查人员有刑讯逼供、诱供的行为。尽管李锦莲在侦查阶段作了11份有罪供述，但检方称，现有证据不能证实公安机关有刑讯逼供、诱

①此处来源于《今日说法》对章一鹏律师的采访。

②《江西省高级人民法院刑事判决书》（2018）赣刑再2号。

供等非法取证的行为，公安机关在办案方式、方法和相关程序上有争议和不当之处。对李锦莲的讯问存在疲劳讯问的情况，在对李锦莲采取监视居住强制措施之后，把李锦莲带到派出所和刑警大队二十多天连续讯问取得李锦莲的有罪供述也属于疲劳讯问的结果。李锦莲当庭虽然当庭肯定康唐生（侦查人员之一）没有对他刑讯逼供，但不能排除其他侦查人员有刑讯逼供、诱供的行为。

对李锦莲儿子李某平询问的地点不符合《刑事诉讼法》的规定，时间违反了《刑事诉讼法》中传唤、拘传持续的时间不得超过 12 小时的规定，李某平当时年仅 7 岁，在场人不是其法定监护人，不符合法律规定。

2. 李锦莲的辩解

再审中，李锦莲提出自己的辩解：

本案只经过一个小时的现场勘验，在毫无证据的情况下，仅因为自己受不了疲劳讯问而逃跑就确定他为作案嫌疑人，相关证言可以证明肖某某带两个儿子先回家，自己后返回村中，没有作案时间；关键证据被侦查机关隐匿。侦查机关隐匿了他的指纹和袁头仔10日下午的证言，严重违反程序，证人袁头仔证言是报复其之前因养殖的鸭子糟蹋了袁头仔的田地，二人早有不和，所以袁头仔才会在第二次作证时才提出自己到过案发奶糖撒落处的证言，但侦查机关却隐匿了第一次的证言；自己没有作案动机，不满肖某某和他断绝关系不能成立。自己在公安机关作了 11 次有罪供述，承认与被害人母亲有不正当关系但均否认杀害被害人，并不存在因报复杀害李某林、李某红的动机；自己儿子李某平的证言是警方威逼利诱的结果。侦查机关提供的第一份笔录显示李某平并没有指认李锦莲，第二次才指认。

3. 一次再审判决

尽管检察院、李锦莲及其家人和辩护律师做了巨大的努力，但近两个月后的 2011 年 11 月 10 日，江西省高级人民法院作出裁定原判决、裁定认定事实和适用法律正确，量刑适当，裁定维持二审裁定和一审判决。

二、233份申诉书，换来二次再审

经过一次再审依然认定有罪后，李锦莲案就此沉寂，但李锦莲没有放弃，在19年时间里，写了233份申诉书，在多方努力之下，案件直至19年后重新燃起了希望。这期间我国的法治环境取得了更大进步，依法治国理念深入人心，以及一些冤假错案平反，使李锦莲案件获得了二次再审的契机。李锦莲原辩护律师章一鹏和朱中道律师坚信，法律会还给李锦莲一个公道。两位老人坚持了17年，2015年，由刘长律师接手李锦莲案，并聘请易延友律师为辩护律师，向最高人民检察院提出申诉。最高人民检察院在接收申诉状后，组织相关人员会见了李锦莲，随后向最高人民法院提出抗诉。此后，2017年7月9日，最高人民法院再审决定书裁定对李锦莲案件二次再审，指令江西省高级人民法院再审本案，希望再次降临。

（一）律师辩护，案件争议再梳理

李锦莲案二次再审，是北京市中闻律师事务所兼职律师易延友在陈满案之后受理的第二个法律援助案件。在李锦莲案二次再审申诉期间，辩护律师转变思路，从作案时间、非法证据排除等角度重新向最高人民检察院提起申诉，本案申诉律师易延友律师的申诉状主要内容如下①：

本案作案时间一直是争议的焦点，依据原审法院认定的案件事实，被害人李某林、李某红的捡拾有毒桂花奶糖的时间为5点30分左右，但是本案有众多证人证言证实，李锦莲途经该路口的时间约为下午6点左右，即李锦莲回到本村岔路口时，二被害人捡糖吃糖的过程早已结束，被害人捡糖吃糖在前，李锦莲没有作案时间，投放毒糖的行为不可能是李锦莲所为。此处能够证明的证人包括中学教师李某柏向公安机关的陈述，在下午5点50分左右曾见到李锦莲路过取信，但取信地点距离案发毒奶糖撒落处步行要走15分钟，李锦莲不可能在被害人捡拾毒奶糖之前出现在案发现场。证人张某凤（同村村民）也曾在6点以后看到李锦莲归来。虽有个别证人证言证明李锦莲似乎

①《易延友：李锦莲故意杀人案申诉状》，刑事观察，http: //www.bianhuren.net.cn/wei.php/guancha/read/id/6040，2018年10月10日访问。

有作案时间，但存在疑点。首先袁头仔证明 5 点多看到李锦莲出现在案发现场，但是不能具体到时间点，且据李锦莲供述，袁头仔与他存在矛盾，袁头仔的行为也存疑，在侦查机关第一次询问时，她并没有向侦查机关证明李锦莲到过毒奶糖撒落的石壁处，但是第二次询问时却作证李锦莲到过石壁处，因此证言本身存在反复和矛盾。其他证人证言对案发时间和李锦莲是否经过案发石壁处都存在模糊不清的情形。

李锦莲是否被刑讯逼供存疑。李锦莲自案发后的次日被公安机关带走，在乡政府被疲劳讯问了四天五夜，都没有承认自己犯罪。之后，李锦莲基于自己有可能被冤枉的担忧趁夜逃走，此后躲在山中，其妻子在案发后不久死去。李锦莲在强大压力下决定跟女儿到检察院把事情说清楚。检察院将其转给公安机关之后，公安机关先后进行了 40 多次讯问，前 40 次，李锦莲都没有认罪，但在其后进行了 11 次有罪供述，签署了 78 份供词，但这 78 份供词，李锦莲在签名时均签署“李锦连”而非其本名“李锦莲”，李锦莲在庭审时说，所有签署“李锦连”的供述，都不是自己真实的供述，是刑讯逼供的结果。李锦莲同监室的犯人也能证明看到李锦莲被讯问回来后身上有严重的伤。

李锦莲儿子李某平的证言不可采信。本案中，李锦莲年仅 7 岁的儿子李某平在案发两个月后的 1998 年 12 月 8 日被公安机关带到横岭乡政府，之后四个侦查人员分两组对一个 7 岁的孩子轮番询问长达两天之久，侦查人员更对李某平威逼利诱、哄骗恐吓、限制休息。据此，李某平的证言也不具有合法性，不应作为定案依据。

作案工具桂花奶糖和鼠药来源不明，原判认定的李锦莲的犯罪过程不成立。原判决认为李锦莲是在遂川县城购买了用于投毒的奶糖，但是在案证据中，所谓出售桂花奶糖的日杂店店主龙某生、谢某玲夫妇证实，原判所认定的买糖那天李锦莲在他们店里只购买了白糖和面条，否认李锦莲在其店内买了桂花奶糖，证人罗某咏的证言，称李锦莲在其店内买了“速杀神”鼠药，侦查人员在李锦莲家搜查出了四种鼠药，但鼠药不存在唯一性，在案发的当地农村，老鼠药家家户户都有，并不能证明毒死小孩的鼠药就是李锦莲购买的鼠药。

（二）二次再审抗诉同样认定证据不足

在二次再审中，检察院、辩护人、法院分别就一审、二审、再审中认定的事实、证据问题进行梳理。江西省人民检察院认为，原审裁判认定李锦莲构成故意杀人罪的证据不确实、不充分，建议法院坚持证据裁判和疑罪从无原则，对李锦莲应依法改判无罪。

首先，公安机关提取的证据不能直接指向李锦莲。对鼠药的鉴定不能证明导致被害人死亡的鼠药就是李锦莲购买的鼠药，不能排除其他人也有同种鼠药的情况。

其次，李锦莲的有罪供述极不稳定，经历了长期不供、供述后又翻供的过程，原审认定的事实本身，证人的证言也与案件事实存在矛盾之处，关于制作毒糖的过程，投毒的情节没有其他证据印证，部分物证没有查获。

侦查机关讯问场所、取证手段、办案程序都存在不当之处，且关键情节无其他证据印证，虽有一些证据表明李锦莲有作案动机、作案时间和作案嫌疑，但是在没有查证属实的情况下，先入为主地认定李锦莲有罪，并在在案的其他证据未排除合理怀疑的情况下，仅仅凭李锦莲的有罪供述就认定李锦莲实施了犯罪。

（三）案件诉讼程序及庭审环节

2018 年 5 月 18 日，江西李锦莲案在江西省高级人民法院第二次再审开庭。近三个半小时的庭审过程中，控方与辩护律师就事实和证据问题展开交锋。在二次再审法庭审理举证质证环节，再审法官表示，认定李锦莲构成犯罪的主要证据有五项，对于其中案发前李锦莲从罗某咏处购买老鼠药的证据，检方与辩方均无异议。于是，法庭在接下来近两个半小时的审理中，主要围绕其余四项证据进行质证和辩论。①

控方陈述了对四份证据的意见。对于能否证明李锦莲作案证言为真的疑问，控方提供了收录的四份村民袁头仔的证词，四份证言中记录大概内容

① 《江西“李锦莲投毒案”二次再审检方改判无罪，将择日宣判》，新浪网，https: //k.sina.cn/article_6192937794_17120bb4202000g0zf.html ？ http=fromhttp&subch=onews，2018 年 10 月 20 日访问。

是，袁头仔听到了李锦莲跟儿子说要去小便，然后看到李锦莲走向肖某某家方向，证词具备合法性、真实性与关联性，检方认为虽不能直接认定李锦莲作案，但却可以证实李锦莲去往肖某某家方向，导致李锦莲具有极大的作案可能性。对于李锦莲是否到过案发现场，依据三位村民张某凤、刘某江、李某纶的证言，在"案发前约20分钟李锦莲经过案发现场"，三名证人证言来源合法，内容真实，但也不能得出案发前20分钟李锦莲经过案发现场的结论。检方认为，侦查机关所做技术鉴定与本案有无关联性方面，该组证据的合法性真实性和关联性没有问题，李锦莲家中存有鼠药并且鼠药中含有毒鼠强成分，导致李锦莲有极大的作案的可能性。对于侦查机关获取的李锦莲11份有罪供述，检方认为，虽然公安机关在办案方式、方法和相关程序上有不当之处，但现有证据不足以证明李锦莲的有罪供述是通过刑讯逼供、疲劳讯问和非法取证得到，尽管同监室的犯人证明李锦莲被讯问后身上有伤，但李锦莲在看守所的档案没有显示李锦莲受伤的事实。

针对控方意见，辩方一一作了回应。对于能否证明李锦莲作案证言，辩护律师刘长、易延友表示，袁头仔证言不真实。袁头仔的证言在时间上不能明确认定李锦莲作案，且袁头仔自己在晒谷的地方看到李锦莲父子，此处距离受害人吃糖的地方，经实地测量有50多米，案发时62岁的袁头仔根本无法看清李锦莲父子，也无法听见他们的对话，袁头仔的证言与现实情况存在矛盾。袁头仔的话根本不能证明李锦莲去了案发现场石壁处，更不能证明李锦莲实施了投毒行为。对于李锦莲是否投毒，辩护律师表示，只有受害人捡糖的石壁处，才有可能是所谓的案发现场，而当天，三个证人张某凤、刘某江、李某纶的证言，均无法确认案发时间、案发位置、李锦莲回村的时间等。对于检方提供的本案相关的鉴定结果，辩护律师则表示，该组证据只能证明李某林和李某红系毒鼠强中毒死亡，但是，本案关键证据桂花奶糖来源不明，两被害人体内的毒鼠强是如何摄入的，两份鉴定材料证明不了。更关键的是，这两份鉴定无法与本案被告人李锦莲建立关联，即无法证明是李锦莲投放了含有毒鼠强的桂花奶糖。此外，辩护律师对本案的唯一的直接证据——李锦莲的11份有罪供述及包含自述犯罪情况的78份认罪材料发表了意见。认为李锦莲曾遭遇刑讯逼供、疲劳讯问和非法取证。在卷宗中可以发现，疲劳讯问迹象明显，存在一天之内上午、下午、晚上三份笔录，以及凌晨讯问，但没有办理相关手续的记录。

庭审最后，李锦莲起身进行了最后陈述，表达了自己的希望与担心，但依然否认犯罪，坚定声称自己是被冤枉的，没有投毒杀人。庭审三个多小时后，审判长表示，将充分考虑李锦莲及其辩护人和检方发表的意见，综合全案情况依法作出裁判，择期公开宣判。①

（四）二次再审事实认定及判决结果

再审查明，认定以下事实：李锦莲与肖某某有多年的不正当男女关系；1998 年 9 月 27 日，李锦莲向罗某咏购买了四包鼠药；1998 年 10 月 9 日，李锦莲带儿子李某平到坛前村陈某家做客，下午返回时经过了三岔路口；1998 年 10 月 9 日下午，肖某某的两个儿子李某林、李某红在家附近捡拾、食用了含有毒鼠强的桂花奶糖后中毒死亡。

对于原审认定的作案过程，即李锦莲将事先买好的鼠药拌入 4 粒桂花奶糖，装入红色塑料袋，并于当日下午从坛前村做客回来经过本村三岔路口时，投放到肖某某家附近小路的石壁处，致使肖某某的两个儿子李某林、李某红捡拾、食用桂花奶糖后中毒死亡，因这一认定除李锦莲的有罪供述外，不能得到在案其他证据印证，不予确认。②

2018 年江西省高级人民法院作出判决：本院再审中，原审被告人李锦莲及其辩护人提出，李锦莲是无罪的，人民法院应当改判并宣告李锦莲无罪。再审判决对本案认定③：

一、犯罪工具桂花奶糖的来源不明；

二、制作有毒桂花奶糖的过程无证据印证；

三、相关证人证言不能印证李锦莲实施了投毒行为；

①《江西“李锦莲投毒案”二次再审检方改判无罪，将择日宣判》，新浪网，https: //k.sina.cn/article_6192937794_17120bb4202000g0zf.html ? http=fromhttp&subch=onews，2018 年 10 月 20 日访问。

②《江西省高级人民法院刑事判决书》（2018）赣刑再 2 号。

③《江西省高级人民法院刑事判决书》（2018）赣刑再 2 号。

四、两被害人死亡是否因李锦莲家的鼠药所致缺乏证据证明；

五、包装桂花奶糖的糖纸、塑料袋未提取到李锦莲的指纹等生物样本。李锦莲与毒糖糖纸、红色塑料袋是否有过接触，无法得到证实。

江西省高级人民法院最终认为，原审据以定案的证据没有达到确实、充分的法定证明标准，原审认定李锦莲犯故意杀人罪的事实不清、证据不足。判决撤销原一审、二审、再审，并判决原审被告人李锦莲无罪。①

改判无罪后，李锦莲向江西省高级人民法院提起4100余万元国家赔偿申请。2018年9月18日，江西省高级人民法院作出赔偿决定，决定赔偿李锦莲293万余元，包括侵犯人身自由赔偿金2035036.78元及精神损害抚慰金90万元。李锦莲向最高人民法院申请复议。2018年12月28日，最高人民法院维持江西省高级人民法院作出的赔偿决定。②

（五）再审判决法理分析

李锦莲案经二次再审审理，最终被改判无罪，对终审认定的案件事实进行解读：

对于原审认定的作案过程，即李锦莲将事先买好的鼠药拌入四颗桂花奶糖，装入红色塑料袋，并于当日下午从坛前村做客回来经过大屋场三岔路口时，投放到肖某某家附近小路的石壁处，致使肖某某的两个儿子李某林、李某红捡食桂花奶糖后中毒死亡，这一认定除李锦莲的有罪供述外，不能得到在案其他证据印证。根据《刑事诉讼法》的规定，仅有犯罪嫌疑人、被告人供述，没有其他证据印证，不能作为认定犯罪嫌疑人、被告人有罪的证据。因此，法院再审对这一事实不予认可。

认定犯罪工具桂花奶糖的来源不明。根据李锦莲的供述，其用于投毒的桂花奶糖是在遂川县城一家杂货店购买。但该杂货店的店主龙某生、谢某玲夫妻二人在接受公安机关询问时，谢某玲称只能确定李锦莲在其店里购买了白糖和面条，对于是否购买了桂花奶糖，不能确定，龙某生称李锦

①《江西省高级人民法院刑事判决书》（2018）赣刑再2号。

②《李锦莲投毒案：被冤案改写的三段人生》，腾讯网，https://new.qq.com/omn/20180911/20180911A0CH1K.html，2018年10月21日访问。

莲在其店里只购买了白糖和面条，并没有买其他东西。因此，在李锦莲是否真正购买了作案工具桂花奶糖上就存在疑问，同时，在本案中，即使存在李锦莲购买了桂花奶糖的情形，桂花奶糖作为一种日常生活中常见的食品，并非仅有李锦莲可以接触到，其他人也可以随意购买到，本案所用的桂花奶糖，也不能证明是李锦莲购买的十颗桂花奶糖中的四颗。因此，本案关键证据桂花奶糖的来源，仅仅凭借李锦莲的陈述不能确定，且杂货店老板的证言也显示李锦莲没有购买桂花奶糖，以已有的证据，以一般理性人的观点，并不能确定有毒的桂花奶糖来源于李锦莲。因此，对于犯罪工具桂花奶糖，仅有犯罪嫌疑人李锦莲的供述，没有其他证据印证，不能认定犯罪嫌疑人李锦莲有罪。

制作有毒桂花奶糖的过程无证据印证。对于李锦莲供述的犯罪过程，一审认定如下：李锦莲在县城购买了奶糖和鼠药，在家中用火柴杆将鼠药挑入四颗桂花奶糖中，将奶糖重新包好后放进一个红色食品塑料袋中带在身上，出去办事返回村里后，将装有四颗有毒桂花奶糖的塑料袋放在肖某某家附近的石壁上，不久，肖某某两个儿子捡到四颗毒糖，食后均中毒死亡；认为李锦莲供述的塑料袋打结方式与案发现场发现的塑料袋打结方式相同，以此认定李锦莲作案的过程。但是根据李锦莲的有罪供述，也没能查获案件关键物证——制作毒奶糖放毒所用的火柴杆，且李锦莲供述用剪刀剪开鼠药袋子，也没有相关证据证明剪刀上沾有鼠药等。因此，证明案件过程的证据证明力较弱，还有些事实并没有证据证明，不能认定李锦莲实施了制作有毒桂花奶糖的行为。因此，一审认定的作案过程也不能成立。

证人袁头仔的证言仅能证明其在案发前听到李锦莲对李某平讲去小便，然后朝通往肖某某家小路上走，但没有看见李锦莲还做了其他什么事。证人袁头仔与李锦莲在案发之前也存在矛盾，且袁头仔在第一次接受询问时没有说明看到李锦莲前往案发现场，在第二次接受询问时作证证明李锦莲到过案发的石壁处，其证言前后反复。且其他证人的证言证明李锦莲出现在案发现场的时间是下午六点左右，两被害人捡拾毒奶糖的时间大约在下午五点半，二者存在时间差，不能做合理的解释。因此，根据存疑时有利于被告人的原则，对李锦莲是否有作案时间的认定上，无法排除李锦莲没有作案时间的可能性。且李锦莲是否到过肖某某家附近的石壁处，是否在石壁处实施了投毒行为，本案也没有直接证据可以印证。

在本案案发后，江西省公安厅刑事科学技术研究所、江西省遂川县公安局等分别对案件关键证据李锦莲家查获的“速杀神”鼠药、案发后提取的桂花奶糖糖纸进行鉴定，鉴定结果显示被害人李某林、李某红系毒鼠强中毒死亡，案发后提取的桂花奶糖糖纸上检出毒鼠强成分，李锦莲家查获的“速杀神”鼠药中含有毒鼠强成分，但上述证据只能证明被害人的死因，不能直接认定毒死两被害人李某林、李某红的毒鼠强就来源于李锦莲家的“速杀神”鼠药，也不能证明李锦莲用自家的毒鼠强制造了有毒的桂花奶糖。

根据李锦莲供述的制作毒糖、投放毒糖过程，李锦莲与包装桂花奶糖的糖纸、装毒糖的红色塑料袋，应该有过多次接触，因此物证上必然存在李锦莲的生物样本，一旦查证，就能成为认定案件事实、犯人的关键证据。但侦查机关当时并没有提取糖纸、塑料袋上的生物样本与李锦莲本人进行比对。而生物样本在现代侦查中的重要作用不能忽视，对生物样本进行比对在案发的1999年已经不是很难的事，侦查机关却没有采取比对措施，侦查机关对此给出的理由是现实糖纸已经多处褶皱，不能提取指纹等。侦查机关的行为，致使案件缺乏关键证据，无法证实李锦莲与毒糖糖纸、红色塑料袋有过接触，不能证明案发现场的塑料袋、奶糖与李锦莲有关系，更无法证明李锦莲是否是投放毒糖的真正嫌疑人。

对于李锦莲的有罪供述，李锦莲自案发后的次日被公安机关带走，在乡政府被疲劳讯问了四天五夜，都没有承认自己犯罪，李锦莲在逃跑前被疲劳讯问也被视为刑讯的一种方式，且其在归案后，被讯问的20多天内，前40次都没有认罪，在没有任何预兆的情况下，突然改变供述，并以“李锦连”三个字签署了78份有罪供述，但李锦莲自己陈述，凡是签署“李锦连”而非“李锦莲”的供述都是自己在遭受刑讯逼供后作的，并非自己真实的意愿。[①]

①李锦莲对此处的陈述来源于《今日说法》对李锦莲的采访。

对此，控方不能作出合理解释。且李锦莲同监室的犯人也能证明看到李锦莲被讯问回来后身上有严重的伤，李锦莲供述自己多次遭到殴打，才作出有罪供述。再次，李锦莲在第一次疲劳讯问逃走后，本可以一逃了之，但却没有选择这种方式，而是隐匿山中，主动让亲戚与检察院取得联系，在得到不会挨打的承诺后，希望向检察院把事情说清楚，如果本人真正实施了犯罪，那李锦莲的行为便不符合正常的逻辑。因此，综合全案，李锦莲的有罪供述存在不确定性，不能排除刑讯逼供的可能性，因此，李锦莲的有罪供述应该被排除，不能依据李锦莲的有罪供述认定李锦莲有罪。

本案不能排除纯属意外或者真凶另有其人的可能性。有证据显示，被害人母亲肖某某存在多段不正当关系，李锦莲并不是其唯一的情人。奶糖的来源可能另有他处。因此，不排除另有真凶的可能性。有毒的桂花奶糖所含的毒鼠强成分为当地农户中普遍所有，不能排除因意外遗落在路上，被受害人误食的情形，且本案被害人所住的区域有多户人家，也不能排除撒落在石壁处的毒奶糖是为其他目的，而被两名被害人误食的可能性。

三、案件启示

（一）从疑罪从轻到疑罪从无：法治观念的转变

李锦莲案件，经历了从一审、二审、再审到二次再审的曲折历程，一个案件经过两次再审，一个人二十年才得以恢复自由、证明清白，其间不仅暴露出我国刑事诉讼发展中面临的诸多问题，也反映着我国刑事诉讼观念的转变。罪疑从轻，释义为罪行轻重有可疑之处，只应从轻判处。出自东汉班固《汉书·于定国传》。近年来，我国刑事诉讼领域诸多冤案的平反，反映出冤案形成的共同特征，其中罪疑从轻的刑事诉讼理念便是其中重要的原因之一。

最高人民法院副院长沈德咏撰文《我们应当如何防范冤假错案》指出，于有罪推定思想尚未完全根除、无罪推定思想尚未真正树立的情况下，更要像防范洪水猛兽一样来防范冤假错案，宁可错放，也不可错判。“错放一个真正的罪犯，天塌不下来，错判一个无辜的公民，特别是错杀了一个人，天就塌下来了。”此番言论从观念层面厘清了社会对于疑罪从无可能存在的偏见。[①]

疑罪从轻的观念存在逻辑上的矛盾。首先，刑事诉讼必须先有定罪才有量刑。只有被告人的行为被认定有罪，量刑活动才能展开。在证据不足的案件中，既然现有的证据不足以证明被告人实施了犯罪行为，从道理上讲，就不能认定被告人构成犯罪，既然无法对被告人定罪，也就谈不上量刑。其次，从证明标准来看，达不到定罪的标准更不可能达到量刑的标准。同时，疑罪从轻与罪刑法定内容相悖。[②]

李锦莲自案发后的次日被公安机关带走，在乡政府被疲劳讯问了四天五夜，都没有承认自己犯罪。在此阶段就能反映出侦查机关在第一时间就认定李锦莲有罪，其后的侦查工作都是在寻找证据印证有罪猜想的基础上进行的，为了获得定罪的关键证据，公安机关先后进行了40多次讯问，李锦莲签署了78份有罪供词，其目的都是通过口供证明李锦莲有罪。之后侦查机关从其他证人处获得的证言，以及强迫李锦莲之子李某平所作的证言，都是在推定李锦莲有罪的基础上作的，侦查机关以这样的心态侦查案件，犯罪嫌疑人想要摆脱嫌疑自然是难上加难，也与现代法治发展的要求相悖。所谓疑案，就是证据不足的案件，那么遵循程序正义和证据链条的完整性，对疑案自然就应该作无罪处理。但李锦莲案从侦查开始就伴随着认定李锦莲有罪的先入为主猜想的阴影。就此而言，李锦莲案的教训再次警醒社会，要避免冤假错案，从司法理念，到司法实践，再到社会心理，都要秉持真正的疑罪从无。

在实际操作层面，“疑罪”之所以难“从无”，更与刑讯逼供、非法证据排除不足、律师权利未得到足够尊重等司法漏洞有着直接关联。对于李锦莲的有罪供述，李锦莲自案发后的次日被公安机关带走，在乡政府被疲劳讯问了四天五夜，此后更是以“李锦连”三个字签署了78份有罪供述，但李锦莲

---

①参见沈德咏：《我们应当如何防范冤假错案》，载《法制资讯》，2013年第5期。

②参见刘宪权：《疑罪从轻是产生冤案的祸根》，载《法学》，2010年第6期。

自己陈述，凡是签署“李锦连”的供述都是自己再遭受刑讯逼供后作的，李锦莲同监室的犯人也能证明李锦莲被讯问回来后身上有严重的伤，李锦莲供述自己多次遭到殴打，才作出有罪供述。在李锦莲案的侦查阶段，都未出现辩护律师的身影。而律师辩护是防范、纠正冤假错案中非常重要、不可替代的力量。[①] 律师的作用不仅体现在发现、纠正冤假错案中。在一些一审、二审案件中，由于律师充分的辩护，受到法院的重视，也避免了冤假错案的发生。[②] 而《刑事诉讼法》规定，犯罪嫌疑人自侦查机关第一次讯问或采取强制措施之日起有权聘请辩护人。从李锦莲案来看，辩护律师也发挥了极大的作用，例如章一鹏曾提出对二审的裁定结果有疑惑，认为案件的几个核心证据都存在很大问题。在作案工具即掺了老鼠药的桂花奶糖来源不明，关键证人的证言是孤证的情况下，二审法院依然判决李锦莲有罪，但在如此严重的案件当中，没有法定的从轻减轻情形，而法院却没有判决李锦莲死刑，实际上说明二审法院对李锦莲受指控的犯罪事实也存疑。

从李锦莲案反映的情况看，在司法实践中，疑罪从轻的观念依然存在，并成冤假错案的祸端之一。李锦莲案也说明，冤假错案虽各有各的不同，但制造冤案、错案的原因，往往大同小异。近年来，被平反的冤假错案还有很多，国家在为当事人平反的同时，更是对司法制度与痼疾的检修。在今后的案件审理中，理当充分展示冤案平反过程中吸取的教训和制度修复的成果，防范冤假错案的再生。

（二）严守底线：排除非法证据

《刑事诉讼法》第五十六条规定，采用刑讯逼供等非法方法收集的犯罪嫌疑人、被告人供述和采用暴力、威胁等非法方法收集的证人证言、被害人陈述，应当予以排除。收集物证、书证不符合法定程序，可能严重影响司法公正的，应当予以补正或者作出合理解释；不能补正或者作出合理解释的，

①参见顾永忠:《律师辩护是防范、纠正冤假错案的重要保障——以缪新华一家五口错案的发生与纠正为切入点》，载《中国律师》，2017 年第 11 期。

②参见顾永忠:《律师辩护是防范、纠正冤假错案的重要保障——以缪新华一家五口错案的发生与纠正为切入点》，载《中国律师》，2017 年第 11 期。

对该证据应当予以排除。在侦查、审查起诉、审判时发现有应当排除的证据的，应当依法予以排除，不得作为起诉意见、起诉决定和判决的依据。《最高人民法院关于建立健全防范刑事冤假错案工作机制的意见》第八条明确规定，采用刑讯逼供或者冻、饿、晒、烤、疲劳讯问等非法方法收集的被告人供述，应当排除。根据这一规定，疲劳讯问是非法取证的一种方式，以疲劳讯问方式收集的言词证据属于非法证据。当前，直接采取冻、饿、晒、烤等刑讯逼供方式取证的已不多见，较为常见的正是疲劳讯问之类的以精神强制、精神折磨为特征的变相刑讯逼供。

在李锦莲案件中，侦查机关获得的李锦莲有罪的供述，存在以刑讯逼供方式获得和以疲劳讯问方式获得的可能。实践中对于认定侦查机关在看守所的讯问是否属于疲劳讯问主要从三个方面考量：

第一，以时间为标准。依据《公安部关于规范和加强看守所管理确保在押人员身体健康的通知》要求，看守所应当保障在押人员每天不少于 8 小时的睡眠时间。若因讯问时间过长导致犯罪嫌疑人、被告人每天休息时间不足 8 小时，即侵犯了犯罪嫌疑人、被告人正常作息的，属于疲劳讯问，由此取得的言词证据应当予以排除。本案中，李锦莲自案发后的次日被公安机关带走，在乡政府被疲劳讯问了四天五夜，而且案卷材料记录对李锦莲也存在凌晨讯问的情形，这些都可以被认定为疲劳讯问。

第二，依据 2012 年最高人民检察院、公安部《关于在看守所设置同步录音录像讯问室的通知》要求，一般情况下不得在夜间提审，确需在夜间提审的应当严格履行审批手续，确保职务犯罪嫌疑人的合法权益和办案安全。而所谓夜间，参照《中华人民共和国防治噪音污染法》的规定，夜间是指晚上 10 时至凌晨 6 时。同时要求讯问必须办理相关的审批手续。在李锦莲案中，从案件反映的信息来看，对李锦莲的疲劳讯问不可能是避开夜间的结果，也没有相应的审批手续。

第三，《最高人民法院关于适用〈中华人民共和国刑事诉讼法〉的解释》规定，使用肉刑或者变相肉刑，或者采用其他使被告人在肉体上或者精神上遭受剧烈疼痛或者痛苦的方法，迫使被告人违背意愿供述的，应当认定为

《刑事诉讼法》第五十四条（2018年修订后相关规定为五十六条）规定的“刑讯逼供等非法方法”。因此，讯问不可以对犯罪嫌疑人造成肉体或精神上剧烈的痛苦。

在第一次讯问时对李锦莲采用罚立正，致使其站不住而跪在地上等行为属于变相肉刑，讯问地点也不符合法律规定；在李锦莲逃跑又归案后，对其依然不能排除采用刑讯逼供的方式获得有罪供述。因此，李锦莲的有罪供述不能成为定罪的依据，应当予以排除。采用威胁等方式获得的证人证言也应当予以排除。在李锦莲案中，定罪依据的证据之一其七岁儿子李某平的证言，是被公安机关带到横岭乡政府，轮番询问长达两天之久的结果，也不符合询问证人的要求。据此，李某平的证言也不具有合法性，不应作为定案依据。

（三）没有直接证据，应严格遵守采用间接证据定罪的标准

间接证据必须客观真实。要对收集到的间接证据逐一查证落实，查明每个间接证据的真实性和合法性，保证每个间接证据本身真实可靠。当年的法医鉴定书只鉴定了受害小孩胃液中含有毒鼠强成分，而当地很多农户家中都有含毒鼠强成分的鼠药。当年出售鼠药给李锦莲的罗某咏只证明李锦莲在他的店里买了鼠药，但并不能证明李锦莲使用从他店里买的鼠药投毒。且对李锦莲是否购买桂花奶糖没有确切的证据证明。间接证据的客观真实性是正确运用推理的基础。如果间接证据本身不可靠，当然不可能作出正确的结论。本案关键证人的证言是孤证，在李锦莲案件的证据材料中，能直接证明李锦莲犯罪的一份证言来自村民袁头仔，案卷中收录了四份袁头仔的证词。且袁头仔在第一次接受询问时没有说明看到李锦莲前往案发现场，在第二次接受询问时作证证明李锦莲到过案发的石壁处，其证言前后反复。章一鹏律师根据走访调查，确认这个袁头仔与李锦莲在村里素来有矛盾，因此她的证言很可能对李锦莲不利，而袁头仔的证词是唯一的证词，没有旁证，属于孤证，证据本身不可靠，当然不可能作出正确的结论。

间接证据必须与案件事实存在客观联系。这是运用间接证据认定案件的前提条件。因此，要判明各个间接证据与案件的主要事实在客观上是否有内在联系，那些与案件毫无关系的材料，要防止进入案件，并被当作间接证据加以收集和使用。

间接证据之间以及间接证据与案件事实之间必须协调一致。所有间接证据要环环相扣，协调统一，互相印证，结合起来必须能够形成一个完整的证明体系。否则，就应当通过进一步调查研究，查证清楚之后，才能确定其证明效力。本案一审认定的案件过程：李锦莲在县城购买了奶糖和鼠药，在家中用火柴杆将鼠药挑入四颗桂花奶糖中。与本案有证人证明李锦莲不存在作案时间、是否购买桂花奶糖不清楚以及作案工具火柴杆没有查获，且证明李锦莲有罪的证人证言之间，也不能互相印证，不能形成完整的证据链等，存在各个证据不能互相一致，以致存在互相矛盾、互相脱节的情况。

所有查证属实，准确可靠的间接证据结合起来，只能得出一个结论，证明一个唯一的事实，并且排除其他一切可能性。纵观李锦莲案全案，全案间接证据不能形成一个完整闭合的链条，也不能证明结论的唯一性。认定犯罪工具桂花奶糖的来源不明，李锦莲的供述与杂货店的店主龙某生、谢某玲夫妻二人证言存在矛盾。因此，在李锦莲是否真正购买了作案工具桂花奶糖上就存在疑问。桂花奶糖作为一种日常生活中常见的食品，其他人也可以轻易接触到、购买到。因此，对于犯罪工具桂花奶糖，仅有犯罪嫌疑人李锦莲的供述，没有其他证据印证，不能认定犯罪嫌疑人李锦莲有罪。制作有毒桂花奶糖的过程无证据印证。证明案件过程的证据因缺乏物证，证明力较弱，有些事实并没有证据证明，不能认定李锦莲实施了制作毒桂花奶糖的行为。证人袁头仔的证言仅能证明其在案发前听到李锦莲对李某平讲去小便，并没有看到李锦莲还做了其他什么事。对李锦莲是否有作案时间的认定上，无法排除李锦莲没有作案时间的可能性。且李锦莲是否到过肖某某家附近的石壁处，是否在石壁处实施了投毒行为，本案也没有直接证据可以印证。对案件关键证据李锦莲家查获的“速杀神”鼠药、案发后提取的桂花奶糖糖纸进行鉴定，鉴定结果不足以证明毒死两被害人李某林、李某红的毒鼠强来源于李锦莲家的“速杀神”鼠药，也不能证明李锦莲制作了毒奶糖。侦查机关在勘查现场的时候并没有提取糖纸、塑料袋上的生物样本并与李锦莲本人的进行比对，以至于缺乏关键证据，无法证实李锦莲与毒糖糖纸、红色塑料袋有过接触，更无法证明李锦莲是否是投放毒糖的真正嫌疑人。

对于本案唯一直接证据——李锦莲的有罪供述，存在不确定性，不能排除刑讯逼供的可能性。因此，李锦莲的有罪供述应该被排除，不能依据李锦莲的有罪供述认定李锦莲有罪。

综上，李锦莲案不能排除合理怀疑，间接证据不能证明案件结论的唯一性，更不能排除纯属意外或者真凶另有其人的可能性。最终因证据不足，不能认定其有罪。

（四）刑事证明责任不能强加于被追诉人

刑事公诉案件中，公诉人负有证明犯罪嫌疑人、被告人有罪的责任。如果要追诉犯罪嫌疑人、被告人，还要让犯罪嫌疑人、被告人自己证明自己的罪行，这显然是不公平的。李锦莲案唯一的直接证据来源于李锦莲所作的 11 份有罪供述，对于李锦莲的有罪供述，据其本人声明，是在乡政府被疲劳讯问了四天五夜，且其在归案后被讯问的 20 多天后的结果，并以“李锦连”三个字签署了 78 份有罪供述，凡是签署“李锦连”而非“李锦莲”的供述都是自己在遭受刑讯逼供后所作的，并非自己真实的意愿。因此，在有罪供述的取得上，应当由控方证明取证的合法性，如果控方不能证明取证合法或者不能排除违法取证的可能，李锦莲的有罪供述就应当被排除，不能作为定案的依据。而对李锦莲采取刑讯逼供、疲劳讯问的本身，就是强迫李锦莲自己作出对自己不利的证言，也公然地违背了被追诉者“不被强迫自证其罪”的国际准则。

2018 年新修订的《刑事诉讼法》第五十五条规定，对刑事案件的证明标准相关规定如下：对一切案件的判处都要重证据，重调查研究，不轻信口供。只有被告人供述，没有其他证据的，不能认定被告人有罪和处以刑罚；没有被告人供述，证据确实、充分的，可以认定被告人有罪和处以刑罚。证据确实、充分，应当符合以下条件：（一）定罪量刑的事实都有证据证明；（二）据以定案的证据均经法定程序查证属实；（三）综合全案证据，对所认定事实已排除合理怀疑。

在李锦莲案件中，关键证据是否达到上述标准呢？首先，犯罪工具桂花奶糖的来源上，李锦莲的供述与杂货店的店主龙某生、谢某玲夫妻二人在接受公安机关询问时所作的证言不能相互印证，在李锦莲是否真正购买了作案工具桂花奶糖上就存在疑问，且本案所用的桂花奶糖，也不能证明是李锦莲购买的十颗桂花奶糖中的四颗。因此，对于犯罪工具桂花奶糖，仅有犯罪嫌疑人李锦莲的供述，没有其他证据印证，控方对桂花奶糖的来源不能作出唯一合理的解释。因此，此处认定犯罪工具来源于李锦莲的证据不足。其次，制作有毒桂花奶糖的过程无证据印证。本案中控方也没能查获案件关键物证——制作毒奶糖放毒所用的火柴杆，且李锦莲供述用剪刀剪开鼠药袋子，也没有相关证据证明剪刀上沾有鼠药等。因此，证明案件过程的证据证明力较弱，有些事实并没有证据证明。第三，证人袁头仔的证言前后反复，其他证人的证言证明李锦莲出现在案发现场的时间是下午六点左右，两被害人捡拾毒奶糖的时间大约在下午五点半，二者存在时间差，不能作合理的解释。因此，根据存疑时有利于被告人的原则，对李锦莲是否有作案时间的认定上，无法排除李锦莲没有作案时间的可能性。最后，本案公安机关组织鉴定，鉴定结果也不足以证明毒死两被害人李某林、李某红的毒鼠强来源于李锦莲家的“速杀神”鼠药，也不能证明李锦莲制作了毒奶糖。侦查机关当时并没有提取糖纸、塑料袋上的生物样本与李锦莲本人进行比对，无法证明李锦莲是否是投放毒糖的真正嫌疑人。此外，本案还不能排除纯属意外或者真凶另有其人的可能性。

李锦莲案的证明责任由控方承担，但全案的审理显示，控方的证明并未达到定罪量刑的事实都有证据证明，很多案件事实缺乏佐证，是孤证，一些涉案的证据因为侦查机关仓促的勘查而没有查获，导致本案事实不清，达不到综合全案证据，对所认定事实已排除合理怀疑的标准。因此，因证据不足，最终不能认定李锦莲有罪。

（五）迟到的正义

“正义也许会迟到，但不会缺席。”我们耳熟能详的这句话语，在日常生活中也常常被人提及，但李锦莲案也深刻地提醒人们，迟到的正义并非正义。四颗毒奶糖、两个被害人，两个家庭被毁。自李锦莲案发生后，对于被害人死亡的案件，公安机关重新立案，但目前仍然毫无进展，被害人母亲肖某某也因遭受沉痛的打击而远走他乡。再看李锦莲一家，李锦莲因冤案耗费20年时间，李锦莲女儿因多年申冤至今仍无着落，李锦莲的儿子因李锦莲案遭受重大的心理伤害，以致性格内向，不愿与人沟通，李锦莲妻子在被侦查机关询问后死亡，尽管案件平反后，李锦莲获得293万元国家赔偿，但代价巨大。此外，在申诉路上的艰辛也难以想象，李锦莲先后223次申诉，李锦莲案件原代理律师章一鹏、朱中道也坚守近20年，其中朱中道律师中途去世，至死都没有看到冤案平反。一件毒杀案，律师、人大代表、检察官合力纠错，政法界、媒体界多年接力，近20年才得以伸张正义。李锦莲案在各界人士多年的努力之下得以平反，但现实中也不乏案件当事人经不起长年无休止的损耗选择放弃希望。

四、结论

李锦莲案件集合了中国冤假错案的诸多共同点，也反映出中国刑事诉讼面临的问题与新发展。道阻且长，在法治不断健全的路上，我们从冤案发展中也应更加关注刑事诉讼程序公正。从根本上讲，程序公正是实体公正的有效保障。完备的程序制度能在最大程度上为防范冤假错案提供制度保障。[①]李锦莲案中，有罪的直接证据，即李锦莲11份有罪供述，是在不合法的场所里采用不合理的手段取得的，认定李锦莲有罪的证人证言，存在取证不合法、证人证言不可信等情形。李锦莲案的悲剧，可以说是刑事诉讼在正当程序缺失的情形下酝酿的结局。在保障实体公正的情况下，更应重视程序的独立价值。

值得注意的是，李锦莲案是继海南陈满案之后，检察机关介入并纠正的又一重大冤假错案。再审的过程中，检察机关发挥了极大的作用，检方并不

①参见沈德咏：《我们应当如何防范冤假错案》，载《法制资讯》，2013年第5期。

讳言侦查机关在本案侦查阶段办案方式、方法和相关程序上有争议和不当之处，特别是变更强制措施成为变相的强制措施等，是本案最终得以二次再审获得新希望的重要支撑。防范和纠正冤假错案，必须对不当侦查进行检察监督，并以法庭的明确态度作为突破点。李锦莲的辩护律师刘长认为："李锦莲案的纠错过程，真正体现了检察机关的法律监督职能，也充分证明，在纠正冤假错案当中，检察机关大有可为。"

每一个冤案的发生，都是司法进程中问题的集中反映。对冤案的平反，不仅要为被追诉人庆幸，更多应该反思法治进程中的短板，以防冤案再现。

（陈娇杨）

正义终将实现

——吉林金哲宏被控故意杀人重审无罪案

少女被害，埋尸荒野，曾与其接触过的摩托车司机金哲宏（又名“金哲红”）成为了犯罪嫌疑人，并在之后锒铛入狱。从1995年案发到2000年第三次二审落槌，历时5年，金哲宏经历了3次一审，2次发回重审，4次被判死缓，在监狱服刑20余年。然而，认定案件事实的证据除了金哲宏的口供外，没有其他任何证明金哲宏犯罪的直接证据，且案发现场没有目击者、没有凶手留下的指纹、毛发、脚印，被害者体内也未留下精液，与此同时，被锁定为犯罪嫌疑人的金哲宏的口供还存在多次反复、前后矛盾……尽管多方面情形早已折射出事实与证据的“先天不足”，却也依旧无法阻止错案落槌。该案因与“浙江张氏叔侄案”有诸多雷同之处，而被称之为“吉林版张氏叔侄案”，受到了社会公众的广泛关注。

一、案情回顾

（一）案发经过

1995年9月10日17时许，吉林省吉林市双河镇二村村民李某乘火车去吉林市口前镇，列车途经长岗站时，李某下车，并在双河镇黑石村租乘金哲宏驾驶的摩托车前往双河镇，之后李某便再无消息。1995年9月29日8时许，双河镇村民南某某在新立屯北吉沈铁路南侧的树林里发现一具女尸。公安机关经过现场寻访、调查，以及李某亲友的辨认，确认死者为李某。当时的鉴定意见表明，李某系右前额受外力打击，昏迷状态下吸入大量泥沙，阻塞气管、支气管，使气管强痉挛收缩引起窒息而死亡。

因有证人目击死者李某生前曾与驾驶摩托车的金哲宏有过接触，公安机关很快便将住在凶案现场不远处的黑石村村民金哲宏锁定为犯罪嫌疑人。彼时金哲宏在儿子出生后在吉林市麻棉纺织厂办了停薪留职，成了一家食杂店和一家狗肉馆的老板。摩托车是几个月前刚从熟人那里买的，主要用来平时采购，空车走的时候也捎带些短途赶路的人，兼做摩的生意，那时金哲宏一家的日子蒸蒸日上。随后，1995 年 10 月 11 日，金哲宏被永吉县公安局收容审查，并于 1996 年 2 月 5 日被永吉县人民检察院批准逮捕，之后起诉至吉林市中级人民法院，金哲宏的人生被彻底改写。

根据当时一审起诉书的描述，金哲宏的作案过程为：1995 年 9 月 10 日 17 时许，金哲宏驾驶出租摩托车送乘客李某至吉林市永吉县双河镇邵家村，在村口等候约 5 分钟，李某返回称朋友未在家，金哲宏遂将李某带回双河镇，后一同回金哲宏母亲家吃晚饭。在此期间，金哲宏见李某作风轻浮，顿生淫念，将李某带至双河镇邮局对面修鞋铺旁，与李某发生性关系，事后，金哲宏给李某 30 元钱，李某因钱少不同意并欲告发金哲宏，金哲宏恐事情败露，将李某拽至隐蔽处，用膝盖压住李某的嘴，用双手卡住李某的颈部致其昏迷。金哲宏将李某横放于摩托车的后座，驾车往黑石村方向行至新立道口附近，将李某头东脚西抛入一沟内，用泥土、石头、蒿草等掩埋。而后，金哲宏回到自家小卖店，换掉作案时所穿衣裤和鞋。①

值得一提的是，整个案发经过及所有的案件信息仅有金哲宏的供述，并无其他目击者予以证实。

（二）一审翻供

第一次在法院出庭受审，金哲宏就否认了之前所作的供述。他称两人只是为搭乘摩托车的事讲了几句价，最终李某没有乘坐他的车，他更没有杀人。根据金哲宏的描述，和李某在双河镇下道口分开后，他空着车往双河镇方向走，去了一位朋友家拿书，在路上还曾碰见一位村民，事发当晚 7 点

①本案的具体内容参见吉林省高级人民法院（2018）吉刑再第 4 号刑事判决书。

钟，他和妻子去了双河镇母亲家，为去世的父亲摆供，这是朝鲜族人一向遵守的习俗。对此，金哲宏的亲友及邻居的证言均能证明金哲宏带着老婆孩子去了母亲家摆供的事实，不存在他带陌生女孩回家吃饭的事。[①] 而对于9月10日关于李某的记忆，金哲宏说只是在小卖店门口看见小姑娘要租车，边走边上前和她讲价，最终价格没能谈妥。从始至终，他连小姑娘的姓名都不知晓。[②]

同时，尸检结果显示，被害人"胃饱满，胃内容物有大米饭粒、豆角粒皮、黄瓜（呈小方块状）、芹菜、肉，形态相对完整"。而据金哲宏在李某遇害一个多月后的供述中称，他带李某到母亲家吃的晚餐却是"大米饭、鸡翅、腐竹、豆腐、胡萝卜、尖椒、香菜、山菜、梗叶等"，金哲宏母亲的笔录则称，那晚吃了鸡肉、炒辣椒、煮鸡蛋、月饼和火腿肠。这一供述显然无法与鉴定显示的胃内容物相印证，无法证明李某是在金哲宏母亲家吃的晚饭。[③]

关于犯罪动机，一审起诉书中称金哲宏与李某发生了性关系，因价格未谈拢，金哲宏担心李某告发而杀人，但是法医的尸检结果中表明，并未在李某体内检验出精液和精斑，这导致无法直接证明金哲宏与李某发生了性关系，因此金哲宏的杀人动机便被打上了问号。

对于作案时间，尸检报告中并未载明李某死亡的具体时间，其死亡时间仅有金哲宏的供述，具体的死亡时间始终没能确认，而且李某失踪的时间也存在疑问。一审起诉书中称两人相遇的时间是17时许，为了了解当时的具体情况，金哲宏的一审辩护人曾去当地火车站档案室，找到了司机报单和行车日志，发现当天李某到达长岗站的时间是17点26分，而从长岗站行至岔路

---

①对此，公诉方的解释是：被羁押期间，金哲宏多次试图给家属捎纸条，让家人找人证明他没有作案时间，并有其刺在锡箔纸上的字条为证。而在后来的上诉书中，金哲宏称，是一个叫"李金"（狱侦）的人代其写的纸条，当时他只让"李金"帮其告诉家人他是被冤的。

②《无人证物证又见狱侦耳目，吉林现翻版浙江叔侄案？》，澎湃新闻，https://www.thepaper.cn/newsDetail_forward_1258518，2019年10月6日访问。

③《吉林版"叔侄冤案"沉浮21年》，搜狐网，http://www.sohu.com/a/84132343_255783，2019年10月6日访问。

口约需 35 分钟。据此推测，李某失踪时间应为 9 月 10 日 18 时之后。

对于作案地点，1996 年 10 月永吉县公安局刑警大队出具的一份《情况说明》中指出，金哲宏第一次接受讯问时称作案地点在双河镇十字街一个小棚子后，经查，小棚子在不久后已经被拆除。当时晚上有看棚子的，而且在 19 时左右，该地人来人往，并不宜作为作案现场。一审判决中也未提及具体的犯罪地点。

此外，在庭审过程中，金哲宏的辩护律师就曾指出，起诉书中的诸多事实都未得到证据的支撑，如起诉书所称的李某要到双河镇吃饭、住宿，金哲宏供称的送李某去亲友家、带昏迷的被害人在公路上行走、挟掩 100 米至埋尸地点等情节没有人证；用摩托车绑被害人只能横绑，必造成头部或手脚划伤，但无证据。而且该案侦查过程中，金哲宏没有指认作案现场及抛尸现场，也没有辨认死者；发现尸体的地方到底是不是第一案发现场也没有定论；死者的左乳房有咬痕，右乳房有烟头烫伤，金哲宏是不吸烟的，这些伤痕到底从何而来也没有查清。同时，现场勘查笔录记载："……尸体西一点一米处有一鞋踩于泥内，此鞋系死者右脚旅游鞋，白色。"这与金哲宏扛着尸体抛入稀泥沟的供述也存在矛盾。

尽管存在上述诸多疑问，吉林市中级人民法院（以下简称吉林市中院）仍然认定金哲宏犯故意杀人罪，并于 1996 年 11 月 9 日作出（1996）吉刑初字第 279 号刑事判决，以故意杀人罪判处金哲宏死刑，缓期两年执行，剥夺政治权利终身。

（三）多次重审

一审判决结果出来后，金哲宏不服，提起上诉。他称，此前在侦查过程中认罪是因为遭到办案警察的刑讯逼供。

1997 年 12 月 1 日，吉林省高级人民法院（以下简称吉林省高院）作出（1997）吉刑终字第 38 号刑事裁定，将此案撤销原判、发回重审。吉林省高院发函要求吉林市中院在重新审判时查清 5 个问题：1. 作案动机是什么？2. 作案的第一现场在哪里？ 3. 能否确定被害人死亡的具体日期（时间）？ 4. 卷中公安机关法医鉴定情况说明记载，从胃内饱满程度，胃内容物较完整程度分析，被害人李某在最后一顿饭后半小时至一小时后死亡，被害人李某最后一顿饭在哪里吃的，吃的什么以及饭后到被害期间的行动过程搞清楚。5. 应进一步确定被告人是否占有作案时间？①

在这一次判决中，金哲宏与李某的相遇时间变成了 18 时许，同时认定了金哲宏的作案地点为起诉书中所称的新立屯北沈吉铁路附近（靠近埋尸地点）。而对于两次一审认定的，金哲宏作案时“用木棒打李头部，将李打倒在地，后又用手掐李颈部”，警方在勘查现场时并没有发现木棒之类的钝器。

然而，重审并没有改变案件的认定，之后吉林市中院于 2018 年 8 月 4 日作出（1998）吉刑初字第 35 号刑事判决，再次判处死缓。判决书称：“本案情节恶劣，后果特别严重，但鉴于本案具体情节，可酌情从轻判处。”在金哲宏的律师和家人看来，之所以从轻判处“死缓”，恰恰是因为据以定罪的证据仅为金哲宏个人口供。

此次宣判后，金哲宏仍然不服，再次提出上诉。1998 年 10 月 21 日，吉林省高院作出（1998）吉刑终字第 259 号刑事裁定，第二次裁定撤销原判、发回重审。该案在吉林市中院第三次审理后，于 2000 年 5 月 29 日作出（2000）吉刑初字第 98 号刑事判决，仍旧认定金哲红犯故意杀人罪，判处死刑，缓期两年执行，剥夺政治权利终身。

在本次的一审判决书中，前两次一审认定的作案工具——木棒消失了，变成金哲宏“用左腿膝盖压住李某的嘴，双手卡住李的颈部”，李某的死亡时间则被认定为金哲宏自己供称的当天 19 时 30 分左右，当时，他将掐晕之后的李某拉到了埋尸地点附近，犯罪地点则变成了双河镇邮局对面的修鞋铺旁边“狭空处”。

实际上，在本次庭审中，金哲宏对证人证言的真实性也提出了异议。本案中目击过金哲宏和死者同时出现的共三人，均是平时出现在卖店附近的摩托车司机。其中王某某作证称：“我看见一个女的下的车，她叫李某，她从车

①《四次被判死缓的金哲宏案再审：我出来必须得是清白的》，网易新闻，http://news.163.com/18/1024/15/DUT2HK82000187VE.html，2019 年 10 月 6 日访问。

上下来的，这车从黑沟回来的，她就朝西走，当时关某某去了，她没有车，我看见小金子拉着李某走的，这是我看见的。”但对李某当时的衣着，三人描述的则有些许出入。2000年5月29日的庭审中，金哲宏称，他与这几人都有过摩擦，“他去我店里吃饭不给钱”。金哲宏的弟弟则指出：“平时拉人的时候，认识的人他（金哲宏）都是不要钱，不认识的人，人家给五块，他肯定要三块。”金哲宏这样的要价行为，让他和附近的摩托司机之间的关系变得尴尬而紧张，也正因此他们的证言带有了个人情绪，无法让金哲宏信服。

不过，这些均未改变对金哲宏作出的死缓判决。为此，金哲宏又一次提出了上诉。

经过两次发回重审，2000年8月23日，吉林省高院在终审裁定（2000）吉刑终字第226号刑事裁定中，认为一审判决定罪准确，量刑适当，审判程序合法，金哲宏的上诉理由不能成立，予以驳回，并核准了吉林市中院（2000）吉刑初字第98号以故意杀人罪，判处金哲宏死刑，缓期两年执行，剥夺政治权利终身的刑事判决。

虽然在后面的审理程序中，检方并未提出新证据，前述种种矛盾和疑点也没有得出合理的解释，但这些始终存在的诸多疑问并未影响对金哲宏犯故意杀人罪的认定。

（四）坚持申诉

服刑期间，金哲宏继续喊冤，以其不占有犯罪时间、没有杀人、有罪供述是逼供所致为由，提出申诉。吉林省高院于2012年3月26日作出（2011）吉刑监字第41号驳回申诉通知，驳回其申诉。但金哲宏不服，在狱中持续申诉，也拜托自己的家人、朋友、战友、律师帮忙奔走。

2014年7月29日，澎湃新闻对该案进行报道，指出该案在作案动机、作案时间、作案地点、凶器等重大问题上存在诸多疑点。同日，吉林高院回应称：“因媒体文中所指金哲宏故意杀人案发生已近20年，现已责成相关部门立即调取该案全部卷宗，组织专门人员认真调查了解情况，待情况调查核实清楚后，我院将及时依法处理。”

2018年3月26日，吉林高院作出（2018）吉刑监2号再审决定，决定另行组织合议庭，对该案进行再审，并于2018年5月8日向金哲宏送达了再审决定书。吉林省高院的再审决定书中称，该院经复查，认为原生效判决、裁定据以定罪量刑的证据不确实、不充分，依照《中华人民共和国刑事诉讼法》第二百四十三条第一款、第二百四十五条等规定，决定由该院另行组成合议庭进行再审，再审期间不停止原判决裁定的执行。在监狱拿到再审通知的那一刻，面对两个送达再审通知的法官，金哲宏号啕大哭。

2018年10月15日上午，吉林省高院就金哲宏案召开再审庭前会议，就管辖、回避、申请调取证据、提供新的证据、申请证人、鉴定人或者有专门知识的人出庭、排除非法证据、是否公开审理等问题听取检辩双方意见，归纳出本案的争议焦点。辩护律师称，在庭前会议过程中，控辩双方在再审程序问题上无争议，开庭时会就金哲宏是否故意杀人的焦点问题展开调查。[①]

2018年10月24日，该案将在吉林省高院再审开庭。在再审过程中，金哲宏及其辩护人作无罪辩护，认为原生效判决、裁定认定事实不清、证据不足，其具体理由在于：据以认定金哲宏骑摩托车载李某事实的证据，相互矛盾，存有疑问，无法排除合理怀疑；金哲宏前后自相矛盾的供述，均无法作为定案依据；金哲宏杀人事实的证据存在无法排除的矛盾，无法排除其他凶手作案的合理怀疑；被害人李某死亡的准确时间、被害地点以及金哲宏的作案动机、杀人现场、杀人手段等事实不清，认定金哲宏杀害李某的证据不足；金哲宏无作案动机、不占有作案时间。吉林省人民检察院出庭检察员也认为，本案的客观证据和直接证据有限，间接证据无法形成链条，证据之间无法相互印证，且金哲宏的有罪供述不仅前后矛盾，而且部分有罪供述与客观情况和常理相违背，因此以原裁判认定金哲宏故意杀人事实不清、证据不足为由，建议依法改判。

2018年11月30日吉林省高院对原审被告人金哲宏故意杀人案进行再审宣判。在再审判决书中，吉林省高院认为：现有证据只能证明金哲宏曾与李某接触，但无法证明其实施了杀人行为；金哲宏的有罪供述不稳定，前后矛

①《吉林金哲宏案再审开庭在即：四大谜团待解，当事人坐监23年》，澎湃新闻，https://www.thepaper.cn/newsDetail_forward_2529018，2019年10月8日访问。

盾，且无其他证据佐证；原裁判认定金哲宏杀人动机的事实不清；原裁判认定被害人李某死亡时间的事实不清；原裁判认定金哲宏加害被害人行为的事实不清。基于此，吉林省高院认定金哲宏故意杀人的事实不清、证据不足，决定撤销原审判决，判决金哲宏无罪。

二、法理研判

（一）关于证据的运用

作为认定案件事实的重要依据，证据在刑事案件办理过程中发挥着至关重要的作用，它是获取案件信息的首要途径，也是分析案情的基本材料。通过对金哲宏案的证据材料进行分析，可以发现，本案的证据呈现出两个特征：一是可用以证明案件事实的直接证据仅有被追诉人的有罪供述；二是与案件事实有关的间接证据无法形成完整的证据链条。为此，笔者将从以口供定罪和以间接证据定案两方面来展开分析。

1. 关于以口供定罪

在司法实践中，犯罪嫌疑人、被告人的供述与辩解往往被称为口供。在本案中，据以认定案件事实的直接证据仅有金哲宏的口供，且其口供存在前后矛盾的问题，本身是无法作为定案依据的，但是在一审及二审过程中并未受到关注，反而被用作认定金哲宏犯罪的根据。之所以会如此，是办案机关受到了司法实践中存在的错误理念的影响，即一旦侦查中曾经认罪，检察机关和法院往往认为被告人之所以翻供就是为了逃避惩罚，由此对翻供不予理睬，而盲目地采信侦讯口供，从而形成公安定案、检察照办、法院宣判的局面。[①] 这不仅在证据法上存在重大瑕疵，而且也是严重的程序问题。

长期以来，我国司法实践中存在着“口供中心主义”的问题。口供因其能够直接、完整地反映犯罪的全过程并对提供侦查线索、发现案件事实具有重要作用而受到了办案人员的重视与追捧。与此同时，口供的佐证功能可以

①参见刘计划：《刑事冤假错案的程序法分析——以聂树斌案为例》，载《比较法研究》，2017年第3期。

使办案人员的判断合理化，并为办案人员推脱责任提供口实，因为在他们看来，“既然被告本身已承认，则纵或有误判，责任也不在执法者而在被告”。[①]这也是我国自古以来“口供在案件事实认定中的作用被强调到无以复加的程度，成为事实上的‘证据之王’”的重要原因。[②]正是基于此，为了获取口供而出现的诸如刑讯逼供等非法取证行为成为司法实践中饱受诟病的顽疾。

实际上，口供作为一种法定的证据表现形式，用以证明案件事实本身没有任何问题，之所以出现各种乱象与口供的收集与认定中存在的问题密切相关。为了使口供得以规范化运用，保证其证据功能的有效发挥，一方面，需要保证口供收集的合法性，为此侦查机关需不断提高自身的办案能力，以规范的方式方法获取口供，禁止强迫被追诉人自证其罪，并且在增强侦查技术、转变办案理念的基础上依法全面收集与案件有关的各类证据，降低对口供的过度依赖，保证案件证据经得起后续程序的检验；另一方面，则需要加强对于口供运用规则的准确适用，其中，口供排除规则源于非法证据排除规则的适用，其要求将以非法手段获取的口供予以排除，口供补强规则是我国刑事诉讼法明确规定的一项证据规则，[③]其要求在口供涵盖犯罪构成要件的案件事实时要保证该口供得到了其他可靠证据的佐证，[④]口供印证规则则主要适用于被追诉人翻供的情形，即在被告人庭前供述一致、当庭推翻供述的情况下优先采信庭前供述，在被追诉人庭前供述和辩解出现反复的情况下则其庭前供述一般不得被采纳为定案的根据，而无论是采纳被告人当庭供述还是庭前供述，都要求该供述得到其他证据的印证。[⑤]只有保证了收集、审查、运用口供的规范性，才能真正发挥口供在认定案件事实上的重要作用。

---

①参见吴纪奎：《口供供需失衡与刑讯逼供》，载《政法论坛》，2010年第4期。

②参见闫召华：《口供何以中心——“罪从供定”传统及其文化解读》，载《法制与社会发展》，2011年第5期。

③我国《刑事诉讼法》第五十五条规定：“对一切案件的判处都要重证据，重调查研究，不轻信口供。只有被告人供述，没有其他证据的，不能认定被告人有罪和处以刑罚；没有被告人供述，证据确实、充分的，可以认定被告人有罪和处以刑罚。”

④参见向燕：《论口供补强规则的展开及适用》，载《比较法研究》，2016年第6期。

⑤参见陈瑞华：《论被告人口供规则》，载《法学杂志》，2012年第6期。

2. 关于以间接证据定案

本案的间接证据主要有：现场勘查笔录，用以证明被害人李某尸体被发现时的现场情况；鉴定意见，用以证明被害人被杀害后的具体情况；多位证人的证言，用以证明被害人生前曾与金哲宏有所接触。除此之外，案发现场没有提取到凶手的指纹、足迹、毛发、精斑、衣物以及作案凶器等实物证据，而且所有间接证据仅能证明金哲宏与被害人接触过的事实和被害人受害的情形，并不能证明犯罪之人就是金哲宏。

根据我国最高人民法院《关于适用〈中华人民共和国刑事诉讼法〉的解释》第一百零五条的规定："没有直接证据，但间接证据同时符合下列条件的，可以认定被告人有罪：（一）证据已经查证属实；（二）证据之间相互印证，不存在无法排除的矛盾和无法解释的疑问；（三）全案证据已经形成完整的证明体系；（四）根据证据认定案件事实足以排除合理怀疑，结论具有唯一性；（五）运用证据进行的推理符合逻辑和经验。"也就是说，通过间接证据认定案件事实必须要保证证据之间已经形成了完整的证据链条，且得出的结论具有唯一性，能够排除合理怀疑。很显然，金哲宏案中的间接证据并不满足这一证据规则的要求，因此，无法用来认定金哲宏犯罪的案件事实。

此外，在本案中，金哲宏还在作出无罪辩解的同时，提出了证明自己没有作案时间等无罪证据，而这些证据都被办案机关选择性忽略了。经过前述分析可以发现，金哲宏案的证据存在诸多瑕疵和漏洞，完全无法满足"案件事实清楚，证据确实、充分"的定罪要求。根据我国《刑事诉讼法》的规定："证据确实、充分，应当符合以下条件：（一）定罪量刑的事实都有证据证明；（二）据以定案的证据均经法定程序查证属实；（三）综合全案证据，对所认定事实已排除合理怀疑。"而本案中的证据既没有保证所有与定罪量刑有关的事实得到证据证明，也没能对证据进行充分的查证属实，更无法排除合理怀疑。因此，金哲宏故意杀人案存在的事实不清、证据不足的问题是毫无争议的。

（二）关于非法证据排除规则的适用

虽然在本案的相关报道中显示，金哲宏曾多次申明自己遭遇了刑讯逼供，所作有罪供述皆源于此，然而在本案的判决书中，我们并未看到任何与非法证据排除有关的字眼，多次判决均选择性地忽视了这一问题，也就是说，本案在审理过程中始终没有启动非法证据排除程序。即便如此，本案中出现的非法取证行为也值得我们高度关注，因为其与案件的审理认定关系密切且是造成刑事误判的重要因素。

1. 关于刑讯逼供的问题

在本案中，金哲宏自一审开庭时就称自己遭遇了刑讯逼供，吉林市中院的庭审笔录显示，金哲宏曾当庭辩白："公安刑讯逼供、打我，我不按他们的意思说就打我。"

而2000年的一份鉴定书中则描述：2000年7月24日上午，在某看守所狱医室内对金哲宏活体检验。该鉴定书内容显示：金哲宏发育正常，营养欠佳，血色苍白，被人搀扶出看守所号内，独立行走困难。左、右锁骨下窝略下方对称性椭圆形疤痕和右肋弓条形疤痕及右手腕部尺侧疼痛，麻木应与外伤有关，具体来源应结合案情考虑。金哲宏前胸三处疤痕系外伤所致，腕部疼痛与外伤有关，此外伤可定轻微伤。

无论从金哲宏的描述，还是鉴定书的内容来看，金哲宏遭遇刑讯逼供都是无法回避的事实。实际上，纵观近些年刑事司法领域纠正的冤假错案，我们不难发现，几乎每一个冤假错案的产生都与刑讯逼供等非法取证手段有关。"这些无辜者在被侦查人员讯问时'认罪'的背后，无不存在刑讯逼供。"[①] 这一现象之所以会出现，一方面是对于公安机关而言，"犯罪控制压力过大，在人力物力总体有限的情况下，为有效破案，刑讯逼供等非法手段往往成为办案的唯一利器"；[②] 另一方面则是由于当时的立法尚不够完善，我国还未建立严格且具有操作性的非法证据排除规则，加之检察院、法院的"容忍与理解"，这就导致以刑讯逼供等非法取证方式获得的口供仍成为对被告人据以定罪的重要证据，助长了刑讯逼供问题的出现。而由于刑讯逼供等非法取证

①参见刘计划：《刑事冤假错案的程序法分析——以聂树斌案为例》，载《比较法研究》，2017年第3期。

②参见陈如超：《刑讯逼供的国家治理：1979—2013》，载《中国法学》，2014年第5期。

所导致的冤假错案的出现，无疑对我国的司法权威和司法公信力造成了消极影响，更是阻碍了我国法治事业的发展和人权保障的实现。

为此，我国自2010年以来，由“两高三部”（最高人民法院、最高人民检察院、公安部、国家安全部、司法部）出台了《关于办理刑事案件排除非法证据若干问题的规定》和《关于办理死刑案件审查判断证据若干问题的规定》，确立了非法证据排除规则。2012年修改的《刑事诉讼法》及相关司法解释的颁布又对非法证据排除规则作了进一步完善。随后，党的十八届三中全会明确指出：“严禁刑讯逼供、体罚虐待，严格实行非法证据排除规则。”党的十八届四中全会又重申：“健全落实非法证据排除规则……加强对刑讯逼供和非法取证的源头预防，健全冤假错案有效防范、及时纠正机制。”2017年6月“两高三部”则推出了《关于办理刑事案件严格排除非法证据若干问题的规定》，在非法证据排除规则的适用对象和适用程序上确立了新的规则，如明确了对于重复性供述的排除、确立了检察机关在审前程序中对非法证据排除程序的主导权以及庭前会议的初步审查功能等，这些对于非法证据排除规则而言都是重大的突破。与此同时，以遏制刑讯逼供等非法取证行为为要旨的非法证据排除规则受到了学术界与实务界的广泛关注，丰富的研究成果也促进了非法证据排除规则的不断完善。从近年来的司法实践来看，随着制度的完善和技术的发展，刑讯逼供等明显的非法取证行为已非常少见，侦查机关的取证活动也逐步趋向规范化。

2. 关于狱侦耳目诱供的问题

“狱侦耳目”又被称为“监所线人”“监狱特情”以及“狱侦特情”等，其主要是指公安机关或者监狱监管部门在看守所或者监狱内安插指派特定人员或者部分罪犯、犯罪嫌疑人，了解犯罪活动、获取犯罪信息、收集犯罪证据的隐蔽力量。这类特殊人员在2013年“浙江张氏叔侄案”再审纠错后受到了社会的广泛关注。

我国《刑事诉讼法》中规定：“为了查明案情，在必要的时候，经公安机关负责人决定，可以由有关人员隐匿其身份实施侦查。”这一规定被看作是司法实践中运用“狱侦耳目”的制度依据。实际上，“狱侦耳目”制度在设计之初主要是为了发挥两方面作用：一是为监管部门探听消息，维护看守所、监狱的正常监管秩序，提高监管效率、降低监管成本；二是协助侦查机关获取犯罪嫌疑人的口供和各种对侦破案件有用的信息，提高案件侦破效率。然而，在司法实践中，“狱侦耳目”制度却有可能异化为变相的刑讯逼供，或者是演变为“犯意诱发型”的诱惑侦查，也可能会因为助长了牢头狱霸的出现而破坏监管秩序，从而妨碍了司法公正的实现，对司法权威造成不良影响，进而损害了法治发展及人权保障的实现。[①]因此，需要从制度层面对其使用加以规范和限制，而由此获得的证据如何审查认定也是需要考虑的问题。

在金哲宏被控故意杀人案中，同样出现了“狱侦耳目”。永吉县公安局刑警大队出具的一份《情况说明》称，警方“在办案期间，利用狱侦与金哲宏接触，并逐步取得金的信任。金哲宏被收审以后，心理压力很大，极力想与外界取得联系，写了不少纸条要传出去，因其信任狱侦，所以把这些纸条交给狱侦。”之后，狱侦直接将这些纸条交给了警方，这些字条后来成为证明金哲宏串供的呈堂物证。对此，金哲宏在庭上反驳说，找家人是要他们如实作证，而不是作伪证，而且这些纸条并未送至家人手中，而是通过狱侦转交到办案机关手里，并不构成串供。据金哲宏描述，他当时对狱侦产生信任，该人则反复问他案情，并诱使他按照警方的意思承认犯罪，告诉他认罪态度好一些可以少受罪。

通过对上述情况进行分析可以发现，本案中出现的“狱侦耳目”主要是为了劝说金哲宏认罪，获得案件证据，并未如浙江张氏叔侄案中的狱侦耳目那样以暴力手段逼迫金哲宏作出有罪供述，其虽然没有采用非法手段获取信息，但所提交的金哲宏写给家人的纸条仍然对金哲宏案件的最终认定造成了一定影响。

作为刑事证据法的重要组成部分，非法证据排除规则在促进刑事司法规范化运行上发挥着不可替代的关键作用，其主要包含了“实体构成性规则”与“程序实施性规则”两大部分，通过将侦查人员采用违法手段所取得的证

①在“浙江张氏叔侄案”中，“狱侦耳目”就异化为了刑讯逼供的手段，并且直接导致了案件的误判。参见闫斌：《论“狱侦耳目”制度被滥用的危害及对策》，载《政法论丛》，2013年第6期。

据视为“非法证据”，并使其失去作为定罪根据的资格，从而能够促使取证更加规范，提高整体的办案质量。[①]虽然目前刑讯逼供等明显的非法取证行为已经非常少见，而以变相肉刑、威胁、引诱、欺骗等方式获取证据的问题仍然未得到有效解决，加之一直以来，我国非法证据排除都存在着启动难、认定难、排除难的问题，未来如何进一步推动非法证据排除规则的发展，促进执法司法规范化建设仍是需要理论界与实务界共同关注的问题。

（三）关于疑罪从无原则

纵观近年来纠正的冤假错案可以发现，我国冤假错案的平反实现了由“亡者归来”“真凶发现”到疑罪从无司法理念的转变。过往很多冤假错案的纠正都是在两种情形下发生的：一种是“亡者归来”，即原以为遇害的被害人重新出现在大众视野，比如在湖北佘祥林案中，原以为被佘祥林杀害的妻子多年以后回到家乡，之前的错误判决才被纠正；另一种则是“真凶发现”，即在侦破其他案件的过程中无意间发现了之前所判案件的真正凶手，比如在云南杜培武案中，另一起案件的被告人杨天勇落网后，警方赫然发现他才是杜培武案真正的凶手，并因此纠正了对杜培武的错误判决。之后，随着司法理念的不断转变，司法实践中逐渐出现了因疑罪从无原则的适用而对冤假错案进行纠正的情形，金哲宏案的纠正即属于此种纠错类型。

疑罪从无原则是指在刑事诉讼活动中出现既不能排除犯罪嫌疑人无罪、又不能证明其有罪的两难情况下，从法律上推定被告人无罪，它是认定、处理存疑案件的一项重要司法原则。[②]这一原则的出现是对“有利被告”原则的发展，也是“刑事诉讼尊重客观规律、体现司法文明、落实人权保障的重要规则，是由无罪推定原则引申出来的一条金科玉律”[③]。目前，我国尚未明确确立无罪推定原则，仅仅在刑事诉讼法中规定了“未经人民法院依法判决，对任何人都不得确定有罪”，且“证据不足，不能认定被告人有罪的，应当作出证据不足、指控的犯罪不能成立的无罪判决”等内容，这些规定蕴

① 参见陈瑞华：《非法证据排除规则的中国模式》，载《中国法学》，2010年第6期。

② 参见顾永忠、胡婧：《“疑罪从无”判决的再审》，载《法学》，2016年第9期，第132页。

③ 参见沈德咏：《论疑罪从无》，载《中国法学》，2013年第5期，第6页。

含了无罪推定的精神，体现了无罪推定原则的要求。然而，在我国的司法实践中，相关精神并未得到贯彻落实，“疑罪从有”“疑罪从轻”“疑罪从挂”等现象屡屡出现，成为造成冤假错案的重要根源。

在金哲宏被控故意杀人案中，自一审阶段开始就始终存在着事实不清、证据不足的问题，认定金哲宏犯罪的直接证据仅有其有罪供述，相关供述还存在多次反复和矛盾之处，而且该案的作案时间、作案地点、作案工具等关键信息都没有客观证据予以证明，完全依靠金哲宏的口供来加以确认，也就是说，抛开金哲宏的口供，没有任何证据能够证明是金哲宏杀害了被害人李某。而金哲宏则在后续的诉讼活动中否认了之前的有罪供述，表明自己当晚并无作案时间，并提出了相关证据，然而这些并未受到司法机关的关注与认可。在有罪推定、疑罪从轻的思维惯性下，本案虽然经历了三次一审、两次发回重审，但金哲宏也只是收到了四次死缓判决，案件证据不足、事实存疑并未影响当时对案件的最终裁判结果。不过，该案最终还是在疑罪从无原则的指引下得以纠正。

“疑罪”一般包括案件事实存疑或法律适用存疑，而案件事实存疑则通常是指构成犯罪或者定罪量刑所依据的事实情节未有确实充分的证据予以证明，或者说，不法行为“是否系被告人所为”存在难以排除的合理怀疑。金哲宏案即为案件事实存疑。如果司法机关在案件尚属于“疑罪”的情况下作出有罪判决，往往容易导致刑事误判，这也是我国诸多冤假错案发生的原因。疑罪从无原则彰显了人权保障和司法民主理念的要求，是秩序和自由的价值选择，体现了程序法治原则。同时，它也是遵循认识规律的必然结果，是平衡惩罚犯罪和保障人权目的的重要方式。贯彻落实疑罪从无原则，对于规范司法权的行使，防止冤假错案的发生有着重要影响。[①]为此，各办案机关需要牢固树立疑罪从无的司法理念，健全相应的程序机制和证据规则，规范自身的办案行为，不断提高办案能力，保证办案质效，切实保障司法公正的实现，维护公民的合法权益，真正做到“让人民群众在每一个司法案件中感

①参见沈德咏：《论疑罪从无》，载《中国法学》，2013 年第 5 期。

受到公平正义”。

（四）关于国家赔偿

根据我国《国家赔偿法》的规定：“行使侦查、检察、审判职权的机关以及看守所、监狱管理机关及其工作人员在行使职权时有下列侵犯人身权情形之一的，受害人有取得赔偿的权利：……（三）依照审判监督程序再审改判无罪，原判刑罚已经执行的；（四）刑讯逼供或者以殴打、虐待等行为或者唆使、放纵他人以殴打、虐待等行为造成公民身体伤害或者死亡的……”对于冤假错案的受害人而言，一定数额的经济赔偿，既能给予受害人经济上的支持，帮助他们改善生活条件、更好地回归社会，也能在一定程度上体现出司法机关承认错误、改正错误的诚恳态度，使受害人获得精神上的宽慰。

错误判决给金哲宏造成了巨大的精神伤害和身体创伤，2019年6月3日，入狱23年后获得无罪判决的金哲宏向吉林省高级人民法院提交了国家赔偿申请，其申请的内容主要包括：赔偿侵犯人身自由赔偿金8010974.64元、残疾赔偿金1649220元、财产赔偿金2000元；赔偿精神损害抚慰金966万元；赔偿后期治疗费100万元、申冤费用支出100万元，各项共计21322194.64元。同年9月6日，金哲宏拿到了国家赔偿决定书，他获得了国家赔偿468万元，其中包含人身自由赔偿金2670324.88元，精神损害抚慰金2009675.12元。[①]

该赔偿金额总数及精神损害抚慰金均创下国内冤假错案国家赔偿的最高数额纪录。[②]金哲宏案的国家赔偿金额超越之前刘忠林案的460万元，主要存在两方面原因：一方面，虽然金哲宏被羁押时间比刘忠林少（金哲宏被羁押8452天，刘忠林是9217天），但是金哲宏申请国家赔偿时，上年度日平均工资业已调整，故适用新的日赔偿标准315.94/天（刘忠林适用284.74/天），所

---

①《赔偿侵犯人身自由赔偿金8010974.64元、残疾赔偿金1649220元、财产赔偿金2000元》，搜狐网，http://www.sohu.com/a/339157233_114988，2019年10月10日访问。

②此前纠正的冤假错案中，呼格吉勒图案的国家赔偿金额为205万余元（精神损害抚慰金100万元），聂树斌案的国家赔偿金额为268万余元（精神损害抚慰金130万元）；陈满案的国家赔偿金额为275万余元（精神损害抚慰金90万元）；刘忠林案的国家赔偿则为460万元（精神损害抚慰金197万余元）。

以其人身自由赔偿金数额超过刘忠林（金哲宏 267 万余元，刘忠林 262 万余元）。另一方面，金哲宏受到的伤害更大，被收监时，金哲宏儿子不到两岁，随后他的妻子携子改嫁，母亲也因忧思过度而离世，而且因为遭遇刑讯逼供，金哲宏出狱时，从一个身强力壮的小伙子成为丧失劳动能力的残疾人，甚至生活不能自理。①正是考虑到这些特殊情况，最后达成赔偿协议时金哲宏的精神抚慰金比例与刘忠林相似，也按照人身自由赔偿金约 75% 处理。

值得关注的是，在本次国家赔偿中，精神损害抚慰金的数额占了总金额的近半数。虽然我国《国家赔偿法》中规定了“致人精神损害……造成严重后果的，应当支付相应的精神损害抚慰金”，但根据最高人民法院出台的《关于人民法院赔偿委员会审理国家赔偿案件适用精神损害赔偿若干问题的意见》(以下简称《意见》)，精神损害抚慰金的具体数额“原则上不超过人身自由赔偿金、生命健康赔偿金总额的 35%，最低不少于 1000 元”。显然，金哲宏获得的精神抚慰金突破了这一原则。而该情况也符合相应的立法精神，最高人民法院《意见》中明确规定了采用“支付相应的精神损害抚慰金”方式的，应当综合考虑“精神损害事实和严重后果的具体情况；侵权机关及其工作人员的违法、过错程度；侵权的手段、方式等具体情节等；罪名、刑罚的轻重；纠错的环节及过程；赔偿请求人住所地或者经常居住地平均生活水平；赔偿义务机关所在地平均生活水平”等多方面因素。

回看金哲宏案的始末，因为受到错误追究，金哲宏无端遭受了 23 年牢狱之灾，而且家破人亡、身残体衰，受到的精神损害难以估量。在这种情况下，赔偿义务机关综合考虑受害人的具体情况，适当提高赔偿标准，既体现了对无辜受害人之关照，也遵循了立法之精神，符合情理与法理的要求。实际上，纵观近年来纠正的刑事冤假错案，多数受害人的国家赔偿金额中，精神损害抚慰金所占人身自由赔偿金的比例均超过 35%，包括呼格吉勒图案、聂树斌案、刘忠林案等，精神损害抚慰金都超过 100 万，除了具体的案情影

①北京和吉林医院的检查显示，金哲宏身患支气管炎、颈动脉硬化、视网膜病变、眼底动脉硬化、高血压 3 级（极高危险组）、2 型糖尿病、肾病、胃病、脑梗死、肺部严重钙化，腰椎、颈椎多处错位椎管狭窄，鼻梁骨外伤所致塌陷，双腿因外伤所致造成闭合性创伤无法正常行走。

响外，这也与国家经济力量增强、法治水平有所提升密切相关。

“国家赔偿法的实施，有效地保障公民的基本人权，及时地弥补了公民因国家机关侵权而遭受的物质损失，慰抚了他们因之而受伤的心灵，同时从法律上规范了行政机关和司法机关依法行政、依法司法的意识和觉悟，提高了他们自觉执法、严格执法的水平和能力。”①随着国家赔偿标准的与时俱进，国家法治文明将得到进一步的提升，冤假错案的发生将受到更有效的遏制，对于公民的人权保障也将产生积极的影响。

三、反思与启示

通过对本案的分析可以发现，吉林金哲宏故意杀人案和浙江张氏叔侄案有诸多相似的情节：少女“搭车”遇害，与其有所接触的司机被指控在与之发生性关系后杀人；被害人体内未检测到精液；凶手没有留下指纹、毛发和脚印；案发现场没有目击者，据以定罪的证据除了被告人的口供，只有狱侦提供的材料，且被告人均控诉遭到刑讯逼供，以及狱侦耳目的诱供。有所不同的是，浙江张氏叔侄案中，被害少女确实搭乘了张氏叔侄的车，而在本案中，少女是否搭车始终存有疑问，有证人证言表明被害人李某搭乘了金哲宏的摩托车，而金哲宏本人称当时因价格没谈拢，被害人李某最后并未搭车。此外，张氏叔侄案中虽未发现凶手的指纹、毛发和脚印，但在被害人王某的指甲内却提取到他人 DNA（在案件判决数年后警方通过数据库比对发现该 DNA 与 2005 年被执行死刑的罪犯勾海峰的 DNA 高度吻合，从而以此为契机纠正了案件的错误判决），而在本案中，李某遇害现场并未发现任何与凶手有关的物品和痕迹。不过，这些情节在当时都未能影响最终的案件结果，从而发生了刑事误判。冤假错案的发生对于我国刑事司法所产生的严重不良影响是不言而喻的。因此，我们需要不断反思其发生的原因及存在的问题，并在后续的司法实践中通过各项制度机制的不断完善，来防止冤假错案的重

---

①参见樊崇义、胡常龙：《走向理性化的国家赔偿制度——以刑事司法赔偿为视角》，载《政法论坛》，2002 年第 4 期。

现，保证司法公正的实现。

（一）确立落实证据裁判原则

通过前述分析可以发现，金哲宏案在证据的收集、审查与认定上存在诸多问题，这一问题的出现其实并非偶然，而是导致我国多数冤假错案发生的重要原因。因此，证据裁判原则及相关证据规则的确立与落实就成了有效遏制冤假错案的重要路径。

“作为现代法治国家证据制度基石的证据裁判原则是指诉讼中司法人员认定案件事实必须以证据为依据。”[①]其确立与我国近年来刑事错案频发、案件事实认定过程出现问题以及证据规则的逐步发展有着直接关系。从制度发展的历史层面来看，“我国刑事诉讼中证据裁判原则的确立并不是一蹴而就的，而是经历了口供裁判—证据裁判精神体现—证据裁判原则确立的漫长发展之路”。[②]党的十八大以来，我国开始着力推进“以审判为中心”的诉讼制度改革，并且强调要“坚持诉讼以审判为中心、审判以庭审为中心、庭审以证据为中心”[③]，其一方面要求“审判案件应当以庭审为中心，事实证据调查在法庭，定罪量刑辩护在法庭，裁判结果形成于法庭”[④]，保证庭审在查明事实、认定证据、保护诉权、公正裁判中发挥决定性作用；另一方面则要求“全面贯彻证据裁判规则，严格依法收集、固定、保存、审查、运用证据，完善证人、鉴定人出庭制度”，切实做到以证据来认定案件事实并依法作出判决。这些都为证据裁判原则的进一步确立和落实提供了根基与保障。

证据裁判原则的落实意味着案件事实认定必须以证据为根据，确切地说，是要以审判环节审查的证据作为基础，同时法院也必须依据相应的证据规则和程序要求对证据进行审查认定。[⑤]实际上，在具体的司法实践过程中，

---

①参见陈光中、郑曦：《论刑事诉讼中的证据裁判原则——兼谈〈刑事诉讼法〉修改中的若干问题》，载《法学》，2011 年第 9 期。

②参见陈光中：《证据裁判原则若干问题之探讨》，载《中共浙江省委党校学报》，2014 年第 6 期。

③《全面落实司法责任制 统筹推进人民法院司法体制综合配套改革》，中国法院网，https://www.chinacourt.org/article/detail/2018/07/id/3403417.shtml，2019 年 10 月 12 日访问。

④参见《最高人民法院关于建立健全防范刑事冤假错案工作机制的意见》第 11 条。

⑤参见吴洪淇：《审判中心主义背景下的证据裁判原则反思》，载《理论视野》，2015 年第 4 期。

证据裁判原则的落实有赖于证据的收集、审查、运用的规范化操作。首先，在证据的收集过程中，侦查机关应当提高侦查能力，通过合法的手段及时收集与案件有关的全部证据，并对所有证据进行规范的固定和保存。其次，在对证据进行审查时，要充分运用各项证据规则，全面审查证据的真实性与合法性，明确收集到的每一个证据是否具有证据能力，对于非法证据要加以排除，对于瑕疵证据则要督促侦查机关予以补正，以此来保证据以定罪的证据都符合法律的规定。最后，在依据证据认定案件事实的过程中，应当严格遵循“案件事实清楚、证据确实充分”的证明标准，确保证据达到了确实充分的程度，综合全案证据能够排除合理怀疑，保证裁判结论的唯一性。同时，“任何证据都必须经过法庭调查程序，经受法庭上的举证、质证，最终查证属实，才能转化为定案的证据”①，这也是落实证据裁判原则的必然要求，此时，在必要的情况下就需要贯彻落实直接言词原则，借助侦查人员、证人、鉴定人员的出庭作证来进一步查明案情，避免冤假错案的发生。

（二）建立健全冤假错案防范与纠正机制

建立冤假错案防范与纠正机制是我国刑事诉讼制度改革的重要内容之一，也是守护公平正义底线的必要手段。近年来，人民法院与人民检察院依法纠正了呼格吉勒图案、聂树斌案、陈满案、张氏叔侄案、于英生案、王玉雷案等一系列在社会上影响广泛的重大冤假错案，而这些冤假错案的出现“不仅会对那些被错误定罪的人及其家庭造成严重伤害，还会对司法公信力乃至国家形象造成严重伤害”②。司法实践中，“刑事冤假错案的成因十分复杂，既包含庭审层面的虚化、诉讼程序层面的侦查中心化，同时更包括制约司法权依法独立公正行使的司法体制因素，而这些制约因素往往才是造成刑事冤假错案发生甚至阻碍纠错的真正‘幕后黑手’”③。在明确了问题背后的制约因素后，对于冤假错案的纠正与防范才有章可循。

①陈瑞华：《刑事证据法》（第三版），第53页，北京，北京大学出版社，2018年。

②参见李奋飞：《刑事误判纠正依赖“偶然”之分析》，载《法学家》，2015年第4期。

③参见汪海燕：《刑事冤假错案的制度防范与纠正——基于聂树斌案的思考》，载《比较法研究》，2017年第3期。

为了遏制冤假错案的发生，依法惩治犯罪，尊重和保障人权，实现司法公正，2013年中央政法委印发了《关于切实防止冤假错案的规定》，对公检法三机关执法办案的关键环节进行了程序性规制并提出了总体性要求。最高人民法院、最高人民检察院、公安部也深刻吸取教训，首先从制度规范的角度出发对办案人员的刑事执法办案活动加以规范限制。最高人民法院印发了《关于建立健全防范刑事冤假错案工作机制的意见》，对刑事诉讼中的证据审查机制、案件审理机制、审核监督机制以及制约机制进行了明确规定，并在深入推进以审判为中心诉讼制度改革的基础上颁布了"三项规程"①，要求严格把握证据标准，规范相应的审查程序，确保有罪的人在权利得以保障的基础上受到惩罚，且无罪的人免受刑事责任的追究。最高人民检察院则印发了《关于切实履行检察职能防止和纠正冤假错案的若干意见》，建立重大冤假错案发现报告、指导办理、监督纠正等相关工作机制，并且重视对立案、侦查活动的监督，从源头上严把事实关、证据关、法律适用关，严格把握审查逮捕和审查起诉工作，防止案件"带病"进入审判环节。公安部也印发了《关于进一步加强和改进刑事执法办案工作切实防止发生冤假错案的通知》，要求健全完善执法制度和办案标准，确保严格规范公正文明执法，有效防止冤假错案发生，切实维护人民群众合法权益。与此同时，各办案机关也在加强自身执法司法规范化建设的基础上进一步推进了内部监督机制的完善，在深入推进司法责任制的同时加强了对执法办案的动态监管，建立了案件质量评查机制，强化了对于办案活动的全面监督。实际上，冤假错案的防范不仅需要各办案机关在具体的司法实践中坚守各自办案的要求和底线，加强开展制度层面和监督层面的建设工作，更加需要公、检、法机关形成合力，不断强化相互之间的监督制约，遵循公、检、法机关"分工负责、互相配合、互相制约"的原则要求。

此外，对于冤假错案的纠正机制也需要进一步加强完善。自2000年作

---

① "三项规程"的内容具体为：《人民法院办理刑事案件庭前会议规程（试行）》《人民法院办理刑事案件排除非法证据规程（试行）》和《人民法院办理刑事案件第一审普通程序法庭调查规程（试行）》。

出终审判决至 2018 年吉林省高院决定启动再审程序，金哲宏经历了长达 18 年的漫漫申诉之路，虽然最终获得了无罪判决以及国家赔偿，但这久拖不决的救济机制也给其造成了巨大的伤害，表明了我国纠正冤假错案的申诉制度仍有待完善。目前，检察机关已不断提高了对于申诉案件的重视程度，2014 年最高人民检察院颁布了《人民检察院复查刑事申诉案件规定》和《关于在刑事执行检察工作中防止和纠正冤假错案的指导意见》，明确要求要认真负责办理每一起申诉案件，并对有冤错可能的重大刑事申诉案件公开审查，注意听取相关人员的申诉意见，及时进行调查处理，促进刑事申诉案件的办理工作有序开展。这也是金哲宏案得以申诉成功的重要契机，说明了我国冤假错案平反的申诉救济机制已经逐步完善，给了其他正在申诉的当事人以巨大希望。未来我们还需要继续对申诉程序加以完善，探索建立更加快速有效的申诉救济机制，从而更好地维护公民权益，依法保障人权，促进司法公正的实现。

四、结论

如今，金哲宏的案件已经落幕，但我们对于冤假错案及司法公正的思考却仍在继续。有人说“迟到的正义非正义”，也有人认为“迟到的正义也是正义”，但无论如何，对于苦苦等待平反的蒙冤之人来说，重获清白与自由都是期待已久的崭新开始。然而，纵有无罪判决、国家赔偿，却还不是正义的全部，我们还应该追问，谁应当为这起冤案负责？翻看案情报道，此案无论是事实证据，还是办案程序，都有明显瑕疵，这些存在于司法实践中的问题始终是司法工作者需要不断思考并予以完善的内容。“正义可能迟到，但绝不会缺席”，而我们能做的，就是让已发生的错案，尽快获得纠正，同时不再让新的错案发生，使公正以最快最有效的方式得到实现。我们始终坚信，正义终将实现。

（智嘉译）